U0645990

何况　著

在书香中呼吸

breathe
in the book

厦门大学出版社 国家一级出版社
XIAMEN UNIVERSITY PRESS 全国百佳图书出版单位

图书在版编目(CIP)数据

在书香中呼吸/何况著.—厦门:厦门大学出版社,2020.5
ISBN 978-7-5615-7754-7

Ⅰ.①在…　Ⅱ.①何…　Ⅲ.①书评—中国—现代—选集
Ⅳ.①G236

中国版本图书馆 CIP 数据核字(2020)第 038308 号

出 版 人　郑文礼
责任编辑　王鹭鹏
封面设计　李嘉彬
技术编辑　朱　楷

出版发行　厦门大学出版社
社　　址　厦门市软件园二期望海路 39 号
邮政编码　361008
总　　机　0592-2181111　0592-2181406(传真)
营销中心　0592-2184458　0592-2181365
网　　址　http://www.xmupress.com
邮　　箱　xmup@xmupress.com
印　　刷　厦门集大印刷厂

开本　889 mm×1 194 mm　1/32
印张　10.375
插页　4
字数　222 千字
印数　1～3 000 册
版次　2020 年 5 月第 1 版
印次　2020 年 5 月第 1 次印刷
定价　50.00 元

本书如有印装质量问题请直接寄承印厂调换

厦门大学出版社
微信二维码

厦门大学出版社
微博二维码

目录

余香袅袅

——为《在书香中呼吸》作序

周作人《看云集》“自序”说：“我知道序是怎样的不好做，而且也总不能说的对或不错，即使用尽了九牛二虎之力去写一篇小小的小序。”对周先生的这个意见，我持“同情之理解”。在解放军艺术学院文学系教书那几年，我为军旅文学和军旅作家鼓与呼，写作了相当数量的序跋，仅《黑白斋序跋》（解放军文艺出版社二〇〇一年版）一书就收入了我为四十多部文学作品写的序跋三十余万字。而且，常常是写一篇一两千字的序跋，都要读十几万甚至几十万字的书稿，耗时费力，乃至于“表扬不到位”“吃力不讨好”，今天想来常“悔其少作”。那种行为有一个好听的说法是“红烛精神”，中性的表述是“为人作嫁”，而再说得直白点，就是“不划算”！谁说的——反正是一句名言：读书只读半个世纪以前的——经过几十年时光淘洗而被证明是好书的这才值得一读嘛！特别是近些年来，我退休告老还乡回到江西宜春当起了“袁州员外郎”，整天介斗鸡走狗、乒乓围棋、品茗饮酒、古玩收藏，玩了个不亦乐乎，玩里偷闲，也是少作文章，多练书法，已经从写文章渐渐转化成一个写字的人了……序跋不作久矣。

但是，何况为他的书话集《在书香中呼吸》向我索序，我却不便拒绝。皆因我和何况有比较特殊的“三友”关系：一、何况是地道的徽州婺源人，我家萍乡朱氏族谱记载亦发源于婺源紫阳朱熹一脉，我还到过婺源文公山朱子手植古杉群的祖墓上香拜祖，这是乡友；二、我们曾同在原福州军区炮兵部队服役，我的部队在泉州，何况的部队在厦门，两地相距不远，这是战友；三、我是解放军艺术学院文学系第一届学员，何况是第五届学员，本是师兄师弟，而何况就读文学系期间，我又是他的老师兼系主任，亦师亦友，不免常常小聚，品茗饮酒，谈诗论文，这是校友。集“三友”于一身，实属难得，缘分不浅，一篇序都不肯作也有点说不过去吧？

其实，何况的创作起点并不低，他在军艺文学系读书期间与人合著的长篇纪实文学《开埠》广受好评，后来获得首届鲁迅文学奖。但何况给我印象最深的作品却是发表在《昆仑》上的两篇大散文，一是《隐痛》，怀念农民父亲的；二是记叙一次《昆仑》笔会的《神秘的日子无法拒绝》，二者均结构独特，灵动隽永，颇有些江南才子气旁逸斜出。我因此对何况的文学前景寄予厚望，曾多次在文章中将其列入纪实文学实力派。然而，何况毕业后的发展轨迹却让我有些看不懂。他们那一届学员中迄今仍坚持小说创作并取得较好成绩的倒是在校期间不声不响的川妮、李亚和卢一萍，而“才子实力派”何况却迟迟“按兵不动”，似乎放弃了文学创作。这些年我与何况也见过几面，但除了钩沉一些他们在校期间的八卦花边聊以佐酒，几乎不谈文学。偶尔也有他出书、到北京签售的消息传来，但我始终没收到过他的书，也就没当回事。直到这次他发来书稿索序，陆续浏览之后印象不错，才发现这十多年他走上了书话写作的路子并已有多部书话作品问世，成绩斐然，以研究中国自由知识分子名世的谢泳教授甚至给出“在当代掌故笔记写作中，何况算把好手”的赞词。我当然相信谢泳教授的判断，这才舒了口气，对何况由看不懂到慢慢有些看懂了。

何况在校期间就给我留下爱读书的印象，那两年他除了写作《开埠》，就是买书、读书，据说毕业时运回厦门的书就有十大箱。这些年他一边工作，一边继续买书、读书、藏书，还通过各种途径挖空心思收集了王蒙、莫言、余光中、汪荣祖、流沙河、钟叔河、姜德明、陈鼓应、张炜、阿来、阎连科等众多作家学者近千部签名本。读书人爱书是中国文人的优良传统，也符合当下建设书香中国、传承被破坏的传统文脉的大趋势。我也投身其中，前后几年受邀参加江西省政府组织的“世界读书日”演讲活动。我猜测，何况写作转向的原因，除了爱读书的天性，恐怕还有理性选择的因素：与其写不出超越自己或同行的作品，不如收藏、阅读、研究、推介好书，让更多的人来分享，为中华文化传承做些实实在在的事情，这未尝不是一种更明智的选择。何况这么多年乐在其中，陶醉于披沙拣金，不仅藏书、读书，还把读书心得写出来，很辛苦，不容易。近年来，我常常下乡淘宝，搞一点草根收藏，实际上也是在拾掇或抢救传统的非典籍文化，而何况则是直接选萃、收藏自己心仪的典籍，再加上作者题签，再加上著文荐介，再或者引来一些共鸣或讨论，其乐可知也。据此，我有一个判断：何况或许不是军艺文学系第五届创作成就最高的学员，却是第五届乃至文学系创办以来一粒最丰硕博杂的读书种子。

何况的书话写作，得益于他长期创作纪实文学的经验，文字简洁、生动、传神，像收入本书中写王蒙、余光中、阎连科诸篇，善于抓住细节，注意书人合一，非常吸引读者。这里运用的就是纪实文学手法，是文学功底在起作用。没有长期文学创作实践的书话作者，难以达到这样的火候。同时，何况的书话还往往能见幽发微，触类旁通，在最后一段略略提炼归纳，便举重若轻地将全书的主旨或特色结合自己的心得合二为一地传递给读者。使人掩卷之余，如闻书香袅袅，更欲一探究竟。这更是他写作报告文学、纪实文学长期历练的功力，也体现他苦读书、勤思考积累起来的比较扎实的学养。

当然，以何况的实力与修为论，其书话写作还大有提高空间。我希望他在现有基础上，博然后专，广然后深，收缩一下战线，下功夫做点专题研究。何况是徽州人，又是苏州女婿，且长居厦门，此三地都是历史渊源悠长，人文繁荣昌盛之邦，何况就不妨围绕徽州、苏州、厦门三地的某支文脉，某个流派或干脆就是某个文人、作家做一些深入研究，把文章做大，以书话为根，以作家为干，以文化为冠，植根书话又超越书话，提出一家之言，辩证自我之论，或许还真能在书话写作中独树一帜，走出一条自己的路来，亦未可知。

朱向前

丁酉正月于江右袁州听松楼

辑一　这些人

与王蒙的两次合影

二〇一四年十一月二十三日晚，书友南宋微信我说，第六届海峡两岸国学论坛明天在厦门筼筜书院举行开幕式，王蒙、陈鼓应、汪荣祖等出席，要不要去看看？我虽然刚从杭州出差回来，因为坐飞机恐高有些疲倦，但还是决定去凑个热闹。汪荣祖、陈鼓应先生无疑是我尊敬的大学者，但我更想看看二十年前合过影的王蒙现在是个什么状态。

回想二十年前，我正在北京魏公村解放军艺术学院文学系读书。军艺文学系的目标是培养作家，所以常请作家、评论家来开讲座，传授创作经验。一九九四年十二月十九日上午，朱向前老师请来著名作家王蒙授课。原本散漫的我们对王蒙的讲座充满期待，早早就来到阶梯教室，但左等右等，就是不见王蒙露面，还以为当过文化部部长的王蒙像现在的某些明星那样摆架子呢。后来才明白，我们错怪王蒙，那天北京下大雪，路滑堵车，二环更是呈胶着状态，王蒙坐的车右后轮还爆胎，所以耽误时间，迟到了。

王蒙一进教室就抱拳道歉，连说“对不起，耽误了同学们的时间”。然后，他一脸无辜地看着朱向前老师说：“向前老师可以作证，我这是第四次来文学系讲课，第一次是徐怀中先生邀请的，第二次是王愿坚先生邀请的，第三、第四次是向前老师邀请的，前三次都没迟到，这次情况特殊，请同学们原谅。”王蒙说得诚恳，同学们报以掌声。

开场白后进入正题，王蒙说，上次来讲“小说的可能性”，这次讲“小说面面观”。我翻看当年的课堂笔记，王蒙上来就讲，中国长期的传统观念是把诗歌、散文当作雅文学，而把小说当作俗文学。先前著名的文人学士都是不写小说的，小说从一开始就充满了世俗性。说到通俗小说的特点，王蒙归纳为四条：一是故事的戏剧性，尖锐的冲突、明确的主线、急速的发展；二是情节的模式化，许多模式有强大的生命力；三是主题鲜明，符合公众的价值标准；四是人物的类型化，通俗小说的人物是分类的，《三国演义》人物的类型化就很严重。他接着讲到雅小说与俗小说的联系与区别：一方面雅小说不断利用俗小说的经验来丰富自己，另一方面又反其道而行之，用俗小说所不用的手段来表达自己独特的艺术追求。他把小说的风格和类型分为解剖型的小说，刻画型的小说，倾泻型、宣泄型甚至爆炸型的小说，精雕细刻、精美型的小说，强烈型的小说，体验型的小说，幽默小说，等等。王蒙告诉我们，他最喜欢的小说是《红楼梦》，古今中外的小说名著没有一部能与它匹敌，用他的话说它是属于混沌型的。最后，王蒙为我们分析了小说在体例和体裁上的区别，并谦虚地说，今天讲的小说面面观，不过是他个人在阅读和写作中的一些体会，意在与大家交流。

当年的场景现在难以还原，只记得王蒙讲课很幽默，教室里笑声不断。课后，同学们纷纷上前与王蒙合影，王蒙一一满足大家的要求。我和王蒙、向前老师的三人合影，至今还保存在影集里。不知这美好的记忆，二十年后能否重现？

对往事的回忆搅得我一夜没睡安稳，二十四日早上醒来已是八点半，匆匆洗漱完毕，顾不上吃早饭，便驱车往篔筜书院赶。书院讲堂早已坐满人，南宋昨晚代为预订的位子被人抢了，我只好站着听讲。我熟悉的篔筜书院创院院长王维生代表主办方致辞后，前文化部部长、著名作家王蒙被主持人第一个点名发言。我发现，着灰色西装的“八十老翁”王蒙头发灰白，脸上点缀着老年斑，已不复当年的神采，但思维依然敏捷，目光犀利，出口成章，幽默风趣。在主题发言“作为作家，我是如何进入老庄世界的”中，王蒙深情地谈起老庄的书给自己带来的丰富营养，他风趣地举例说，“天下皆知美之为美，斯恶已”，我的金融界朋友都说这句话好，大家都知道一只股票好，都去买，这只股票的前景就不容乐观了。老庄的书文学性强，讲故事，比喻多，老少咸宜，是大家充电的好教材。

茶歇时，与会代表被请到书院前的草地上合影。王蒙被安排坐在前排正中间，他的左侧是西北大学校长方光华，右侧是他“一见钟情”的新夫人、《光明日报》资深记者单三娅，单三娅的右侧是台湾著名学者、老子研究专家陈鼓应。摄影师们都忙着拍大合影，我则用手机拍了一张他们四人的照片。事后一位摄影家为这张照片点赞，但我无法解释当时截取这个画面的动机。

大合影结束后，我挤到王蒙身边，想和他单独照张相，但他很快被工作人员请去接受媒体采访。我不是记者，不便跟去，于是回到讲堂，等着听他和陈鼓应先生对谈。见汪荣祖先生走进来，我上前拿出事先准备好的书请他签名。汪先生温和地朝我笑笑，接过书和笔，耐心地签好名，并一本一本把书递还给我，后来还愉快地与我和南宋合影，并主动递给我一张名片。这时见到陈鼓应先生坐在后排慢慢嚼着巧克力，我便走过去坐在他身边和他合影。我这是第二次见到陈先生，二〇一一年六月五日那次请他在湖南人民出版社出版、他今译的《老子》精装本上签名时，他拿着书左看右看，说，这个精装本他自己都没有收藏。

媒体集体访谈还在进行中。后来听南宋说，他向王蒙提了一个问题："国学里头，您觉得该给予文学怎样的地位？"《厦门日报》记者郭睿记下了王蒙的回答："传统文化的一些遗产，有很多是文学或有很强的文学性。中国古代并不是分得特别清楚。你说《史记》是文学作品还是史学作品，都是。你说《论语》《道德经》《庄子》，这究竟是哲学作品、伦理学作品、政治作品还是文学作品，里边文学性也非常强。所以从广义说，文学内容很丰富。尤其是孔子本人主编《诗经》，他对诗学考虑和整体思想非常一致，他并不是单纯把它当文学考虑。你们要发现，我讲了这么久很少用'国学'这个词。为什么呢？我知道大概意思，但我难给出科学的界定。我喜欢用的就是中华传统文化。中华传统文化会把文学里的东西都算进去。可是我们现在要讲国学的话，你讨论《红楼梦》很少有人以为这是一次国学讨论，你讨论书法，我也弄不清，当然大家会很重视书法，甚至你在这里开唐诗讨论会，也有人不认为你是国学家。现在国学家实际上是研究《易经》等学问人家承认，好像以东周时代为主。但并非我不赞成‘国学’这个词。因为这个词大家意思也都明白，含义也还清楚。中医算不算国学，我也说不清楚。有的百科全书上说中医关于养生的理论是国学，那难道药理不算？戏曲研究算不算？不会有人认为梅兰芳是国学家，但是要从大的国学上说，说中国固有的学问，那梅兰芳当然是国学家。”

回答没有想像的精彩。王蒙先生讲老子、庄子，毕竟是半路出家，他与陈鼓应先生对谈时当面承认是陈先生的学生，这应该不仅仅是谦虚。我以为，他讲老子、庄子的优势在他的经历，这一点，一般的学者比不了。所以，读他的《老子十八讲》，我还是感到颇有收获。

突然，南宋跑进讲堂向我招手。我心领神会，跟着他进了书院接待室。在南宋熟悉的一位书院工作人员帮助下，王蒙先生在我和南宋带去的书上签了名，一边签还一边嘀咕：“这么签下去，我开不成会了。”同去的谋伟兄眼疾手快，为我们拍下与王蒙先生的合影。等到谋伟兄想合影时，王蒙先生已经转身出门。这时我注意到，在王蒙先生为我们签字的桌子上，有一本打开的留言簿，上有他刚刚为筼筜书院的题词“切磋研磨 温故知新”。

送余光中先生登机返乡

《厦门日报》曾用大半个版的篇幅，独家刊登了该报记者宋智明撰写的文学大师余光中先生与我和他的对话，以及我们护送余先生登机返乡的侧记，同时配发了我与余先生的合影及我拍摄的余先生在机场柜台亲自办理登机手续的照片，引来一片叫好声。因为我在文中以笔名出现，不少朋友一早打来电话求证：“照片里的人是你吗？”我的一位领导也跟我开玩笑：“这下你出名了！”

我这才知道，我不经意间沾了余光中先生的光。其间的故事，容我慢慢道来。

二〇一四年十月二十四日至二十六日，以“多元·跨界：我们的写作”为主题的第十三届海外华文女作家协会双年会暨华文文学论坛在美丽的厦门大学举办，陈若曦等一百二十位海外华文女作家和余光中、席慕蓉、舒婷、徐小斌等三十位大陆（内地）及台湾、香港地区嘉宾应邀出席。

海外华文女作家协会由著名华文女作家陈若曦、於梨华发起成立于一九八九年七月，经过二十五年的发展，会员遍布全球，每两年轮流在美、亚、欧各地举办双年会，对华文女作家写作产生重要影响。此届双年会由厦门市作家协会和海外华文女作家协会主办、厦门大学人文学院和中文系联办。因为余光中、席慕蓉的出席及《厦门日报》等媒体的推波助澜，厦门这座向来淡定的“慢生活”城市，出人意料地刮起强劲的“文学旋风”，以至于嘉宾讲座地点从厦大克立楼小会场移到能容纳四五千人的建南大会堂，还是满足不了要求。具体操办此届双年会的厦门市作家协会主席林丹娅教授看到两三千人围在礼堂外面久久不肯散去的火爆场面，心中既感动又内疚。其实这怪不得她：厦大没有更大的礼堂了！一位来自美国的华人女作家事后接受《厦门日报》记者宋智明采访时激动地说：“这是我开过的最热闹的会，诗人和作家成为明星，这是一种文化现象，只要我们认认真真地写，就不愁没有知音。”

我是华人文学泰斗余光中先生的老“粉丝”，和其他读者一样，当然也想找他签名，跟他合影，向他致敬。作为厦门市作家协会副主席，我原本有近距离接触他的便利。但是，围在余先生边上的读者实在太多了，想到老先生已经八十七岁高龄，我不忍心增加他的负担，虽有机会多次站在他身边，却未敢张口轻提签名、合影的要求。

蒙缪斯眷顾，好机会从天而降！

十月二十六日中午，我和与会作家在厦大逸夫楼对面餐厅就餐，余光中先生西装革履，在临窗的一桌落座，与我只隔着一张桌子的距离。我的目光定定地看着他，很想走过去跟他合个影。但我明白，在餐厅提这样的要求是不礼貌的，至少是不合适的。昨天中午，席慕蓉女士在餐厅面对一拨拨要求合影的读者就有过请求：“我吃饭口红都掉了，你们站在我身边都比我漂亮，让我吃过饭涂好口红，再漂漂亮亮地和你们照。”就在我走神的当儿，与我同桌的《厦门日报》记者、作家宋智明起身走到与余光中先生同桌的厦大台研院徐学教授身边，俯身与余光中先生此行的“监护人”徐学教授好一阵交头接耳，似乎商量一件要紧的事情。智明兄与我同为厦门市作协副主席，典型的书痴，我们经常一起逛书店、喝酒。他回到餐桌后，悄悄地告诉我，徐学明天上午有课走不开，想请他帮忙送一下余先生去机场。我羡慕地说：“天大的好事啊。”善解人意的智明兄猜到我的心思，笑着问我：“你能帮忙一起送余先生吗？”我毫不犹豫地说：“没问题，我跟你一起送。”两人击掌相约：明天早上七点，在余光中先生下榻的厦大逸夫楼大厅见。

因为心里有事，这一夜我没有睡踏实。二十七日早上六点，我被手机闹铃准时叫醒。我家离厦大不远，如果道路顺畅，开车只需十分钟。但我还是早早起床，匆匆洗漱完毕，顾不上吃早点，便出门直奔厦大逸夫楼。不想智明兄到得比我还早，已经在逸夫楼下引颈望我，他的身边还站着家有几万册藏书的文友张云良。我事后才知道，虽然厦大校方已安排好车辆送余先生，但做事一向谨慎的智明兄生怕车子万一在路上出什么小故障耽误余光中先生的行程，特意请云良兄开车随行，以求“双保险”。

离约定的时间还早，我们在逸夫楼的院子里散步聊天，平息内心的激动。对痴迷阅读的我们来说，能有机会近距离接触心中的文学大师，自然是一件极快乐的事情。我们三人的藏书中都有不少余光中先生的著作，虽然钱锺书先生说“吃鸡蛋不一定非要认识下蛋的母鸡”，但读相识的作家作品还是感觉更亲切、更温暖。因此，我们热切期待与余先生握手，当面向他表达我们的敬意。

七时十分，徐学教授陪余光中先生下楼用早餐。约摸半小时后，余光中先生和徐学教授走出餐厅。我们迎上前去，问候余先生。徐学教授向我们简单交待了几句，我和智明兄便陪余先生坐进厦大派来的小车。车子启动前，细心的智明兄提醒余先生检查一下证件和机票。余先生很配合，随即从随身携带的公文包里取出机票、通行证和台胞证，逐件展示给我们看，都齐了。这时我们才确知，余先生乘坐的华信航空公司的飞机九时五十分从厦门高崎国际机场起飞，直飞余先生执教近三十年的台湾中山大学所在地高雄。那儿有他的家，妻子等着他归来。

七时五十分，两辆车子一前一后驶出厦大校门，穿过钟鼓山隧道，驶上通往机场的成功大道。司机虽然是个年轻的小伙子，但驾驶技术很好，匀速行进，不让车子有一点颠簸。余光中先生放松地靠在后排坐椅上，目光微闭，表情保持着一贯的严肃。我和智明兄都是余先生的粉丝，有机会在如此狭小的空间中与心中的文学大师相处，私心总想多受教些，但余先生出名的严肃让我们不敢轻易打扰。智明兄不愧是记者，非常自然地提起余先生的幽默如何感染了他，以至于他这两天说话也变得幽默起来。出乎我们意料，余先生马上接过话头：“幽默好比这汽车上的防震器，让你的人生遇到坎坷时变得平稳。幽默对自己是自嘲，对别人，用得不好是讽刺，是刻薄，甚至是刻毒。所谓幽默，就是善用比喻，林语堂说，演讲要像女人的迷你裙，越短越好。迷你裙和演讲有什么相干？它们有共同的‘短处’嘛。钱锺书是比喻大师，他在《围城》里说，男人其实是‘同性恋’，他爱的不是老婆，而是老婆背后有钱有权的父亲。真是妙喻！”我说：“一部《围城》，去掉比喻，就没意思了。”余先生点头赞同。

话匣子一打开，我们发现，表面严肃的余先生其实非常健谈，非常喜欢聊天，完全不是被动应付。他思维敏捷，谈兴甚浓，只要你抛出一个话题，他很快就接过去，且妙语连珠，见解独特。有机会与大师聊天，真是享受，我们有福了。

智明兄把话题引到中国现代文学和现代作家，余先生表示，他喜欢沈从文，尤其喜欢他的小说《萧萧》。大媳妇萧萧和别人相好了，按当地规矩应该捆起来，扔进池塘。但当地的人很善良，原谅了她。这就和别的作品不一样，里面有人性的悲悯在。当时的主流文学强调写工农兵，沈从文是真正的工农兵，作品写的也是工农兵，但得不到主流认可，因为他发现了人性，而不是阶级性，所以受到批判，差点把他逼疯。我接话说：“沈从文后来转行搞古代服饰、古代文物研究，大家以为他是心甘情愿转行的。最近他的一些书信被发现，其实，他哪里甘心，一个作家，不让他写作，内心的痛苦可想而知。他后来不写小说，实在是文坛的一大损失。”

智明兄巧妙地把话题转到第一位获诺贝尔文学奖的中国籍作家莫言身上，他对余先生说，何况是莫言的师弟，都毕业于解放军艺术学院文学系，何况在北京读书时，莫言还给他们讲过课。余先生说：“我见过莫言。有一年在复旦大学，我和莫言、韩少功有一个文学对话。莫言给我的印象很好，人很朴实。人太聪明了，有时对写作有害。”后来我和余先生单独在机场聊天，他又主动提到莫言。我冒昧地问余先生是否读过莫言的作品，余先生肯定地说，读过。我告诉余先生，莫言获诺奖，当时在大陆引来许多质疑。大陆的鲁迅文学奖，近两届也因为个别诗人获奖引起很大争议。余先生问我：“听说最近一届鲁迅文学奖有打油诗获奖？”我说：“号称格律诗，其实就是打油诗。这样的诗第一次获这个奖。”余先生说：“格律诗，现代作家中鲁迅写得好。大陆的茅盾文学奖似乎公开争议少一些。文学评奖要与意识形态保持距离。当年诗人庞德获美国第一届伯林根诗歌奖，也曾引来各方争议，甚至有国会议员要求对颁奖给庞德一事进行调查，因为庞德仇视犹太人，赞同法西斯主义，反对美国参加欧洲战争。其实颁奖给庞德并没有政治因素在里面。台湾的文学奖大多是民间设立的，评语都要在报上公开，评委不敢乱来，所以争议比较少。”

就这样一路轻松地闲聊着，话题跳跃不定。谈到两岸文学交流，智明兄问：“一般情况下，都是您受邀来大陆访问、演讲，台湾有邀请大陆作家去演讲么？”余先生说：“很多啊，莫言去过，王蒙去过，许多大陆作家都去过，我执教的台湾中山大学开了一个‘余光中人文讲座’，我请过大陆的王安忆，反响蛮好。王安忆很用功，隔一两年就有新作出来。两岸交流多多益善。”我和智明兄都笑了。我说：“王安忆祖籍同安，她爸爸是同安人，厦门市图书馆里，本地作家专柜，王安忆的作品赫然摆在架上。她的《长恨歌》写得好。”余先生表示同意。智明兄又关切地问起余先生睡眠好不好，余先生说：“中年的时候，我每天都是凌晨一点半才上床睡觉。进入老年，太太不允许了，她‘强迫’我必须在晚上十一点前睡觉。还好，上床躺十分钟，就能入眠，中间会醒来两三次，意识流乱窜，但很快又能睡着，就是多梦，所谓老年多梦。我写过一首诗《老年做梦》。不过，我一天只要两三个小时睡得浓，就不会太疲劳。”智明兄说：“能吃能睡是福啊。淡泊，从容，人容易长寿。杨绛家里没有装修，地板还是水泥地，她已经一百零三岁，整理了钱锺书厚厚的英文笔记和中文笔记，最近还出版长篇小说《洗澡之后》。余老师您要加油哦。”余先生说：“杨绛先生了不起。台湾有一位我的年轻朋友，他夸张地说，大陆他只欣赏‘一个半’作家，‘一个’是杨绛，‘半个’是钱锺书。我现在是中山大学的终身教授，还给学生上课，还写作，一直在工作状态，人老得慢一些。”我说：“余先生，我发现您的记忆力特别好，讲一个问题，古今中外，上下左右，引经据典，张口就来，让我感到惊讶。”余先生谦虚地说：“不是我记忆力比别人好，我一直在给学生上课，上课嘛，过一两年就要把读过的书再读一遍，这样自然就记得牢了。”

半个多小时的车程，过去感觉挺远，这次却嫌太近，似乎一转眼就到机场。我和智明兄都有些依依不舍，真希望车子一直开下去，让我们多听听余先生的高论。这当然是我们自私的想法，余先生急着回家呢。车子在机场出发层停下来，我打开汽车后备箱帮忙搬行李，智明兄上前扶着余先生向国际和港澳台出发厅走去。其实，余先生走路很稳，一般情况下不需要别人搀扶。进国际和港澳台出发厅的第一道门，一名工作人员把我们拦住了，她说："只能进去一个人陪。"我果断地说："这里的情况我比较熟，我陪余先生进去。"智明兄只好依依不舍地放下挽住余先生右臂的手。我提醒智明兄："要不要在这里和余先生合个影？"智明兄说："余先生这几天也累了，我就不给他添麻烦了。"其实我知道，智明兄是非常希望和余先生合个影的，他宁愿放弃自己的愿望，是真心不想给余先生增加负担。他后来告诉我，这次没和余先生合影，感觉还是有些遗憾。云良兄也没有合成影，心里一直纠结着。

我提着两件行李，陪余先生走进国际和港澳台出发厅。余先生似乎归家心切，进去后步子突然大起来，给我一种"大步流星"的感觉。我不放心，赶紧上前搀扶余先生。余先生说："谢谢，你提行李吧，我自己能行。"我还是坚持用左手提着两件行李，右手搀扶着余先生。过海关行李检查X光机时，余先生嘱咐我把两件行李都放上传送带。他自己也把手里的公文包轻轻放上传送带。他怕我不懂，还特意交代说："这边（指国际和港澳台出发厅）要先检查行李才换登机牌。"

因为到机场早，还不到换登机牌的时间，我扶着余先生在那种没有靠背的凳子上坐了下来，开始东一句西一句聊天。我告诉余先生，这次不少人因为没和他合上影，心里感到遗憾。余先生说，他愿意和大家照相，但请尽量少用闪光灯，因为他眼睛怕刺激。我原本没奢望和余先生合影，听了这话赶紧说："我能和您合个影吗？"余先生爽快地说："当然可以！"我掏出手机，请一位年轻人帮忙照相。余先生特意摘下帽子放在一边，整了整衣服、领带，理了理头发。余先生说："戴着帽子和人照相不礼貌。"这个细节让我意识到，余先生真是谦谦君子。相照好后，我调出照片给余先生看，如果余先生不满意，就补拍一张。但余先生看后说，照得很好，很自然。我见照片里有余先生的行李，问这有没有关系，他说，不要紧，这个又不保密。

照完相，我们接着聊天。我对余先生说，我感觉他对大陆文学界的情况很熟悉，他谦虚地说，只接触过莫言、王蒙、王安忆等部分作家，读过几种文学史，不敢说熟悉。他还说，莫言是真有才华，但叙述有些不节制。余先生问我平时开不开车，我说我上班有时开车，有时坐班车。余先生说开车能锻炼脑子，他上班自己开车，要开四十多分钟。还说他家住八楼，他不坐电梯，上下楼都坚持走路。我有些惊讶："您都八十六岁了（余先生一九二八年出生），还走楼梯？"余先生纠正说："是八十七岁。"余先生讲的应该是虚岁吧。时间差不多了，我陪余先生到华信航空散客柜台办理登机手续、托运行李。我原本想请工作人员陪余先生上楼过安检，但余先生听后拒绝了，他说："我自己能行。"我懂得余先生不服老，便谢过工作人员，陪余先生乘扶梯到了二楼。二楼的一位女工作人员得知我是送客的，说："只能请您留步了。"我说："麻烦您照顾一下这位老先生。"这位女工作人员笑着说："应该的。"她当即调整了隔离带，为余先生开通了直行通道。我把一个布质背包交给余先生，祝余先生旅途愉快，余先生伸出手与我握了握，便稳捷地向安检走去。这时，女工作人员问我，老先生会不会晕机？我告诉她，老先生是大诗人余光中，经常飞来飞去参加活动，应该不晕机。见她听到“余光中”三字没特别反应，我问她：“你知道那首叫《乡愁》的诗吗？”随即轻轻背诵起来：“小时候，乡愁是一枚小小的邮票，我在这头，母亲在那头。长大后，乡愁是一张窄窄的船票，我在这头，新娘在那头……”她的眼睛一下子闪出光来，连声说：“知道！知道！”我说，这首诗就是这位老先生写的。她当即跑过去搀扶余先生，一直把余先生送过安检门。

文学的力量真是不可思议。文学永远不会消亡。

余先生是个感情细腻的诗人，过了安检后，三次回头向我挥手。我非常感动，眼泪差点流出来。

从机场回来后，我在微信上写道：“深深祝福余老先生健康长寿。”智明兄也发了一条微信：“期待余先生来厦参加厦大九十五周年校庆。”

补记

送余先生返回台湾时，我怎么也不会想到，这是余先生留在大陆的最后背影！二〇一七年十二月十四日，噩耗传来：余先生因脑中风并发心肺衰竭病逝于台湾高雄医院，享年八十九岁（按余先生自己的算法，应该是九十岁）。当天，我含泪撰写怀念短文《留在大陆的最后背影》，刊登在二〇一七年十二月二十二日《今晚报》副刊。

初识陈丹青

我读过陈丹青《退步集》《笑谈大先生》等著作，对经常“大放厥词”的他蛮有好感，爱屋及乌，购藏了他竭力推举的木心老师的全套作品简体中文本。得知他星期天上午要在厦门会展中心召开的中国博物馆协会第六届会员代表大会上开讲“艺术与博物馆”，我和书友相约前往听讲。

男女老少济济一堂，偌大的厦门会展中心五楼多功能厅座无虚席。上午十点半，六十一岁的陈丹青一身黑衣出现在讲台上，远远看去倒像四十来岁的样子（晚些时候他在接受《厦门日报》记者独家采访时说“事情做不完，没空老”）。这时，包括我在内的许多听众拥到台前，举着相机、手机一阵狂拍。陈丹青配合拍了一会后说：“一定要拍照吗？这么多亮光，我有点害怕，好像在取证一样。”台下众人顿时像惊飞的鸟，发出哄堂笑声！

陈丹青显然是演讲老手，懂得如何调动听众情绪。他的目光在台下前几排扫来扫去，突然收起脸上的笑容，一本正经地说：“这是一个非常官方的会议。平常胡说八道我还比较不在乎，官方的会议，我会管一管自己的。”停顿了一下，他矫情地问听众：“现在到底是说真话，还是说假话呢？”听众大声回应：“真话！”陈丹青作一脸天真状：“你们不要怂恿我啊！”又是哄堂大笑。

陈丹青见好就收，开始切入正题：“我是忠实的美术馆的观众，终生感激美术馆。”他解释说，在国外，博物馆与美术馆意思差不多，所以说惯了美术馆。“自己没有上过大学，但最后上了世界上最好的大学，就是美术馆。到了纽约，我真的上了大学，在美国各地的美术馆，包括欧洲的美术馆。美术馆除了是我的大学，所有欧美美术馆的中国馆还是我的爱国主义教育基地，是中国史的课堂。”

“但是，”陈丹青提高声调说，“中国办美术馆方面起步非常晚。二〇〇〇年回国定居，觉得有非常大的反差。我亲眼看着北京、上海一步步变成后现代的城市，但美术馆的水平和美国还是没法比，很土，很落后。”

接着，陈丹青掉转话头：“说到这里，我想起了两个人。这两个人说过同样的一句话，我都非常赞成。一个是胡兰成，他说，中国人最最伟大，就是四个字，马马虎虎。还有一位是鲁迅，他有一次病得一塌糊涂，醒来后去跟书局的老板说，中国人没有希望了，四万万同胞没有希望了，马马虎虎。胡兰成的‘马马虎虎’是对中国国民性的肯定，鲁迅的‘马马虎虎’则是对国民性的否定和失望。我觉得两个人都说得非常对。中国人非常了不起，他一定要毁什么，就一定能毁灭；他一定要建什么，就一定能建起来。不要想那么多，只要去做，就能做到。可是，做得好不好呢？马马虎虎。”

说到这里，陈丹青似乎忘了前面做出的“管一管自己”的承诺，面对台下众多中国博物馆界的头面人物，慷慨直陈国内办美术馆的四个致命伤——急功近利、好大喜功、机会主义、表面文章。他说：“今天请我来讲，也是表面文章。”

陈丹青指出，文化是个细活，办美术馆更是细活，它是熬汤，不能用急火，要慢慢来，文火熬汤才能做文化。听说全国有八百多家民间美术馆，各省的美术馆更是如雨后春笋，他当年插队的江西也设立了江西省美术馆。为什么要这么多呢？像俄罗斯、加拿大、美国、日本，都没有我们国家这么多美术馆。人家数量比我们少，但做得比我们精致。俄罗斯冬宫博物馆，达·芬奇的画有两幅，他们用了近三百年才做到世界一流。美国大都会博物馆建于十九世纪，收藏的东西五大文明都有，整座庙搬过来，中国北魏、东晋的都有。他们策划一个展览，短的五年，正常的十来年，有的甚至筹备了二三十年。但是在中国，哪怕一个大型展览，策划五年到十年的极少，顶多一两年就办起来了，太急功近利了。世界十大美术馆，到现在都没有中国的份，看来并不奇怪。

陈丹青认为国内美术馆、博物馆全免费是好大喜功的表现，据他了解，全世界没有一个国家的博物馆是全免费的。在他看来，好大喜功还表现在贪大求全。他说，每年都有一些有钱人找他，名为请教如何办美术馆，实际上都是有钱人自己在讲话，根本没人愿意听他讲。他们只炫耀要盖多大多大的房子，却从不说有什么收藏、有多少专业人员。有一位大姐对他说要在世纪坛办一个美术馆，世界五大文明七千年的文物都要收藏。陈丹青直言她在说梦话，现在不是殖民时代，不能抢，你就是再有钱，外国美术馆也不卖给你。果然，大姐的计划没有下文。他说真正办美术馆不是求大求全，国外美术馆普遍比较小，许多私人办的馆比我们现在这个厅还小，但收藏有特色、有质量。美国费城郊外有个美术馆，是一个医生办的，面积不大，却收藏了塞尚、雷诺阿、马蒂斯等名画家的作品，你想看这些作品，只能去他那儿。要那么大有什么用?

说到机会主义，陈丹青痛批国内私人一窝蜂办美术馆是“圈地运动”，许多美术馆最终成为建筑垃圾。关于做表面文章，陈丹青毫不留情地说：“中国大多数美术馆，无论是官方的还是私人的，都只有建筑，没有艺术。”他说，这些年各地建了不少当代名家美术馆，但元明清文人画的代表画家如文徵明、董其昌等，文脉清楚，故居流传有序，就是没人去办他们的美术馆。还有，我们办展览，只注重表面的轰轰烈烈，不关心细节，有个先秦时代的青铜器展览，照明用灯竟然是日光灯，太不用心了!

陈丹青有些痛心疾首：“美术馆不是一个简单的陈列场所，而是让我们惊讶历史、回看历史的场所。因此，做美术馆一定要诚实、老实、扎实。”他举例说，日本有个老太太买下一座山想做美术馆，自己不懂，重金请贝聿铭来设计。贝大师看过那座山后说，边上那座山更适合做美术馆。老太太言听计从，立即买下那座山。贝大师很受感动，精心设计，使美术馆自然得就像与山长在一起。这就是日本著名的美秀美术馆。

展望未来，陈丹青说，数码时代的到来，给美术馆业带来了一种可能，即数码展览。原作运来运去不方便、不安全，上海尝试引进数码展览，那是梵高画的全部。一次看这么多梵高画，以前想都不敢想。

演讲持续了一个半小时，没人提前离席。陈丹青很理解粉丝们的心情，特意走下台来为带书的粉丝们签名。包括我在内的近百名粉丝把他团团围住，工作人员忙提醒大家自觉排队。陈丹青耐心地一一满足了粉丝们的签名与合影要求。给我带去的《无知的游历》签名时，陈丹青抬头笑问："这书你真看吗？"我说："当然真看，还读过您的《退步集》《笑谈大先生》等著作。"陈丹青说："真读书人，谢谢。"签名时，我请朋友帮忙照了张合影。有点不满足的是，陈丹青的签名字太小了。

阎连科的理想

阎连科获得二〇一四年度卡夫卡文学奖。阎连科在得知自己获奖后回应说，卡夫卡是对他最富启发性的作家之一，他将于十月底前往捷克的布拉格领奖。阎连科是首位获得此奖项的中国作家，也是继村上春树之后第二位获此殊荣的亚洲作家。

莫言是军艺文学系第一届学员，阎连科是第三届学员，我则是第五届学员，是他们地地道道的小师弟。在成为校友之前，我曾有幸与阎连科在大型军事文学双月刊《昆仑》一九八八年第一期同期发表过作品，也算是“神交”了。阎连科发表的是中篇小说成名作《两程故里》，我发表的是短篇小说《夜半敲门声》。这一期的《昆仑》还刊发了阿浒的短篇小说《变调》。“阿浒”是我的朋友蒋本浒当时常用的笔名，一年后他与阎连科成了军艺文学系同窗，现在则以“麦家”之名爆红，被誉为“中国特情文学之父”“谍战小说之王”，其长篇小说《暗算》获第七届茅盾文学奖，长篇小说《解密》被收入英国“企鹅经典”文库，据说这是唯一入选“企鹅经典”的中国当代小说。

有趣的是，我们同期刊发的三篇小说，责任编辑都是曾以《母亲与遗像》荣获全国小说奖的海波老师。海波是部队众多业余作者的精神向导和文学引领人，阎连科曾沮丧地收到铅印退稿信的中篇小说处女作《小村小河》，就是海波老师下部队时慧眼识珠，亲手编发在一九八六年第一期《昆仑》上的。阎连科后来说，这部中篇小说的发表和随后收到的八百元稿费，直接催生了他的第二部中篇小说《两程故里》。据说这部以宋代理学家程颐、程颢的家乡为故事背景的稿子投给《昆仑》后，因为是纯粹的地方题材，编辑部有人认为不宜发在军队刊物上。但文学感觉精准的海波坚持认为这个作品很难得，“一定是个轰动的好东西”，不仅力主发表，而且坚持放在头条位置突出处理。《两程故里》发表后，其反响完全证实了海波老师“一定是个轰动的好东西”的预言，被《小说选刊》《中篇小说选刊》等多种全国有影响力的选刊迅速选载，入选了一九八八年《全国中篇佳作选》，并出人意料地获得全军最高文艺奖。这是阎连科获得的第一个文学大奖。

于是，好消息和坏消息结伴而来：好消息是，在海波的精心策划下，《昆仑》和《小说选刊》编辑部趁热打铁，联合在北京召开“阎连科小说创作研讨会”，阎连科的名字开始引起文坛的关注；坏消息是，家里来信说，“两程故里”的两百多号乡亲对阎连科用小说坏他们的名声很不满，公开扬言要去阎连科所在的村子打架，吓得村里人不敢出门。

第二年，阎连科用《两程故里》敲开了位于北京魏公村的军艺文学系大门。从一九七九年在武汉军区政治部《战斗报》副刊发表小说处女作《天麻的故事》，到一九八九年考入军艺文学系，来自河南嵩县耙耧山下田湖村的阎连科，已经在文学小道上艰难跋涉了十年。这一年，阎连科三十一岁，军龄正好十年。像莫言等许多从基层连队成长起来的部队作家一样，阎连科对帮他迈出文学第一步的部队领导充满感激之情。很多年以后，他还在一篇文章中说："我永远不能忘记与小说处女作《天麻的故事》有关的张英培、龚知敏、刘晓林三位老师，是他们帮我迈出了文学的第一步，我很想有机会见到他们，向他们鞠躬，问一声老师好！阎连科念念不忘的张英培是阎连科部队的营教导员，正是他破例把入伍不久的阎连科送去参加武汉军区文化部在信阳举办的笔会。在参加笔会的三十人中，阎连科是唯一的新兵。在那里，我第一次知道小说还分为长篇、中篇、短篇，第一次知道有两份杂志叫《人民文学》《解放军文艺》"。龚知敏是武汉军区文化部的干事，信阳笔会的组织者之一，《天麻的故事》就是他推荐给报社发表的。刘晓林是阎连科小说处女作的责任编辑，一个新兵的稿子，能给大半版的篇幅，需要勇气和担当。

穿过军装的人都有体会，部队领导爱才惜才，重视"笔杆子"，是一种普遍现象。当年莫言在部队能提干，萧政委出力最多。而阎连科在部队提干的经历，比莫言更传奇。

阎连科的营教导员张英培当过军党委秘书，会作诗填词，文学修养颇深。他看重阎连科的文才，多方创造条件，悉心培养。阎连科也争气，充分发挥自己能写会画的优势，入伍第一年当副班长，第二年入党，连续几年立功受奖。放在以前，这样的兵肯定能顺利提干。但阎连科入伍时，部队进行干部制度改革，文件说要重视文化，不再从战士中直接提干，必须先考进军校学习。可考军校有严格的年龄限制，阎连科当兵时就已超龄，失去了考军校提干的资格。因此，到一九八一年年底，阎连科已满三年服役期，不得不退伍。他领到了一百一十七元复员费、五十斤全国粮票和一张从商丘到洛阳的火车票，办好了行李托运。如此这般，阎连科退伍回乡已是铁板钉钉的事情。

谁也没料到，当载着阎连科等退伍老兵的火车即将启动的时候，预设的故事情节发生了连小说家也无法想像的戏剧性转折——一辆军绿色吉普车疾驰而来，直接冲上站台。车门打开，团长跳了下来，大声喊："阎连科！阎连科在哪个车厢？"

站台上的人吓了一跳，不知道发生了什么事。阎连科心里一惊，忐忑不安地冲下火车朝团长跑去……

阎连科后来回忆说，团长告诉他，武汉军区参加全军战士业余演出队汇演拿了第一名，其中有个独幕剧是阎连科写的。当时的解放军总政治部主任韦国清观看了演出，对武汉军区的节目印象很好。当他了解到编创演出这些节目的多数是基层战士时，立即指示：把战士中的文艺骨干留下来。留人的途径就是提干。总政为此特批给武汉军区二十多个提干指标，其中一个指标落在阎连科头上。

阎连科就这样神奇地当上了军官，为他八年后考入军艺文学系铺平了道路。像莫言一样，军艺文学系是阎连科文学创作的重要转折点。

阎连科在军艺的故事，我是从酒桌上听来的，当时阎连科也在场，应该比较可信。现在回想起来，那次有机会和阎连科在北京魏公村喝酒，是著名评论家朱向前从中牵的线。印象中，阎连科长得比较老相，脸上皱纹多，话少，酒也喝得少，像个沉默寡言的河南老农。事实上，与阎连科有过接触的人，都感觉他是个严肃、沉默的人。我的朋友、阎连科《返身回家》一书封面的设计者李戎讲过一段亲身经历：有一次，因解放军出版社会计把她和阎连科的稿费开在一张支票上，她搭乘阎连科的白色捷达车去结算中心领稿费。一路上，“车里基本没有对话，很沉默也很沉闷”。领钱时，阎连科一直盯着窗口内的工作人员，工作人员使用完点钞机，随后用手指沾了一下旁边塑料圆盒里的湿海绵再次点了一遍钱。阎连科突然打断用手点钞的工作人员，说，有一张掉地下了。只见这位工作人员的脸刷地红了，马上弯腰捡起那张落到桌下黑暗角落里的一百元钞票。返回出版社的路上，阎连科依旧沉默，只管开车，“我真的不适应这种气氛，开始没话找话”，但很快闭嘴，“因为阎连科表情太严肃了，严肃到我再讲话就会被凝固的气氛击成粉身碎骨”。

沉默寡言的阎连科写起小说来特别投入，至少在军艺学习那两年是这样。在酒桌闲谈中，我听说他在四人一间的军艺宿舍里只要铺开稿纸，就如老僧入定，任你人来人往，闲谈戏语，喝酒喧哗，他都充耳不闻，照写不误。一天下来，少则八千字，多则一万言，最多时还写到了一万三四千字，故有“中篇不过周，短篇不过夜”之说。他的写作速度是如此惊人，以至在军艺的第一年，居然连续在《中国作家》《十月》《昆仑》《解放军文艺》等大刊上发表《斗鸡》《瑶沟人的梦》《瑶沟的日头》等七部中篇小说。更让人难以置信的是，第二年他一口气创作了十部中篇小说，给《人民文学》《当代》《收获》等全国大型刊物来了个“全覆盖”。这一年，选稿极严的《收获》连续发表他的《乡间故事》《黑乌鸦》两个中篇，《小说月报》《中篇小说选刊》分别选载了他的《乡间故事》和《中士还乡》。阎连科说：“当时最大的愿望就是进一步成名成家，看到莫言红得发紫，心里很激动，成名欲和发表欲更强。”于是，他不停地写，不停地发。

到了一九九五年，有出版社主动提出给阎连科出版全部作品的文集。他借机回头重新阅读一遍自己写过的全部作品，猛然发现自己写了几十个中篇，讲的大体是同一个故事；塑造了上百个人物，可这些人物大同小异，几乎也就是一个人物。他惊呆了，惊呆了自己的重复，“自己的写作，正在自己画的文学圆圈中循环往复，以为是不停地前行，其实是在原地踏步”。他很郑重地对自己的写作总结说：“你几乎全部的写作，都是在生产文学的垃圾！出版，是对纸张的浪费；阅读，是对读者时间的浪费。”

阎连科开始反省自己的创作之路。

巧合的是，这一年，刚由百花文艺出版社出版第一部长篇小说《最后一名知青》的阎连科，由于长期没日没夜地伏案写作，腰椎和颈椎都得了严重的病。至今都拒绝用电脑写作的阎连科这样描述自己的写作情形：“早些年，写东西的时候，不是趴在床上，就是用一个特制的写作架和写作椅，或者腰上绑上一个用钢板造的宽大腰带进行写作。不能坐在桌前写，就趴在床上写，结果又引发颈椎疼痛，最后只好到生产残疾人设备的机械厂定了一块斜板，稿纸夹在上面，像写毛笔字一样悬肘写作。”

反省加病痛，使阎连科的写作速度明显慢了下来。他每天上午八点半到十点半写作两个小时，差不多能写两千字，但连续写十天就要停下来休息、看病。他就这样一边反省，一边写作，一边看病，艰难地完成了一部又一部与以往作品大异其趣的长篇小说。评论家们发现，这时的阎连科仿佛蜕变成了另外一个作家。

过去的阎连科是军旅文学“农家军歌”的“主唱者”之一，曾以中篇小说《黄金洞》《年月日》分获第一、第二届鲁迅文学奖（我与朋友合著的长篇纪实文学《开埠》有幸与他同获首届鲁奖），得到主流的高度认可。但随着引起巨大争议的中篇小说《为人民服务》和长篇小说《丁庄梦》在二〇〇五至二〇〇六年相继问世，阎连科的创作开始了不平静的命运，从此淡出主旋律作家行列。此后，他推出每一部作品，都会像定时炸弹一样在文坛和读者中引发巨大争议。

长篇小说《风雅颂》讲述了一个大学教授杨科在家庭、爱情、事业诸方面悲情而又荒诞的遭遇。二〇〇八年小说出版后，一些来自北京大学的教授主动对号入座，指责阎连科借《风雅颂》之名“影射北京大学，诋毁高校人文传统，肆意将高校知识分子妖魔化”，甚至有人指责阎连科“放肆”“用心可疑”。

二〇〇九年推出的自传体长篇散文《我与父辈》，朴实地讲述了父辈们面朝黄土背朝天的卑微生活，不料其中关于知青的描述受到众多知青及其后代的声讨，愤愤之情溢于言表：阎连科为什么要曲解历史，妖魔化知青？

他的小说《四书》写两次世界大战及苏联大灾难，触及中国知识分子的磨难，二〇一一年完成后，被内地十多家出版机构拒绝出版。阎连科自费印了一两百本送人，后在香港出版。他说，他只想表达人的灵魂深度的真实。

被称为“神实主义”力作的阎连科最新长篇小说《炸裂志》，其原创力量和现实关怀深度堪与莫言的《蛙》媲美，被认为是对中国过去几十年城市化进程的深刻反思之作，是一部灵魂出窍、脓血交融的当代世道人心史。

有人说，阎连科的小说和他的面相一样，爬满老实而滞重的皱纹，具有一种对世间体悟的愁苦质感，这其实来源于阎连科灵魂深处对当代人无序生活的精微透视和对精神世界真相的无情深剖。著名文学评论家刘再复认为，阎连科的作品让读者看到的不是滑稽剧，而是非常透彻的精神真实。这一真实就是千百万中国现代文明人都生活在幻觉之中，生活在新旧乌托邦幻像的交织纠缠之中。但因为许多人无法接受这一真实，致使阎连科一直饱受争议。对此，评论家谢有顺早有先见之明：“阎连科小说中的极致叙事为书写这个时代的‘主要真实’开辟了新的路径，但他今后的写作也将因此冒更大的风险——或许，阎连科早已看到了这一点，并为此做好了充分的思想准备。”

谢有顺的判断是正确的，阎连科不怕冒险，不怕争议。他今天的写作，已经不在年轻时的写作状态，不会因为别人而写作，“只是以我之笔，写我所思；以我之心，书我之文”。对现在的他来说，文学作品最可贵的品质就是绝对的个性化，用自己的方式发出自己的声音。但是，当一部又一部作品出版相继成为事件，不是无法出版，就是出版了无法在书店出售，他的写作不能不受到冲击和影响。问题是，作为一个最低调的备受争议的当代作家，他还想写出一部他以为的好小说。

不久前，阎连科应邀在台湾“世界华文小说艺术国际学术研讨会”上发表演讲时，他选择的题目就是“我的理想仅仅是想写出一部我以为好的小说来”。他说：“整个二十世纪文学，几乎就是作家本人‘我以为’的展台和储柜，是一个‘我以为’的百宝箱。一部小说中没有作家最本性、最本我、最独特的‘我以为’，那小说其实就不再是小说，而是作家本人的坟墓和棺材。因此，我的理想仅仅是写出我以为的一篇好小说。”

阎连科不无忧虑地说：“我今年已经五十五岁了。这是一个令人伤感的年龄。以我对自己身体状况的了解，以对我家族的生命遗传来认识，以对我今天在写作中时时出现的‘力不从心’的程度讲，我不能相信我到了七十岁还可以激情澎湃、行走如飞，坐下来就思路敏捷，可以源源不断地讲述和写作。岁月、年龄、命运，在不出意外时，大约还会给我留有五到十年最好的写作期。而在这五至十年间，我到底能握笔写出三本、两本什么小说呢？这是我最大的疑虑，最大的不安，命运中最大的未知。我想起《三国演义》中诸葛亮‘六出祁山’里运送粮草的木牛和流马。传说中国的木匠之神鲁班，最大的愿望是用木头创造生命，制作出不用吃草就可以耕地的木牛，不用喂养就可以拉车的木马。他一年一年，十年二十年，终生努力，在他年老之后，在他病入膏肓之后，躺在垂死的病床上，为一生对木牛木马的钻研、寻找、设计、失败而感到两手空空、死难瞑目时，神灵在他的昏迷之中，把设计、制作木牛木马的图纸送进鲁班的头脑。鲁班是在他生命的最后，把木牛木马的图纸从他的头脑中绘制出来而平静、微笑着离开世界的。传说蜀国制作木牛流马的图纸，就是鲁班的子孙在代代相传之后，交给诸葛亮的，使诸葛亮制作出木牛流马，六出祁山，七擒孟获，建立和巩固了蜀国。而在我有限的最好写作的时期里，我还没有那个全新、完美的'我以为'，无异于我还没有诸葛亮手里制作木牛流马的图。所以，我希望在我最好的写作时期里，能让我如鲁班那样最后创造、设计出木牛木马图纸来，并且像诸葛亮那样制作、创造出一架文学的木牛流马来。也因此，我才这样说：我最大的理想是在我的人生中仅仅写出一篇或一部我以为好的小说。”

阎连科无疑是当下中国最有创造力的小说家之一，他的《坚硬如水》《受活》《丁庄梦》《风雅颂》《四书》《炸裂志》《日熄》等长篇力作的出版，使他成为目前在国际文坛上最受瞩目的中国作家之一。但他还想再写出一部他以为好的小说。社会难道不应该成全他的理想吗？

莫言和《三十五个文学的梦》

一九八五年十二月，解放军出版社出版了一本只有二百七十七页的小书：《三十五个文学的梦》。这本由陈亦逊设计封面、装帧朴素的小册子，现在大概只能在孔夫子旧书网上才能淘到了。对此我有些不解：解放军出版社的领导怎么不安排再版这本书呢？我相信，如果再版的话，一定会受到读书人的欢迎，因为这是诺贝尔文学奖得主莫言和他的解放军艺术学院文学系同班同学早年谈各自文学之路的文章的首次结集。

据我所知，这是军艺文学系第一任主任徐怀中先生倡议编辑出版的一本书，但书上署名的编者是当时军艺文学系的两位老师冉淮舟和刘毅然。类似性质的书，军艺文学系后来再没组编出版过，原因恐怕是后来历届军艺文学系学员的“名头”都不如莫言那一届响亮吧。

一九八四年，军艺设立文学系，主持筹备成立文学系工作的著名作家徐怀中被任命为系主任。第一届军艺文学系从全军共招收了三十五名学员。部队向来重视文学创作，人才济济，因此第一届招来的学员不少在当时的全国文学界都是大名鼎鼎的。我从解放军艺术学院编印的《校友录》上查到了那一届学员的完整名单，他们是：莫言、钱钢、董保存、王海鸰、张俊南、宋国勋、常青、陈晓东、丁小琦、崔京生、陈道阔、黄颜生、王江水、李存葆、李荃、苗长水、成平、张波、何继青、施金虎、刘再光、黄献国、王苏红、刘宏伟、尹卫星、金辉、宋学武、刘英学、于劲、傅宁军、朱向前、沈一鸣、徐军、李本深、徐广泽。这个名单里的不少人，现在依然活跃在文学界。

军艺文学系颁发的虽然只是大专文凭，但教学方式却是仿照培养研究生的讲座方式，邀请高校的名教授、各行各业的名专家和全国著名作家给学员开讲座，有点"集束轰炸"的意思，因此信息量很大，对开阔学员视野很有帮助。第一届才华横溢的学员入学后，经过系统读书，听讲座，讨论交流和私下碰撞，有许多收获和体会。于是，徐怀中主任倡议，由系里的冉淮舟老师和刘毅然老师具体策划组织，要求三十五名学员围绕"我怎样走上文学之路"的主题，每人完成一篇命题作文。听刘毅然老师后来说，因为是系里统一布置的作业，大家都很自觉，精心构思，按时交稿。

过关斩将挤入第一届的学员都是写作高手，交上来的文章各异其趣。下面是部分文章的题目：钱钢的文章题目叫《面对殷红的血》，朱向前的文章题目叫《想起故乡》，王海鸰的文章题目叫《创作伊始》，何继青的文章题目叫《因为我的那些战友》，苗长水的文章题目叫《连队，我的摇篮》，崔京生的文章题目叫《送他一支无头箭》，李本深的文章题目叫《遥远的追求》，董保存的文章题目叫《梦里梦外》，张俊南的文章题目叫《高山·人生·苦海》……

莫言的文章题目更别致，叫《也许是因为当过"财神爷"》，署名管谟业，这也是他的本名。文中说他小时候跟一个叫冬妹的邻居大年夜一起出去装"财神爷"要饺子吃，后来自己从军入伍当了军官，冬妹则嫁了个哑巴。莫言在文中写道："面对着这一切，一大段可以写进《我怎样走上文学之路》的文字蓦然地从脑海里浮现出来：你已经扔了二十数三十，再呼'我是青年'的口号时，应该有惶惶不安的感觉了。你已经把一条腿和大半截身体探进了中年的门槛，到了正经八百地执行自我批判的年龄了。你千万不要沾沾自喜，不要被那十几篇狗屁文章陶醉。你这种文章其实是个人就能写。你现在还远远不是谈创作经验的时候，希望你这辈子永远也不要谈什么创作经验。你好好听听人家说什么吧。电影《小兵张嘎》看过没有？那里边有一句台词很好，是八路军警告鬼子翻译官的，说'别看你今天闹得欢，就怕将来拉清单'。所以呀你千万别跟着闹腾。老师让你写《我怎样走上文学之路》，能写就写，实在写不了就算了，我看少写一篇作文老师也不会把你开除了。实在非要写，我看你就写写这个在滴水成冰的早晨穿着塑料凉鞋到河里来挑水的女人吧。去年你回家时，你爹就扯着你的耳朵叮嘱你：小三啊，你已经将近三十啦，不小啦，该懂一点点事理啦，你难道还要让我担一辈子心吗？你从小就喜欢多嘴多舌，嘴上缺个把门的，你说话不中听，一句话能毒死一个连。渐渐大了，要长点心眼子，话要出口先想三遍，能不说的尽量不要说。无论对谁，都要说好听的话，你难道没听人家说，良言一句三冬暖，恶语伤人六月寒。画龙画虎难画骨，知人知面不知心。啄木鸟死在树洞里，吃亏就在一张嘴上……”

在文章最后，莫言绵里藏针地写道：“老师，就这样吧，我仅仅是一个文学爱好者，要写得紧扣您的题目无疑自我讽刺，因为我至今也还没有走上文学之路，只好这样装神弄鬼地糊弄您。俺爹曾经对俺说过：‘常在河边走，哪能不湿鞋？瓦罐不离井沿破。跟着巫婆学跳神。’俺这样子像小毛驴子一样虔诚地围着文学转圈子，久而久之的，没准儿也就能沾边上路了呢！”

文章透露了不少信息，包括莫言这个笔名的来历。这篇文章日后分别被收入浙江文艺出版社二〇〇〇年版《莫言散文》、春风文艺出版社二〇〇三年版《写给父亲的信》和文化艺术出版社二〇一〇年版《莫言散文新编》。可见莫言对此文还是比较满意的，不悔“少作”。

包括莫言文章在内的这三十五篇文章，后来辑成《三十五个文学的梦》一书，由解放军出版社一九八五年十二月正式出版发行，首印一万两千册，平装压膜，定价一元七角。从孔夫子旧书网上查询得知，此书一九八七年重印过一次。

谢泳的古风

在郑振铎《永在的温情》一文中读到鲁迅先生慷慨惠赠明版书《西湖二集》助力郑振铎中国小说研究的故事，让我想起厦门大学谢泳教授类似的几件事情。

谢泳是一个有良知的学者，在读书界影响很大，二〇〇七年春天他应邀从山西太原南来教书后，很快成为厦门读书人的“核心”，大家聚在一起喝酒聊书，其乐融融。他常将自己的著作和收藏的文献资料分赠众人，我还曾意外得到他惠赠的著名学者何兆武、周一良先生的签名本。为此，书友张云良说：“谢泳兄有民国风范，时时温暖与润泽着我们。”

有一次，我们结伴游漳州平和。在参观林语堂故居和林语堂文学馆后，谢泳对平和林语堂文学研究会会长、林语堂文学馆馆长黄荣才说，他收有几册林语堂民国版的书，“下次回太原时带来送给你，这些书对你更有用”。不久，黄荣才果真收到了一九三七年七月版《开明第三英文读本》、一九四〇年十月版《汉译开明英文文法》等多册民国版林语堂著作。

在文献资料方面，谢泳的学生“近水楼台”，受惠最多。据谢泳的研究生林建刚在《等在我人生道上的人》一文中说，从二〇〇七年见面认识，到二〇〇九年研究生毕业，他记不清被谢泳请喝了多少次茶。“被喝茶”的次数多了，有时候良心发现，想着也买个单吧，“结果总是被他叫住，说我现在还是学生，没有经济收入，还是让他来买单吧”。喝茶只是借口，“多数时候，我们总是高谈阔论着我们的民国，尤其是民国的那些知识分子”。有一次他去搜索谢泳喝茶时说到的董时进等人时，除了在网上看到谢泳写的文字之外，鲜有其他信息。他去图书馆找寻董时进等人的书，也一无所获。“等再次见到谢老师时，我抱怨说董时进等人的史料实在太少了，而且他的著作现在都没有再版，而董时进在民国出版的书在孔夫子网都卖几百块钱呢。结果谢老师看我对董时进有兴趣，就把他收集的董时进的所有书籍以及相关史料都送给了我。以后，但凡他发现我对哪个民国知识分子感兴趣时，只要他手边有相关资料，总会送给我看。”林建刚因此在另一篇文章《谢泳：故纸堆里求学问》中称谢泳是“学界孟尝君”，他至少可以举出十几个谢泳把难得收藏到的文献资料送给研究机构和个人的例子。

我这里也有个现成的例子。有一次喝酒时，我和书友南宋说起最近读到的易社强著、饶佳荣译《战争与革命中的西南联大》一书很棒，谢泳笑着说，饶佳荣是他的朋友，并当即致电饶佳荣，让他给我和南宋各寄一本签名本。很快，我和南宋就收到了至今未曾谋面的饶佳荣寄赠的译著题签本。读了书的《译后记》，我才明白饶佳荣为何如此尊重谢泳："在文献方面，我还得到谢泳先生的帮助。我曾到太原登门拜访，承他热情招待，并慷慨惠借自己多年搜集的相关史料。谢先生如此勉励后学，令我钦敬不已。"后来我在谢泳为该书写的书评《最好的西南联大校史》中，也读到相关记述："佳荣到太原访学时，我曾把当时已用过的所有关于西南联大的材料让他带回去，我和佳荣素不相识，但我感觉，一个青年能对西南联大产生如此的热情和兴趣，一定是个有追求的人，我相信他会把这些材料用好。我认同胡适的话，中年人做学问是本分，青年人做学问一定要鼓励。"

在《张东荪编的一本书》一文中，谢泳谈到过他这么做的源头："我平时在旧书摊上闲逛，看到各种各样的旧书和旧杂志，一般都很留意。有些东西，与自己的研究并没有什么直接关系，但我要给相关的朋友收集起来。这个做法，说来还有一些源头。有一年我去上海复旦大学，在葛剑雄教授的研究室参观，恰好周振鹤教授当时也在，那时他有一间房是专门放旧书的，我进去看了看，他收集的东西真不少。其他我没有什么印象了，只记住当时周教授随意说的一句话：这些东西都是替国家收着的。这话很感动了我，让我在以后的时间里，处处想到它的意义。"

从谢泳、葛剑雄等学人身上，我感受到了"古风荡漾"。

谷川俊太郎来了

谷川俊太郎来了！

谷川俊太郎是谁?

请唱日本动画片《铁臂阿童木》主题歌：

掠过辽阔天空

飞向遥远群星

来吧阿童木

爱科学的好少年

善良勇敢的铁臂阿童木

十万马力七大神力

无私无畏的阿童木

穿过广阔大地

潜入深深海洋
来吧阿童木
爱和平的好少年
善良勇敢的铁臂阿童木
我们的好朋友
……

谷川俊太郎便是这首曾风靡中国的主题歌的词作者。

中国读者熟悉谷川俊太郎多是因为他是宫崎骏《哈尔的移动城堡》和手冢治虫《铁臂阿童木》的主题歌的词作者。其实，谷川俊太郎是一位著名诗人，他的作品被广泛和持久地阅读，其中一本诗选集先后重印六十多个版次，累积销售八十余万册。他一九九九年登陆中国后连续出版五本诗集和绘本，印数和销量在获诺贝尔奖的诗人中屈指可数。这样的诗人在世界哪个语种里都是不多见的。作为日本国民诗人和现代诗歌旗手，他的诗不论在自己的文化国度或是在世界诗坛中，都享有非常荣耀的地位，因此曾多次被诺贝尔文学奖提名。他的中文译者、诗人田原博士这样评价他：“谷川俊太郎不仅在当代日本诗坛是最重要、最有影响力和家喻户晓的诗人，而且在国际文坛上也是被公认的最生动和最具代表性的诗人之一。”

现在，谷川俊太郎被诗人北岛请来参加“香港国际诗歌之夜2017”厦门站诗歌朗诵沙龙，承蒙活动主办方厦门纸的时代书店好意安排，让我有幸与他近距离接触。

第一次见面是在酒桌上。在等待上菜的间隙，谷川俊太郎安静地坐着，偶尔与他的中文译者田原低声交谈几句。坐在他左手边的北岛把我和南宋介绍给他，说我们是厦门本地作家，出版过多部作品。谷川俊太郎听完田原的翻译，朝我们点头致意。我事先做了些准备，带了几本他的诗集中译本请他签名。田原把我的要求转告他，他点头应允，并起身移坐一旁的长条茶几，从一个蓝色手袋里掏出自带的笔和印章，一笔一划签上汉字“俊”，田原默契地接过书，熟练地钤上名章“谷”。征得田原同意，我坐到他身边拍合影，他配合地抬起头，等拍好后再低头签名。这个时候，我感觉他不是享誉世界的著名诗人，而是一个温和的长者。

签完名，谷川俊太郎收拾起笔和印章，重新坐回饭桌。开始陆续上菜，田原轻声翻译菜名，他点点头，严肃地打量着盘子里的菜。他已经八十六岁了，但胃口挺好，细嚼慢咽，吃得津津有味。冰镇墨鱼上来的时候，他的脸上露出了不易察觉的浅浅笑容。田原介绍说，谷川先生爱吃冰镇墨鱼。我们轮流上前敬酒，他喝果汁，礼貌地与我们碰杯。

因为晚上有诗歌朗诵活动，晚餐持续了一个小时左右就结束了。我引导谷川先生一行下楼，老先生脚下生风，居然想走着去不远处的活动现场，但他脚关节有损伤，听说过马路走地下通道要上下台阶，只好打消走路的念头。他原本是很爱散步的，东京西郊杉并区阿佐谷一幢白瓷砖的两层小楼是他家，每天早晨他都会到院子里散步，有一整年，他在早晨同样时间、同样的位置，以院子中央的一棵枫树为中心，拍摄院子里的风景。三百多张照片做成一个相册，记录下院子里的一岁一枯荣和四季的清晨。

进入活动现场，谷川先生看到密密麻麻坐满了几百人，连过道都有人席地而坐，脸上瞬间露出了惊讶的表情。他后来在压轴朗诵时，真诚地表达了对诗歌听众的敬意。他说，今晚这样一场诗歌朗诵活动，来了这么多年轻听众，这是他没有想到的，内心非常感动。

按照事先安排，谷川先生朗诵了自己的两首诗作。在朗诵《我与日本》时，投影在银幕上的字发虚看不清楚，他卡壳了，笑着自嘲道："我从来不会背自己写的诗。"在朗诵完另一首诗后，他说："我年纪大了，随时都会死，这首诗是我清醒时向我的肉体告别。"在回答听众提问环节，他更是反应敏捷，妙语连珠，又机智又幽默，赢得雷鸣般的掌声。他告诉听众，因为风景，因为自然的某种状态而唤起的感动，是他创作诗歌最重要的内核。由这个内核和原点生发出的对于生物、自然和宇宙的独特观察和想像，对于人生悲欢离合，人性千姿百态，存在与虚无的拈花一笑的洞悉和把握，构成了他的创作世界。

活动结束后，一两百名听众排起长队等待签名。谷川先生毕竟是年近九旬的老人了，脸上已略显疲态，但他不愿辜负读者，一一满足读者签名、合影要求，直到深夜才返回酒店休息。或许是太累的缘故吧，第二天他放弃了主办方安排到鼓浪屿游玩的计划。

谷川先生曾说过，与其说诗是需要理解的东西，莫如说它是需要品味的东西。我想，像谷川先生这样的世界级诗人，也是需要细细品味的吧。

村上春树的“餐桌小说”

村上春树现在无疑是世界级作家了，连续几年都是诺贝尔文学奖的热门人选。但他刚开始写小说的时候，只是听从内心“我想写小说”的召唤，“深刻感受到这种内在的动力”，才不辞劳苦地努力去写小说的，从没考虑过出名、获奖这类与小说本身无关的东西。即使出名以后，他也基本不在公共场合露面，主动上电视和广播的情况一次也没有，也基本不举办签名会，因为在他看来，写小说是“在密室中进行的彻彻底底的个人事业”，独自一人钻进书房去构筑故事就好了。

“哪里，哪里，我可没有书房那么气派的东西。”我仿佛听到村上春树坚决地否认着。据他在自传《我的职业是小说家》一书中说，他刚开始写小说那阵子，真的没有什么书房，就在千谷鸠森八幡神社附近狭小的公寓里，坐在厨房的餐桌前，等家人睡下之后，深更半夜独自面对着四百字一页的稿纸奋笔疾书。他就这样写出了《且听风吟》和《1973 年的弹子球》这两部最初的小说。“我私下里（自说自话地）把这两部作品叫作‘餐桌小说’”。

在村上春树众多的作品中，沾着“餐桌饭粒”的小说不在少数。像日文版销量突破一千万册的小说《挪威的森林》的开头部分，也是在希腊各地咖啡馆的小桌上、轮渡的座椅上、机场的候机室里、公园的树荫下、廉价旅馆的写字台上写的。“像四百字一页的稿纸那种体积偏大的东西，不方便随身带着四处行走，于是在罗马的文具店里买来便宜的笔记本（从前的说法叫“大学笔记簿”），用 BIC 圆珠笔写上蝇头小字。四周的座位吵吵嚷嚷，小桌子摇摇晃晃书写困难，笔记本又溅上了咖啡；半夜三更，正坐在旅舍写字台前推敲文字，隔着一层薄墙，隔壁的男女却声势浩大地频掀高潮。总之是历经了磨难，吃足了苦头。如今回想起来，都成了让人一笑的小插曲，可当时却着实令人沮丧。因为总也找不到固定的居所，到后来仍旧在欧洲各地游荡，在各种场所继续写这部小说。那本沾满咖啡（和莫名其妙的种种）污渍的厚厚的笔记，至今仍然留在我的手边。”我想，这个无比珍贵的笔记本作为村上春树“餐桌文学”的证物，定能在未来的某一天拍出令人瞠目的高价。

“写小说无疑就是这样一种活计，无比耗时费工，无比琐碎郁闷。”村上春树在没有固定居所的情况下，还能坚持不懈地写他的“餐桌小说”，照他自己的说法，不为别的，就是因为有“我想写小说”这种强烈的愿望和冲动。“如果没有这种内在冲动，就算有人把金钱堆在眼前哭诉哀求，我也照样写不出小说来。这是理所当然的。”

这样的小说家才能真正写出有真情实感的好作品。

有人问村上春树："您写小说时，心里设想的是什么样的读者呢？"他每次面对这样的提问都不知道该如何回答。"因为我本来就没有专门为了谁写小说的意识，现在也仍然没有。为自己而写，我觉得这在某种意义上倒是真话。"尤其是深更半夜在厨房餐桌边写第一部小说《且听风吟》时，他压根儿没想到它会进入一般读者的视野，"我仅仅是意识到自己会变得心情舒畅而写小说的"。总而言之，会有什么样的人来读这本小说？这些人究竟会不会对这本小说产生共鸣？这其中隐含着什么样的文学信息？"像这类麻烦的问题根本就没有力气去思考，而且也没有思考的必要。"他说他写了三十多年的小说，"为了自己享受而写作"的姿态并没有太大的变化，"只要自己写得心情愉悦，想必也同样有读者读起来感到开心吧"。这大概就是村上春树的写作秘诀吧！

好书友沙叶新

当年古剑从厦门去香港时，带的东西很少，连心爱的书都送给了他的启蒙老师，只带走几封书信，其中就有他的大学同学沙叶新一九六三年五月写给他的两封信。沙叶新大学毕业后被分配到上海戏剧学院当研究生，由此走上戏剧创作之路，先后写出《假如我是真的》《耶稣·孔子·披头士列侬》《寻找男子汉》《北大先生蔡》《江青和她的丈夫们》《陈毅市长》等轰动一时的戏剧作品。

我是在古剑新出的《笺注：二十作家书简》一书中读到沙叶新的这两封信的，从中发现沙叶新原来是个老书虫兼好书友。在一封信中，沙叶新兴奋地告诉老同学："我给你买到一本我心爱的你也一定心爱的好书——玛·契诃娃的《给契诃夫的信》，是新书，浅紫色封面，深蓝的字，极雅致，令人爱不释手，内容当然更是引人入胜。可惜呀，只买到一本，是在静安寺买得的。我去时，一青年人正拿在手中翻阅，被我这眼捷手快的人挖来了。这本书算你的，我只好等再版，不过，我要迟五六天给你寄来，让我享先睹为之快，好吗？”

据古剑说，沙叶新在华东师大念书时已被人称为书呆子，当研究生时更有诗为证。在龙榆生先生的诗词课上，他留下两首诗词，一是《捣练子》：“书与乐，是衣馍。见肘断炊奈我何？常为买书无膳费，卖衣又为听笙歌。”一是七绝：“购得好书视掌珠，借钱典物亦心愉。何年余著一书出，能使后生争购乎？”龙先生阅后批道：“有为者亦若是，又有何难？君有书癖，欢迎常来我家玩。”书痴的憨态跃然纸上。

那个年代不仅书紧俏，不易买到，而且买书的钱更成问题。当时大学毕业生工资只有五十多元钱，寄钱回家后就所剩无几了。偏偏沙叶新又学会了抽烟，买书抽烟就成了“痛苦的盘算”。为了省下钱买书，沙叶新得了个雅号“尾生”，也有同学叫他“沙股”，原因是他爱吸人的香烟屁股，“说得雅些是香烟头或者说是香烟脑袋”。他在写给老同学的信中这样自我解嘲：“已经有了烟瘾，‘饥不择食’，所以见到香烟‘头’——这个香烟的精华部分，总有‘谁知盘中餐，粒粒皆辛苦’的感叹，于是伸手拾之，带回斗室，加工一番，继续使之发挥作用。”

沙叶新解决烟瘾的“可怜相”更衬托出他作为好书友的“光辉形象”。古剑在书里说，当时他们都喜爱俄国小说家、剧作家契诃夫，平时尽力搜购契诃夫的书，沙叶新买到总先让给他。沙叶新的信也证明了这一点：“《契论文学》仍无！我也想买哩，当然，如果只有一本，总是‘先照顾’你这个‘重点’的。我还想《金蔷薇》《高尔基文学论文集》，已去旧书店登记数日，至今无有音讯。《契诃夫手记》是本绝妙的书，是胡风分子满涛（？）译的，尚无再版，此书我倒有，已借给小陶，在他上海的家中，我已托何寅写信给小陶的父亲，叫他寄来，寄来后再借与你看。”《契诃夫手记》是贾植芳译的，不是满涛。

爱书之人拥书一如爱财之人守财，可谓“贪得无厌”，甚至有过之而无不及，最经典的表白就是“书与老婆概不外借”，把书摆到与老婆同等重要的“私有”位置，可见是多么爱惜。因此，古剑有沙叶新这样一位“总是先照顾”他的好书友，真让人羡慕嫉妒啊！

陈梦雷与《古今图书集成》

近日偶读清代经学大家、楹联学开山之祖梁章钜晚年隐居福建浦城所著《归田琐记》一书，感觉此书篇幅不大，内容却很广博，“见闻所及，无所不录”。

梁章钜是个有故事的人，他是嘉庆七年（一八〇二年）进士，历官江苏、山东、江西按察使，江苏、甘肃布政使，广西、江苏巡抚，曾兼署两江总督，阅历宏富，晚年“侨居浦城，养疴无事，就近所闻见，铺叙成书”。全书分为八卷，第一卷记述扬州园林、坊巷、草木虫鱼类，以及医学内外科验方；第二卷内容包括书札、家传、寿序、钱法，乃至生活琐事；第三卷谈历史人物、碑帖、书板、典章制度；第四卷记述古今人物、科第；第五卷是关于清代前期人物的逸闻轶事的专篇；第六卷主要记师友，兼及读书论学、诗歌楹联等；第七卷记小说、酒食、谜语等；第八卷收录作者晚年的日记诗。尽管此书前三卷从编排上看显得有些杂乱，但就内容来说，却从多方面为我们提供了一些可以参考的资料。

梁章钜祖籍福建长乐，书中第三、四卷专记闽人故事，像某道士暗偷清康熙年间文渊阁大学士李光地家族风水、崇祯帝辍朝赐祭传闻已殉难的洪承畴等，都堪称“秘闻”，少有正史记载。又如卷四“陈省斋”条下所记，信息量更大：“吾乡相传国朝《图书集成》一书，成于陈省斋之手，实未核也。恭读康熙六十一年十一月谕内阁九卿等：‘陈梦雷原系叛附耿精忠之人，皇考宽仁，免戮，发往关东。后东巡时，以其平日稍知学问，带回京师，交诚亲王处行走。累年以来，招摇无忌，不法甚多，京师断不可留，着将陈梦雷父子发遣边外。或有陈梦雷之门生平日在外生事者，亦即指名陈奏。杨文有乃耿逆伪相，一时漏网，公然潜匿京师，著书立说。今虽已服冥刑，如有子弟在京师者，亦即奏明驱遣，尔等毋得徇私隐蔽。陈梦雷处所存《古今图书集成》一书，皆皇考指示训诲，钦定条例，费数十年圣心。故能贯穿古今，汇合经史，天文地理，皆有图记，下至山川草木，百工制造，海西秘法，靡不备具，洵为典籍之大观。此书工犹未竣，着九卿公举一二学问渊通之人，令其编辑竣事，原稿内有讹错未当者，即加润色增删，仰副皇考稽古博览至意。’据此，则《图书集成》之成帙，非省斋所能专其功。”

暂且抛开梁章钜的正统立场不说，这条材料为我们提供了探寻《古今图书集成》编撰者陈梦雷坎坷命运的线索。陈梦雷（一六五〇年至一七四一年），字省斋，号天一道人，福建侯官（今福州市）人，康熙九年（一六七〇年）进士，授翰林院编修。上述材料中所谓“陈梦雷原系叛附耿精忠之人”云云，指的是陈梦雷回乡省亲时，遭逢靖南王耿精忠在福州举兵反清，被强授官职一事。但陈梦雷无意反清，遁入僧寺，托病拒受印札。陈梦雷如此“软抵抗”本是冒了生命危险的，但清廷在平定耿精忠叛乱之后，仍以“附逆”罪将其下狱论斩。经刑部尚书、学者和藏书家徐乾学竭力救援，陈梦雷虽免于一死，却被流放边关奉天（今沈阳）尚阳堡。此后十多年间，陈梦雷吃尽苦头，老妻也在流放地亡故。直到康熙三十七年（一六九八年）九月皇帝东巡，陈梦雷才被恩召回京。次年，陈梦雷奉命入内苑行走，侍奉三阿哥胤祉读书，得到这位诚亲王的信任与器重。康熙龙颜大悦，亲临陈梦雷书斋为之题联“松高枝叶茂 鹤老羽毛新”。在封建时代，这是很高的奖赏。

康熙皇恩浩荡，陈梦雷如沐春风，名其斋为“松鹤山房”，自号“松鹤老人”，雄心勃勃起意编纂一部“大小一贯，上下古今，类列部分，有纲有纪”的大型类书。此事得到诚亲王胤祉大力支持，特拨给“协一堂”藏书，并在城北买“一间楼”，雇人帮助缮写。自康熙四十年（一七〇一年）十月起，陈梦雷根据“协一堂”藏书和家藏图书共一万五千余卷，开始分类编纂，到康熙四十四年（一七〇五年）五月终于编成，初名《古今图书汇编》，进呈康熙御览时改名《古今图书集成》。

这部我国现存规模最大、搜集最广博、用途最广泛的大型类书，分为六编三十二典。历象汇编，下分乾象典、岁功典、历法典、庶政典。方舆汇编，下分坤舆典、职方典、山川典、边裔典。明伦汇编，下分皇极典、宫闱典、官常典、家范典、交谊典、氏族典、人事典、闺媛典。博物汇编，下分艺术典、神异典、禽虫典、草木典。理学汇编，下分经籍典、学行典、文学典、字学典。经济汇编，下分选举典、铨衡典、食货典、礼仪典、乐律典、戎政典、祥刑典、考工典。典下分部，部下分卷，计有六千一百零九部，合一万零四十卷（含目录四十卷），合计约一亿六千万字。陈梦雷说，他编此书遵循的原则是："凡六合之内，巨细必举，其在十三经、二十一史，只字不遗；其在稗史、子、集，十亦只删一二。"故《古今图书集成》基本上包含了我国古代社会所形成和积累的各个门类的知识，保存了大量古籍内容。一部完整的《古今图书集成》，要装满五百多个木函（特制的一个木箱称为一函，一函之内盛放线装图书十多册），其规模比大英百科全书还要大三四倍，堪称人类文化史上的巨著。清人张廷玉赞曰："自有书契以来，以一书贯串古今，包罗万有，未有如我朝《古今图书集成》者。"英国著名学者李约瑟博士也曾满怀感激地提到："我们经常查阅的最大的百科全书是《图书集成》。这是一件无上珍贵的礼物。"

陈梦雷作为一介书生，一生勤于读书、著述，有《周易浅述》《闲止堂集》《松鹤山房集》《日省堂集》《天一道人集》《盛京通志》《承德县志》《盖平县志》等著作行世，但编纂《古今图书集成》无疑是他一生最大的成就。然而他做梦也不会想到，在他还活着的时候，他的署名权就被公然剥夺。从梁章钜那条材料看，表面上是对陈梦雷当年"附逆"的秋后再算账，但明眼人都知道，他是宫廷斗争的牺牲品。

康熙六十一年（一七二二年）十一月十三日，恩召陈梦雷回京的康熙皇帝在畅春园驾崩，四阿哥雍亲王胤禛在“九门紧闭”的肃杀氛围中继位，是为雍正皇帝。对于雍正的历史贡献，史家没有大的争议；对于雍正皇帝治国理政的能力，史家也不怀疑；但对于胤禛取得皇位的“合法性”，则自他登极以来直到今天都有不同的认知，具体言之，主要有“夺嫡说”“篡位说”“继位说”“夺位说”等几种看法。事实上，康熙皇帝晚年最为头疼的就是皇位继承问题，他的众多皇子为此结党，彼此争夺，势同水火，史称“九子夺嫡”。皇权争斗历来是“成王败寇”，赢得最后胜利的雍亲王胤禛皇袍加身后，心里并不踏实，他为了巩固自己的统治地位，一边扶植亲信，一边“清君侧”剪除异己，最具威胁的皇兄皇弟自然首当其冲，诚亲王胤祉遭莫名贬斥，深得诚亲王信任的陈梦雷因此受到牵连，于雍正元年（一七二三年）一月被再度流放，后于乾隆六年（一七四一年）在黑龙江戍所逝世。

陈梦雷被流放后，雍正为了消除异党影响，谕令经筵讲官、户部尚书蒋廷锡重新编校业已定稿的《古今图书集成》，删除陈梦雷的名字，代之以蒋廷锡。据学者们考证，蒋廷锡等人对《古今图书集成》仅稍作调整而已，最后却由雍正皇帝作序，而署蒋廷锡之名刊行。

陈梦雷的名字被删除是钦命所为，怪不得蒋廷锡。事实上，蒋廷锡的学问还是不错的，据《重修常昭合志》记载，蒋廷锡“内值时编纂群书，并付勘校，博学精敏，同辈推让，常参扈从备顾问。凡诸巨典，谙练掌故，参考经集，议上都称旨”。公正地说，蒋廷锡在完善、以“钦定本”刊印、最终使《古今图书集成》完整面世方面确实起了一些作用，但他并未贪陈梦雷之功为己功，始终未以“主编”自居，在其一生著作中从未列入《古今图书集成》。由此可以见出其人品之正直高洁。

考证《古今图书集成》的版本源流是一件很烦琐的事情。雍正四年（一七二六年），《古今图书集成》“重新编校”完成后，仅以铜板印出六十四部，除赏赐有功的王公大臣和特旨奖励外，皆藏于内府，民间只慕其名，未见其书。雍正六年（一七二八年），终于出了武英殿铜活字版，学界普遍将其视为第一版。光绪十四年（一八八八年），由英国人美查等发起，上海点石斋书局集股用铅活字翻印了一千五百部，但印刷粗糙，脱卷脱页很多，引起读者不满。随即清廷又面谕上海道筹印新本，光绪二十年（一八九四年）竣事，石印本，并附《考证》二十四册。这个本子质量较高，明显优于点石斋本。民国二十三年（一九三四年），上海中华书局从康有为处购得同文书局石印本一部，将其缩印上石，每一面为三栏，每栏为原书之一页，双面印，每页相当原书六页，书品和原书同样大小，连同《考证》分装八百零八册，这就是目前流传较广的中华书局缩印本。至此，《古今图书集成》才广被读者所使用。目前，中华书局和巴蜀书社已共同将其重新影印，陆续出版。据说，目前国内只有六家图书馆藏有《古今图书集成》，其中完整收藏的只有北京图书馆、中国科学院图书馆、甘肃省图书馆和徐州市图书馆。

苏曼殊、陈独秀合译《悲惨世界》

生活在社会民情激荡、沧桑巨变时代的鸳鸯蝴蝶派小说“圣手”包天笑，以作家兼做报人，一生交游广阔，上至官僚政客，下至妓女流氓，品类不一，阅历十分丰富，对社会的政情、世情与民情，都有深入的体察和了解。其晚年所著《钏影楼回忆录》（中国大百科全书出版社二〇〇九年版）一书，史料甚夥，摇曳生姿，迷人眼目，为社会文化史与地方风俗史保留了十分珍贵的第一手资料。全书厚达六百二十八页，我认真通读了两遍，仍然感觉意犹未尽。

书中有《编辑小说杂志》一节，包天笑以附记的形式顺笔提到苏曼殊、陈独秀当年在上海合译小说一事，让孤陋寡闻的我颇感惊奇。包天笑写道：

出版《小说大观》的时候，已经在辛亥革命以后了，也举办了三年，整整的出了十二巨册，每一册上，我自写一个短篇，一种长篇，此外则求助于友人。如叶楚伧、姚鹓雏、陈蝶仙（天虚我生）、范烟桥、周瘦鹃、张毅汉诸君，都是我部下的大将……最使我不能忘怀的，是苏曼殊所写的一个中篇《非梦记》。那是他最后的一篇小说了（按，在翻译小说中，有一部是署名《悲惨世界》，是苏子由、陈由己两人合译的，其实苏子由即是苏曼殊，陈由己即是陈独秀。原书是法国嚣俄作品，上海东大陆书局出版，后来我屡觅未得，附记于此）。

这里说的“苏子由”显系“苏子谷”的误植，曼殊字“子谷”而非“子由”，有包天笑《送别子谷》诗为证。在同书《春柳社及其他》一节中，包天笑也自证前谬：“南社中有两个和尚，一是苏子谷的曼殊上人，一是李叔同的弘一大师。”局外人无从判断是包天笑自己笔误还是出版社校对员工作粗疏，总之是“无错不成书”的又一个例证。

自从读了包天笑的回忆录，苏曼殊、陈独秀合译小说一事总在我脑海中萦绕。最近读到石钟扬著《酒旗风暖少年狂——陈独秀与近代学人》（山东画报出版社二〇一四年版）一书中的相关文字，又随手查阅了其他一些资料，我发现包天笑上述有关苏曼殊与陈独秀合译《悲惨世界》的说法有一些语焉不详、不够准确的地方，很有必要对此做些梳理和补充。我知道，包天笑移居香港后完成《钏影楼回忆录》时已经是九十多岁的高龄，手头又缺乏相关资料，记忆力再怎么恒逾常人也难免出错。因此，我做这篇文字，没有从鸡蛋里挑骨头来责怪前辈的意思，只是希望历史更接近真相。

据史料记载，一九〇三年八月七日，宣传反清革命的激进报纸

《国民日日报》，在著名的《苏报》被封月余，由章士钊、陈独秀等主持，正式在上海发刊。次月，苏曼殊来到上海，被聘为《国民日日报》的编译。陈独秀与苏曼殊因此成为报馆同事，并租屋同住。《酒旗风暖少年狂》的作者石钟扬认为，这是陈独秀与苏曼殊的初识。但我在中山大学近代中国研究中心敖光旭教授的《苏曼殊与早期新文化派》一文中看到另一种说法：一九〇二年冬，部分留日学生即组织粗具反满性质之“青年会”，冯自由《革命逸史》附该会成立之合影，凡二十五人，其中就有苏子谷和陈由己。同为留日学生、“青年会”成员，说他们那时还不相识，未免匪夷所思。陈独秀的表弟濮清泉晚年所作《我所知道的陈独秀》一文也证实，陈独秀与苏曼殊留日期间早有交谊：“他去到日本留学，是在辛亥革命以前。在日本留学期间，他交往最熟的是章士钊、苏曼殊二人，他们三人住在一个货家里。他说一人一个性格，他自己专攻西方民主学说，酷爱西方文学，尤其是浪漫派的作品，他对雨果的《悲惨世界》佩服得五体投地。他说他对欧洲文学名著都涉猎了一下，没有一篇能与《悲惨世界》匹比的。”濮清泉与陈独秀不仅是亲戚，而且曾同囚一狱，他的说法应该靠得住。

这对旧友在上海又同屋而居了，两人情趣相投，无话不谈，不论工作还是生活都融洽默契。苏曼殊是真性情的才子，通晓英文、法文、日文、梵文，当时对法国作家小仲马的《茶花女》爱不释手，也极同情“茶花女”的凄凉际遇，并对林纾译述的《巴黎茶花女遗事》很不满意，故起意重译这部著名小说，借以抒发自己的郁闷。陈独秀听闻后大不以为然，对苏曼殊表示与其重译小仲马的《茶花女》，还不如新译法国另一位著名作家嚣俄（今通译雨果）的《惨社会》（今通译《悲惨世界》），因为它是法国文学中最具时代特征和社会意义的作品。苏曼殊欣然接受陈独秀的意见，立即着手翻译《惨社会》，还恳请陈独秀给予帮助。

不久，苏曼殊就将一叠译稿交给陈独秀，请他帮助修改润色。这不是客套话。苏曼殊以其“不工为文章，造词多乖律令”（钱基博《现代中国文学史》语）的汉文去翻译雨果的《惨社会》，自然只有借助文字功力深厚的陈独秀了。陈独秀答应下来，勉力为之。

对陈独秀帮助苏曼殊润色译稿事，柳无忌后来在《苏曼殊及其友人》一文中有详细描述：“当曼殊第一次到上海，住在《国民日日报》社译法文《惨世界》时，仲甫已与他相识，字句间为他指点修改不少。这时曼殊于汉文的根基尚极浅，文字亦不甚通顺，仲甫隐然是他的老师……此后，仲甫与曼殊时在一起，常以文字相往来，过从极密，而曼殊收益亦不少。这样曼殊就因仲甫的影响，而启示了自己的天才，成为一个超绝的文人了。”

时任《国民日日报》主编的章士钊，日后在《双枰记》一文中回忆他们当时的编辑生活时也说：“余与独秀尚未寝，盖新闻脱版速亦无前于十二句者。脱版后必更阅全稿，防有误字，此役余与独秀递为之。然一人为之，余一人恒与相守，不独往寝，故余与独秀同逾十二句不睡以为常。此次余为值，独秀就旁案移译嚣俄小说。”可见陈独秀远不只是在字句间为苏曼殊指点修改，而是亲自上阵翻译了。

这部凝聚苏曼殊、陈独秀心血的译作初名《惨社会》，自一九〇三年十月八日起，隔日连载于《国民日日报》，署名为“法国大文豪嚣俄著，中国苏子谷译”。《酒旗风暖少年狂》的作者石钟扬认定这是《悲惨世界》最早的中译本。其实苏曼殊、陈独秀所译《惨社会》是《悲惨世界》的节译本。这一点后面还会说到。如果从同为节译的角度说，鲁迅的相关译文问世更早。《中山大学学报》（社会科学版）二〇一二年第四期曾刊载中山大学近代中国研究中心敖光旭教授的文章指出，一九〇三年六月十五日出版的《浙江潮》第五期已刊载鲁迅（署名庚辰）所译《悲惨世界》之部分，名为《哀尘》，转译自日译本《哀史的片鳞》。人民文学出版社一九八一年版《鲁迅全集》第十六卷《鲁迅著译年表》，在一九〇三年六月有记：“在《浙江潮》第五期发表《斯巴达之魂》及所译法国雨果的随笔《哀尘》（附所作《哀尘》译者附记）。”《鲁迅著译年表》将《哀尘》归为随笔显然不够恰切。雨果的确曾在《随见录》之《芳梯的来历》一文中讲述过《哀尘》的故事，后来作者将它写入《悲惨世界》第五卷。从日译本标题《哀史的片鳞》推断，鲁迅所译《哀尘》不是《随见录》中的《芳梯的来历》，而是小说名著《悲惨世界》的一部分。

前面说过，《国民日日报》是反清革命报纸，它公开宣告愿作国民之“公仆”，为“警钟木铎”，企望“此报出世之期，为国民重生之日”，攻击清廷不遗余力，被誉为“《苏报》第二”。该报特辟副刊《黑暗世界》，由连横编辑，专揭清朝统治下中国社会的腐朽黑暗，大大惹恼了清廷。虽因该报在英领事署注册登记，清廷无法禁封，但却以“昌言无忌”“怂人视听”“扰害大局”等罪名，通令长江流域各省严禁售阅。后路即断，报纸卖不出去，难以维持，被迫于一九〇三年十二月停办。因此，《惨社会》只连载了十一回半，便中止了。后来，陈独秀将译稿重新整理，补译了部分章节，改名《惨世界》，交由镜今书局出版单行本，署名“嚣俄著，苏子谷、陈由己同译”。这才是《悲惨世界》最早的中译单行本。

整个过程，陈独秀作为亲历者自然一清二楚。柳亚子《记陈仲甫先生关于苏曼殊的谈话》一文转述陈独秀的话说：“《惨世界》是曼殊译的，取材于嚣俄的《哀史》，而加以穿插。我曾经润饰过一下。曼殊此书的译笔，乱添乱造，对原著者很不忠实，而我的润饰更是马虎到一塌糊涂。此书初在《国民日日报》登载，没有登完，报馆就被封闭了。当时有甘肃同志陈竞全在办镜今书局，就对我讲：‘你们的小说没有登完，是很可惜的，倘若你们愿意出单行本，我可以担任印行。’我答应了他，于是《惨世界》就在镜今书局出版。并且因为我在原书上曾润饰过一下，所以陈又添上了我的名字，作为两人合译了。”这就是一九〇四年镜今书局十四回本《惨世界》署名“嚣俄著，苏子谷、陈由己同译”的来历。“由己”是陈独秀的别号。

《酒旗风暖少年狂》的作者石钟扬分析认为，陈独秀说苏曼殊译文于原作“加以穿插”“乱添乱造”，实也为夫子自道。此为见情见性之论。《惨世界》节译自《悲惨世界》第二卷的第一节至第十三节。其第一回至第六回，虽有改变却大体忠实于原著，但自第七回至第十三回，则完全是创作。作者凭空写了明男德、范财主、孔美丽等几个人物，敷演出不少影射现实生活中人与事的新情节。据章士钊《疏黄帝魂》记载：“时有朱菱溪，湖南时务学堂头班生，为人卤莽灭裂，要挟同学，使派己作代表回上海组织民权人士，经营出版事业。迷于狎邪，所事不终。陈独秀在《惨社会》小说中露骨攻之。菱溪大怒，必狙击独秀然后快。时独秀与吾同住，经调停始无事。”可见借译作小说抒其政想，且攻击恶人恶事，是陈独秀当时所热衷干的事情。这颇真实地反映出晚清动荡时代革命志士的动荡心态。

镜今本《惨世界》印数很少，现在是极难找到了，但时人钱玄同曾买到过这个本子，在他一九二一年致函《觉悟》副刊的详述中，我们才确切知道这是本什么样子的书：“我记得一九〇三年（癸卯）底冬天，我在浙江，看见上海底《国民日日报》上有一条广告，说有新出版的《惨世界》，是苏子谷和陈由己两人译的。第二年（一九〇四，甲辰）我到上海，在《警钟日报》馆中买到此书。我记得彼底书面是蓝色的，封面上印的书名是金色的。彼底内容，我现在多半不能记忆了；但记得彼底末回有‘金华贱抢极可哀底银元’和‘金华贱最后之忏悔’一段，我因为‘极可哀’这个名字很别致，所以这一段还记得。现在的印本，末回确是如此。”

一九一八年，苏曼殊逝世，南社诗人胡寄尘将镜今本《惨世界》交上海泰东图书局翻印，“删去嚣俄和陈由己的名字，变成苏曼殊大师遗著”（柳亚子语），而内容则一字未改，仅在书名上增一“悲”字，称《悲惨世界》。一九二五年春泰东图书局再版时，又恢复了原名《惨世界》。包天笑说由上海东大陆书局出版，多半是记错了。在我看过的相关资料中，从未有人提到过上海东大陆本。

围绕此译本的版权归属，学界颇有一些争议。据中山大学近代中国研究中心教授敖光旭在《苏曼殊与早期新文化派》一文中说，《惨社会》系半译半作之小说，第一回至第七回前半部，第十三回后半部和第十四回，取材于雨果《悲惨世界》第一部第二卷《沉沦》。第七回后半部至第十三回前半部则为创作。改编内容仅三分之一，创作则占三分之二。至其译作者，至今仍无共识。有研究者根据前述陈独秀谈话得出结论：陈独秀只有“润饰”之功，并非该书之“同译”者。另有研究者则主张将“著作权还给陈独秀”。柳亚子经过校勘，断定苏曼殊原稿“只到十一回的上半回为止，而十一回的下半回，以及十二回至十四回，都是仲甫所续成并修改的了”，在报上连载的《惨社会》“是曼殊的原意”，镜今本《惨世界》“和报上所载颇有不同之处，回目亦经修改”，“前者等于高兰墅之续《红楼》，后者又等于金圣叹之改《水浒》”。

众说纷纭之间，章士钊之说更值得重视。《惨社会》译作期间，他与陈独秀、苏曼殊朝夕相处，同为挚友。恰在陈独秀谈话之同年，章士钊刊文指出，陈独秀“时与香山苏子谷共译嚣俄小说，极写人类困顿流离诸状，颜曰《惨社会》，所怀政想，尽与此同”。

据敖光旭教授说，一九〇二年梁启超发表《论小说与群治之关系》，倡言“欲新一国之民，不可不先新一国之小说”，一时耸动文坛；同年发表小说《新中国未来记》，浓墨塑造革命者黄克强，“借小说家言，以发起国民政治思想，激励爱国精神”。苏曼殊、陈独秀选中雨果的《悲惨世界》且译且作，无非也是借题发挥，宣传革命，灌输“反清”思想，显示出他们独特的精神风貌。他们凭空写了明男德、范财主、孔美丽等几个人物。男德，姓明名白字男德，谐音

"难得明白"，别号项仁杰（像人杰），是个"立志要铲除人间一切不平的有志青年"。他声称，"我想救这个人间苦难的责任，都在我一人身上"，"我活在世界上一天，遇着一件不平的事，一个没有良心的人，我就不能听他过去"。那么，如何拯救这人间苦难，实现公道的新世界呢？男德说："我想是非用狠辣的手段，破坏了这腐败的旧世界，另造一种公道的新世界，是难救这场大劫了。"男德革命前凭一身侠胆劫监狱，杀贪官，革命后又在秘密会党中充当秘密杀手，事未成即开枪自杀，显出英雄本色。男德的形象实际上是刚刚登上政治舞台的中国资产阶级革命派人物的精神写照。书中的尚海即是上海，书中人是"中国人蒙上法国的画皮"。一九〇三年年初，反对沙俄侵略中国东北，在留日的中国学生和上海等大城市的新型知识分子中爆发了"拒俄运动"，运动遭到清政府禁止后他们就迅速转向革命。于是，东京和上海等地出现不少宣传革命的报刊和小册子。一时间，放言高论，蔚为风气。对此，清政府采取了更严厉的镇压措施，《苏报》被封，章太炎、邹容被捕。这样上海等地的革命党人不得不采取较为隐秘的宣传方式。《惨世界》正是这一特殊形势下以特殊形式出现的革命文学之花。

《酒旗风暖少年狂》作者石钟扬则进一步指出，男德以"狠辣的手段"去实现自我完善，这表明中国的社会主义思潮从它的开始阶段就拒绝雨果式空想社会主义的温和与改良，而倾向激烈与彻底。有人觉得陈独秀做此想法不奇怪，但苏曼殊是出家人，不应该如此激进。殊不知苏曼殊堪称是一个革命和尚，他先后参加了拒俄义勇队、军国民教育会、兴中会、光复会、亚洲和亲会、反袁二次革命；

在军国民教育会中练过武，在香港曾动念要刺杀沦为保皇派领袖的康有为；二次革命代十方法侣发表讨袁宣言，震撼群雄。包天笑在《送别子谷》诗中有句云“死生流转终相值，风雪来招武士魂”，讴歌的就是苏曼殊“行云流水一孤僧”的另一面“易水萧萧人去也”的革命气概。正是其性格中柔中有刚与陈独秀刚中有柔，刚柔互补，形成天作之合，即使对雨果《悲惨世界》倾向的取舍也配合得如此完美。有学者据此指出，苏曼殊或偏于故事情节之编译，陈独秀或偏于“政想”之抒发，然二人思想、艺术之交融贯穿全书始终，实已难分彼此，为近代文学史特别是翻译史留下一段佳话。

由此看来，将此译本视作苏曼殊、陈独秀共同的翻译成果，我认为是恰当的。苏曼殊的好友柳亚子在一九三五年曾作诗评价苏曼殊与陈独秀、章士钊、章太炎三个好友的关系，诗曰：“名扬画虎惜行严，孤愤佯犯有太炎。要忆囹圄陈仲子，曼殊朋友谁最贤。”在苏曼殊心中，最大贤者乃是陈独秀。我想，把陈独秀列为《惨世界》的同译者，想必老和尚也是不会反对的吧。

至于署名的几度变更，并不难解释。这一点，我以为石钟扬在《酒旗风暖少年狂》中的推测是符合情理的，他说：“当初连载时只署苏曼殊之名，自是陈独秀提携他的意思；镜今本苏、陈同署，是作为友谊的纪念；苏曼殊逝世后，去陈名只作苏之遗作处理，是友人怀念曼殊所致。”在我看来，这是人文情怀的一种张扬，无关其他。

郑振铎上海沦陷时期的书痴生涯

吾生亦晚，无缘面见郑振铎先生，但我见过与郑先生颇有交谊的苏州文学山房旧书店老板江澄波老先生。江老先生知道我从福建来，特意告诉我，祖籍福建长乐的郑振铎先生曾是他店里的常客，有一次他听江先生在信里说书店收到一套道教仪式画像，立马赶来，展看画像后惊叹“这样的画像很少能流传下来，更别说集结成册了”。当即联系国家图书馆购藏。江老先生还跟我说了许多郑振铎先生与书有关的趣事，触发了我写写郑先生的念头。

写郑振铎先生可以有多种角度。诚如台湾学者苏精在《郑振铎玄览堂》一文中指出的那样，郑振铎是一个“中外不拘，新旧不挡，翻译、创作、研究多管齐下，极其‘复杂’的文学家”。本文只取郑振铎先生在上海沦陷时期与书有关的材料，描摹藏书家郑振铎先生的一个侧影。

上海沦陷

郑振铎，字西谛，福建长乐人，清光绪二十四年（一八九八年）十一月七日生于浙江永嘉。民国六年（一九一七年）从中学毕业后，进入北京铁路管理学校，因受到新文化运动影响，开始写作白话文，勤读西洋文学名著。五四运动时期，他作为学生代表之一表现活跃，由此认识了瞿秋白、许地山、瞿世英、耿继之等人，先后担任《新社会》周刊、《人道》月刊的编辑，又因投稿于《新青年》及《晨报》，而在新文坛斩露头角。民国九年（一九二〇年），他与友人发起组织以“研究介绍世界文学，整理中国旧文学，创造新文学”为宗旨的“文学研究会”，翌年五月南下上海，主编《时事新报》的《文学旬刊》，两年后接替沈雁冰主编文学研究会的代用会刊之一《小说月报》，直到民国二十一年（一九三二年）“一二八”事变因上海商务印书馆被炸毁而停刊。

在此后的六年中，郑振铎主要从事文学教育、编辑刊物、个人创作和旧文学的整理研究等项工作，同时参加上海文化界救国会、中国文艺家协会等文化团体的活动，与学界人士联名发表《我们对文化运动的看法》《上海文化界救国运动宣言》《文艺界同人为团结御侮与言论自由宣言》等宣言主张，公开表达对政府的不满。

一九三七年七月七日夜，蓄谋已久的日军悍然挑起震惊中外的卢沟桥事变，并以此为借口发动全面侵华战争。中华民族面临亡国灭种的危险，开始奋起全面抗战。上海是与世界联系的通道，虽然五年前蒋介石对十九路军发起的淞沪抗战采取了比较消极的态度，但这次他出于多种考虑调整了策略，决心坚守上海，于是积极调集兵力，组织淞沪会战。从九月十一日开始到十一月初，扬言三个月亡华的日本精锐部队，在长江以南潘泾以西这条战线上仅仅向前推进了五公里，但中国军队却为此付出数倍于敌人的代价。十一月十一日，日军以死伤五万余的代价占领上海，上海市长俞鸿钧致书告别上海市民，宣告上海沦陷。

郑振铎日后在《蛰居散记》一书开头写道：“‘四行孤军’的最后枪声停止了。临风飘荡的国旗，在群众的黯然神伤的凄视里，落了下来。有低低的饮泣声。”人们“豫想着许多最坏的结果，坚定的作着应付的打算”。《救亡日报》停刊了，一部分的友人们开始向内地或香港撤退，“他们开始称上海为‘孤岛’”。

郑振铎怀着异样的心情，“整理着必要的行装，焚毁了有关的友人们的地址簿，把铅笔纵横写在电话机旁墙上的电话号码，用水和抹布洗去”。他把日记和有关的文稿寄存到一位朋友家里，“准备着随时离开家”。

形势越来越恶化：“大道市政府”成立，“维新政府”成立，暗杀与逮捕时时发生。郑振铎不敢在家里继续住下去了，有天晚上提着一个小提箱，“到章民表叔家里去借住”。即便如此，他“一时还不想离开这‘孤岛’”。他有他的打算。

烧　书

郑振铎最著名的书话集叫《西谛书话》，此书收录的都是郑振铎买书、读书、研究书的文章，其中原载《劫中得书记》的《清代文集目录跋》一文中，他谈到了自己爱书的心态："予素志怡淡，于人世间名利，视之蔑如，独于书则每具患得患失之心，得之往往大喜数日，如大将之克名城；失之，则每形之梦寐，耿耿不忘者数年数月。如此书癖难除，积习不销，思之每自笑，亦复时时觉自苦也。沧海横流，人间何世，赖有'此君'相慰，乃得稍见生意耳。则区区苦辛营求之劳，诚不足道也。"

这么一个"书痴"，在上海"孤岛"时期，却不得不硬着心肠烧掉一些"敏感"的书。

据郑振铎在《蛰居散记》一书中记述，"八一三"以后，古书、新书被毁于兵火之劫者多矣。他个人寄藏于虹口开明书店里的一百多箱古书，就在八月十四日那一天被烧，"烧得片纸不存"。他看见东边的天空，有紫黑色的烟云在突突的向上升，升得很高很高，然后随风而四散，到处飘坠。"我曾经在天井里拾到好几张，一触手便粉碎，但还可以辨识得出些字迹。"

这是兵火之劫，所遭劫的还只是些不幸的一二隅之地，未被劫的还安全保存着。但到了"一二八"日寇占领旧租界后，情形却是大不同了。

有一天，郑振铎先生听到日军要按家搜查的消息，还听到为了一二本书报而逮捕人的消息。许多人心里都很着急起来，尤其是有"书"的人家。他们怕因"书"惹祸，却又舍不得割爱。郑振铎的几个友人，天天对书发愁——

"这部书会有问题么？"

"这个杂志留下来不要紧么？"

“到底是什么该留的，什么不该留的？”

“被搜到了，有什么麻烦没有？”

人们互相询问着，打听着，夜里关上门把一些自认为“敏感”的书偷偷烧掉。

郑振铎忙着烧毁往来有关的信件，有关的记载，和许多报纸、杂志及抗日的书籍，连地图也在内。

“我硬了心肠在烧。”郑振铎后来在《蛰居散记》中回忆道，“自己在壁炉里生了火，一包包，一本本，撕碎了，扔进去，眼看它们烧成了灰，一蓬蓬的黑烟从烟囱里冒出来……连秋白送给我的签了名的几部俄文书，我也不能不把它们送进壁炉里去。”

实在舍不得烧的许多书，却也不能不烧。踌躇又踌躇，选择又选择。有的头一天留下了，到了第二三天又狠了狠心把它们烧了。有的，已经烧了，心里却还在惋惜着，觉得懊悔，不该把它们烧掉。“但有了第一次淞沪战争时虹口、闸北一带的经验——有《征倭论》一类的书而被杀，被捉的不少——自然不能不小心。对于发了狂的兽类，有什么理可讲呢！”

书整整烧了三天。郑振铎事后回忆说，烧书的时候，心头像什么梗塞着，说不出的难过，“我的眼圈红了不止一次，有泪水在落”，“直不知人间何世，亦未省何时更将有何变故突生”，“惟日抱残余书，祈其不复更罹劫运耳”。

这一场烧书的大劫，整个上海不知有多少先民之宝贵文献瞬间成了灰烬。郑振铎愤然道：“我们的历史上，有了好几次的大规模的‘烧书’之举。秦始皇统一六国后，便来了一次烧书，这是最彻底的愚民之计。此后，烧书的事，无代无之。有的烧历史文献，以泯篡夺之迹；有的烧佛教、道教的书，以谋宗教上的统一；有的烧淫秽的书，以维持道德的纯洁。近三百年，则有清代诸帝的大举烧书。我们读了好几本的所谓‘全毁’‘抽毁’书目，不禁凛然生畏：至今尚觉得在异族铁蹄下的文化生活的如何窒塞难堪！”

收 书

全面抗战的八年中，郑振铎留在了“孤岛”上海，这引起一些揣测，向来刻薄的苏雪林在战后多年写成的《坠机丧生的郑振铎》一文中，还坚持认为郑振铎是对抗战没有信心才未去后方。然而，正如台湾学者苏精所言：“战时留在陷区的人不少，而到后方者立场也未必全和政府一致。就郑振铎而言，留在上海也许是因为他担任文学院长的暨南大学一时并未撤退，也许是多达十口的家累，也许是舍不得视如生命的庞大藏书，甚或这几个也许都是。”其实，与其揣测郑振铎为何没去后方，不如梳理一下他在抗战中都做了些什么更有意义，也更能理解他曾说过的话：“我辈书生，手无缚鸡之力，百无一用，但却有一团浩然之气在。横逆之来，当知所以自处也。”

战时的上海，情形是这样不堪：“日听隆隆炮声，地震山崩，心肺为裂。机枪拍拍，若燃爆竹万万串于空瓮中，无瞬息停。午夜伫立小庭，辄睹光鞭掠空而过，炸裂声随即轰发，震耳为聋。昼时，天空营营若巨蝇者，盘旋顶上，此去彼来。每一弹下掷，窗户尽簌簌摇撼，移时方已，对语声为所喑哑不相闻。”

有家不能回的郑振铎，这时在做什么呢？且听他在《蛰居散记》中说："我还每夜都住在外面。有时候也到古书店里去跑跑。偶然的也挟了一包书回来。借榻的小室里，书又渐渐的多起来。"

有一天，郑振铎坐在中国书店，一个日本人进来找伙计们问话，说是想见见郑振铎。郑振铎知道这日本人是管文化工作的。一个伙计偷偷地问郑振铎："要见他吗？"郑振铎连忙摇摇头，一面站起来，在书架上乱翻着，装作一个购书的人。日本人走后，郑振铎马上过去交代伙计们："以后要有人问起我或问我地址的，一概回答不知道或很久没有来了一类的话。"为了慎重，郑振铎又到自己常去的各书店一一嘱咐。

又有一天，郑振铎到三马路的一家古书店去。已望见店铺的门了，"突然的叫笛乱吹，一队敌人的宪兵和警察署的汉奸们，把住了路的两头，不许街上的任何一个人走动"。书店里熟悉郑振铎的伙计向他招手，郑振铎准备冲过街去，但被命令站住了。汉奸们令街上的人排成两排，男的一边，女的一边，各把市民证拿在手上。汉奸们逐个检查盘问，发现没带市民证的，提到一边严厉盘诘，态度稍为倔强的，便要挨耳刮子或拳打脚踢。郑振铎"捏紧了拳头，涨红了脸"，好想手上有支枪，干掉这些可恶可恨的汉奸们。

好容易审诘完毕，人们吐了口长气，如释重负。郑振铎走进那家古书店时，双手还因受刺激而发抖着。

在这种命悬一线的恶劣环境下，郑振铎还不忘搜集保存先民之文献。他的《劫中得书记》一书，便是简要叙述了炮火下一个本性难移的书痴生涯。当时，通衢之间，残书布地，不择价而售。"亦有以双篮盛书，肩挑而趋，沿街叫卖者。”郑振铎虽然“栖身之地，日缩日小”，但“私念大劫之后，文献凌替，我辈苟不留意访求，将必有越俎代谋者。史在他邦，文归海外，奇耻大辱，百世莫涤。因复稍稍过市”。

这就是“孤岛”时期郑振铎居留上海的真正原因。因着这份强烈的使命感，虽然时时刻刻都有危险，时时刻刻都在恐怖中，时时刻刻都在敌人魔掌的巨大阴影里生活着，并且还“受过若干的诬蔑者的无端造谣”，但他并不逃避责任。“前四年，我耗心力于罗致、访求文献，后四年，我尽力于保全、整理那些已经得到的文献。”

有一个时期，郑振铎关门闭户，一个朋友都不见，竟引起不少人的误会与不满。人们后来才知道，郑先生在家里接见的全是些书贾们。从早到晚，他的时间全耗于接待他们，和他们应付着，周旋着。“我还不曾早餐，他们已经来了。他们带了消息来，他们带了‘头本’来，他们来借款，他们来算账。我为了求书，不能不一一的款待他们。”

这些书商有的来自杭州，有的来自苏州，有的来自徽州，有的来自绍兴、宁波，有的来自平津，最多的当然是上海本地人。郑振铎深受清代著名藏书家黄丕烈收书方法的影响，对于书商找上门的时候，即使没有自己想要的东西，也要选购几部，不使他们失望，以后自会于无意中有惊奇的收获。这个方法果然有效。什么样的书都有送来，常常在许多平常书里夹杂着一二种好书、奇书。郑振铎摩挲着一部久佚的古书，一部欲见不得的名著，一部重要的未刻的稿本，心里无比兴奋、紧张、喜悦，以至于连饭都吃不下去。他在战后写作《蛰居散记》时，还抑制不住兴奋的心情：“我是办好了一件事了！我是得到并保存一部好书了！我从劫灰里救全了它，从敌人手里夺下了它！我们的民族文献，历经百劫而不灭失的，这一次也不会灭失。我要把这保全民族文献的一部分担子挑在自己的肩上，一息尚存，决不放下。”读到这铿锵的誓言，我被深深地感动了。

郑振铎在非常时期访得之书中殊难见者，可以查看《劫中得书记》一书。但题跋收入该书的近两百部珍贵文献，“实未尽所得之十一也”。读这些简述访书经过、简介文献版本等信息的题跋，郑振铎的艰辛与喜悦跃然纸上。

然而，无论是写于战后的《劫中得书记》还是《蛰居散记》，郑振铎当时都没有提到他冒险参加政府在“孤岛”上海抢救古书的事，当时参与的其他人事后也未有一字旁及。这真是一件奇怪的事情。

郑振铎为公抢救古籍的行动，以一九三八年中的《脉望馆钞校本古今杂剧》为开端。原本郑振铎早就梦想着要读到钱遵王《也是园书目》里所载许多元明杂剧。后来读到丁芝孙发表的《也是园所藏元明杂剧跋》，惊喜地发现这些剧本果真尚在人间。他到处访求，还曾托人向丁芝孙打听，都不得要领。郑振铎不死心，继续不懈寻访，终于在一九三八年五月的一个晚上从陈乃乾处得悉，苏州书商贾某曾发现三十余册元剧，其中有刻本，有抄本。郑先生欣喜若狂，当即请丁先生代觅代购。当时郑先生一贫如洗，绝对无法筹措书款，但他相信总有办法的。第二天，郑先生到来青阁书庄，从杨寿祺那里听到了更翔实的消息：有三十多册在唐某处，估计千金可以购得；还有三十余册在古董商人孙某处，大约一千五百金可以入手。“这恐怕是近百年来关于古剧的最大最重要的一个发现罢！”郑先生高兴得一夜未眠，“几与克复一座名城无殊”。

就在郑振铎四处筹款的时候，情况发生了变化，来青阁的杨寿祺先生告诉他，现在六十多册书已全归古董商人孙伯渊，非万金不谈。这么一笔巨款，郑先生无力筹措，便一边和孙伯渊继续商谈，一边打电报给教育部。教育部立即回了电来，说决定购买。郑先生看到了希望，再与孙伯渊接洽，最后以九千金成交，并要求在十几天内交割，不然就另作打算。

郑先生焦急万分，连着给教育部打了好几个电报去，但书款迟迟没有汇来。离约定的时间只有三天了，怎么办？难道要让“国宝”再度流散吗？“只有一条路，向程瑞霖先生告贷。”程先生居然一口答应下来，还笑着说：“看你几天没有好睡的情形，我借你此款罢。”郑先生拿了支票，立即赶到孙伯渊处付款取书，“取到书的时候，简直比攻下了一个名城，得到了一个国家还要得意”！书痴得意忘形时不曾想到，如果教育部反悔了，他如何偿还巨款？好在教育部总算在半年之后把书款汇来了，而“债主”程瑞霖先生竟也不曾催促过一声。

后来印行的《孤本元明杂剧》一百余剧，便是这部归于公藏的六十四册、二百四十二种元明杂剧中的精华，内含大量过去元曲研究未曾一见的史料，郑振铎为它写了一篇长文《跋脉望馆钞校本古今杂剧》。学界普遍认为，这部《古今杂剧》的获得，虽然尚不至于如郑先生自己所说不下于甲骨文字或敦煌写本的重要，但确是近数十年来戏曲资料一次最可观的发现。

此后，郑振铎继续与政府合作，参与了更大规模的抢救民族文献行动。“我替国家收到也是园旧藏元明杂剧，是偶然的事；但这‘抢救’民族文献的工作，却是有计划的，有组织的。”为什么在这时候非有计划、有组织“抢救”不可呢？“八一三”事变以后，“江南藏书家多有烬于兵火者，但更多的是，要出售其所藏，以赡救其家属。常熟瞿氏‘铁琴铜剑楼’燹矣，楼中普通书籍，均荡然一空，然其历劫仅存之善本，固巍然犹存于上海。苏州‘滂喜斋’的善本，也迁藏于沪，得不散失。然其普通书也常被劫盗。南浔刘氏嘉业堂，张氏适园之所藏，均未及迁出，岌岌可危。常熟赵氏旧山楼及翁氏、丁氏之所藏，时有在古书摊肆上发现。其价极奇廉，其书时有绝佳者。南陵徐氏书，亦有一部分出而易米，一时上海书市，颇有可观”。于是，“伪满的人在购书，敌人在购书，陈群、梁鸿志在购书”。为此必须抢救，不让好书跑到他们那里去。

个人的经济能力有限，郑振铎为此日夜焦虑不安，亟思“抢救”之策。他和当时留沪的关心文献的人士，像商务印书馆编译所所长张元济、光华大学校长张寿镛、暨南大学校长何炳松，以及考古学家、版本鉴定家、收藏家张凤举诸先生，商谈了好几次。他们都觉得，必须立刻着手做“抢救”的工作！他们联名打了几个电报到重庆，要以国家的力量来“抢救”民族的文献。国民党中宣部部长兼中英庚款董事会董事长朱家骅和国民政府教育部长陈立夫复电，虽表示赞成“创议在沪组织购书委员会，从事搜访遗佚，保存文献，以免落入敌手，流出海外”，但又说“惟值沪上抗战时期，筹集巨款深感不易，而汇划至沪尤属困难。如协助政府目前力所不及，将来由中央偿还本利，收归国有，未识尊见以为如何？”不过，在郑振铎等的力争下，政府相关部门最终还是同意拨款抢救古籍。此后，他们便开始以国家的力量来做这“抢救”的工作。他们以国家的力量来做“抢救”文献的工作，在当时敌伪的爪牙密布之下，不能不十分小心秘密，慎重将事。他们用私人名义或尚可公开的几个学校，像暨大和光华大学的名义购书。江南若干大藏书家的收藏有散出的消息，他们便设法为国家收购下来，不令其落于书贾们和敌伪们的手中。与郑振铎共同负责上海方面抢救文献工作的何炳松、张寿镛隐于幕后负责保管经费，由郑振铎到第一线抛头露面搜书，每天往返各书店间奔走看书，甚至赶到听说要售书的藏家去直接洽购。虽说他本来就是书店的常客，但是像这种突然进行的大手笔搜购，很难掩人耳目，日本秘探曾到各书店查访他的行踪。他有时不得不躲到朋友处避风头。在这样困难的环境下，郑振铎为民族保留书种的决心和毅力在写给张寿镛的信中表露无遗：

我辈对于国家及民族文化均负重责；只要鞠躬尽瘁，忠贞艰苦到底，自不至有疵议。盖我辈所购者，决不至浪费公款一丝一毫；书之好坏，价之高低，知者自必甚明了也！一方面固以节俭为主，同时亦应以得书为目的：盖原来目的，固在保存文献也。浪费，乱买，当然对不住国家；如孤本及有关文化之图书，果经眼失收，或一时漏失，为敌所得，则尤失我辈之初衷，且亦大对不住国家也。故我不惜时力，为此事奔走，其中艰苦诚是“冷暖自知”。

我辈爱护民族文献，视同性命，千辛万苦，自所不辞，近虽忙迫，然亦甘之如饴也。

我辈自信眼光尚为远大，责任心亦甚强，该做之事决不推辞。任劳任怨，均所甘心。为国家保存文化，如在战场上作战，只有向前，绝无逃避，且究竟较驰驱战场上之健儿们为安适。每一念及前方战士之出生入死，便觉勇气百倍，万苦不辞。

郑振铎为国家抢救出大批珍本古籍，却忘记了为自己收书。他解释说：“我的不收书，恐怕是二十年来所未有的事。但因为有大的目标在前，我便把‘小我’完全忘得干干净净。”可以想见，如果不是国家利益高于一切，像郑振铎这样的书痴是绝不会放弃自己的目标的。

图书收购后，郑振铎还要忙于将“善本”分类、编目，“一年以来，瘁心力于此事，他事几皆不加闻问”。尽管工作相当艰苦，但郑振铎一想到得这么多的好书，一切都抛之脑后。他不无自豪地说：“我辈所得，有数大特色：一是抄校本多而精；二是史料多且较专；三是唐诗多且颇精。”在此期间，郑振铎还编辑印行了《中国版画史图录》和一百二十本的《应览堂丛书》、十二本的《长乐郑氏影印传奇第一集》、十二本的《明季史料丛书》，真是奇迹。

太平洋战争爆发后，上海租界也不再安全，加上负责上海方面收购文献工作的三人中，何炳松奉命暨南大学迁校，并去福建筹办国立东南联合大学，张寿镛则维持光华大学转入地下的秘密上课事宜，他们两人已无暇兼顾，因此收书工作奉命停止。这时候，大批得来不易的古籍保管工作，就落到了郑振铎身上。

上海的局面一天天变坏，郑振铎不敢担保收得的图书的安全，“不能不作迁地为良之计”。首先把可列入“国宝”之林的最珍贵古籍八十多种，托徐森玉带到香港，再由香港用飞机运载到重庆。其余的明刊本、抄校本等，计三千二百余部，陆续从邮局寄到香港大学，由许地山负责收下，再装箱运到美国暂行保存。这个打包邮寄的工作，整整耗费了郑振铎两个月的时间。留在上海的还有大约一千六百部精善本、一万一千部较次的善本，包括刚刚才以七十万元购进的张氏适园珍藏在内，都分藏在法宝馆和外商银行中，郑振铎随时照顾它们的安全。抗战胜利后，这大批藏匿在上海由郑振铎保管的珍贵古书，陆续由中央图书馆起运到南京，郑振铎肩上的重担才得以卸下来。令人费解的是，《中央图书馆善本书目》的序文，却只提“得张咏霓（寿镛）、何柏丞（炳松）两先生之赞助”，而不及于郑振铎。台湾学者苏精不无遗憾地说，郑振铎的巨大付出，被后来的公私记载有意无意地忘记了，这是不公正的！

售书

“孤岛”时期，郑振铎一边冒险为国家抢救民族文献，一边却为生活所迫不得不出售一些私藏。

郑振铎那些年东躲西藏的生活过得可是艰难。他在《蛰居散记》中这样描述：“我绝早的起来，自己生火，自己烧水，烧饭，起初是吃着罐头食物，后来，买不起了，只好自己买菜来烧。”郑振铎就这样学会生火、烧饭、做菜，而在过去，“柴米油盐的问题”是“从来不会上口的”。

郑振铎生活如此拮据的原因，一是太平洋战争爆发后他失业了，没有收入来源；二是买书费资太多。战时，一度上海纸商收集故纸废书之风大盛，许多旧书店为了换几个现钱，论担称斤售出教科书、滞销的古书、洋装皮脊的百科全书、人名录等，甚至石印的《十一朝东华录》《经策通纂》《九朝圣训》，以及铅印的《图书集成》残本，无不被囊括以去。郑振铎心痛不已，语之书店不能如此糟蹋图书，但收效甚微。有一次，他见中国书店旧存古书七十余扎，凡五千余本，“正欲招纸商来称斤去”。郑振铎曾看过书目，都是有用的古书，如《五十唐人小集》《杨升庵全集》《十国春秋》《水道提纲》《艺海珠尘》等，计有七八百种。“此类书而胥欲付之大熔炉中，诚可谓丧心病狂之至者矣！”郑振铎力劝店主留售，店主却“急如星火，必欲速售去”。郑振铎火大，慨然道：“归予得之可也！”一番讨价还价后，“遂以六千金付之，而救得此七八百种书”。问题是，那个时候，郑振铎“实窘困甚，罄其囊，仅足此数，竟以一家十口之数月粮，作此一掷救书之豪举”。好在几日后，有朋友得之详情，出手接济，“乃得免于家人交谪，乃得免于不举火”。

但朋友只能救急于一时。一家十口每天张嘴要吃饭，不得已时，郑振铎只能忍痛“售书易米”。

“说到售书，我的心境顿时要阴晦起来。”郑振铎在《蛰居散记》中写道：“谁想得到，从前高高兴兴，一部部，一本本，收集起来，每一部书，每一本书，都有它的被得到的经过和历史，这一本书是从哪一家书店里得到的，那一部书是如何的见到了，一时踌躇未取，失去了，不料无意中又获得之；那一部书又是如何的先得到一二本，后来，好容易方才从某书店的残书堆里找到几本，恰好配全，配全的时候，心里是如何的喜悦……那一本书虽是薄帙，却是孤本单行，极不易得；那一部书虽是同光间刊本，却很不多见；那一本书虽已收入某丛书中，这本却是单刻本，与丛书本异同甚多；那一部书见于禁书目录，虽为陋书，亦自可贵。至于明刊精本，黑口古装本，万历竹纸，传世绝罕者，与明清史料关系极巨者，稿本手迹，从无印本者，等等，则更是见之心暖，读之色舞。”

郑振铎如数家珍，是想说每一部书得之时都有不同的心境，每一本私藏的书都寄托着个人的感情，如鱼饮水，冷暖自知。可是，哪一个书痴买书时想得到，凡此种种“费尽心力以得之者，竟会出以易米么”？从前一本本、一部部书零星收来，好容易集成一类，“堆作数架者”，竟会一捆捆、一箱箱的拿出去卖的吗？

虽然痛彻心腑，虽然觉得自己收藏的部部书本本书都是可爱的，都是舍不得拿出去卖的，但是生活所迫，又不能不割售。灯下挑书时，郑振铎“摩挲着，仔细的翻看着，有时又摘抄了要用的几节几段，终于舍不得”。但经过一番思想斗争，“究竟非卖钱不可”，便又狠了心，把它放到出售的一堆。这种左右为难的情形，多么令人同情！

郑振铎在《蛰居散记》中记下他的售书所得：《四部丛刊》，连二三编，只卖了伪币四万元；百衲本《二十四史》，只卖了伪币一万元；一部实在舍不得卖的石印本《学海类编》，最后却也不得不卖了，而卖得的钱，还不够半个月花。“后来，又卖了一大批明本书，再后来，又卖了八百多种清代文集，最后，又卖了好几百种清代总集文集及其他杂书。大凡可卖的，几乎都已卖尽了！所万万舍不得割弃的是若干目录书，词曲书，小说书和版画书。”郑振铎说，最后一批拟好编目要卖的，便是一批版画书。他庆幸抗战胜利来得恰如其时，才让他保全了这一批万万舍不得卖的版画书。否则，再拖长了一年半载，恐怕连什么也都要售光了。因为读书人除了书，实在没什么别的可卖。

郑振铎曾无奈地说："在饿死与去书之间选择一种，当然只好去书。"他说，那时候他实在恨自己，为什么从前不藏点别的，随便什么都可以，"偏要藏什么劳什子的书呢"？他想告诉世人，凡是穷人，凡是生活不安定的人，没有恒产、资产的人，要想储蓄什么，随便什么都可以，只千万不要藏书。因为，"书是积藏来用，来读的，不是来卖的"，卖书时的惨楚的心情，他实在是受够了，不想让其他爱书人再来受一遍！

尽管如此，郑振铎还是不忘感谢书，因为"它竟使我能够渡过这几年难渡的关头"。如果没有书，"我简直只有饿死一条路走"！依他读书人的高洁品格，他是不会选择向敌伪靠拢而换取"五斗米"的。

写到这里，我突然记起缘督庐主人叶昌炽咏著名藏书家黄丕烈的诗句："得书图共祭己时，但见咸宜绝妙词。翁不死时书不死，似魔似佞又如痴。"这不也正是郑振铎的写照吗？

范仲淹父子同入五百名贤祠

我每次去苏州，都要去沧浪亭拜谒五百名贤祠。此祠屋仅三楹，在面桥临流的北向大门上，额以“五百名贤祠”。祠内另有额“作之师”，取《尚书》中语。《尚书》曰：“天佑下民，作之君，作之师，惟其克相上帝，宠绥四方。”古人拈出“作之师”三字述建祠宗旨，何等妥贴。

追溯起来，修建五百名贤祠的动议来自祖籍福建长乐的梁章钜。清道光六年（一八二六年），经学大家、楹联学开山之祖梁章钜出任官衙设在苏州的江苏布政使。他看到作为官衙附属的沧浪亭有些破败，便筹资进行修葺，于亭西隙地辟建五百名贤祠，奉祀五百六十余位苏州先贤。同治十二年（一八七三年），江苏巡抚张树声重建毁于咸丰十年（一八六〇年）兵灾的五百名贤祠，奉祀先贤增至五百九十四位，第一位为春秋末期多次推让王位，被司马迁赞为“见微而知清浊”的“闳览博物君子”季札，最后一位为清乾隆五十五年（一七九〇年）进士、工诗善文的大学问家洪亮吉。屋内三面壁间嵌置石刻一百二十五方，每方均高零点三米，宽零点八米。首一方为“景行维贤”四字，末五方为梁章钜等人题跋，其余一百一十九方均为人物像赞，每方五人。据史料记载，旧时屋内有楹联多副，其中一联曰：“千百年名世同堂，俎豆馨香，因果不从罗汉证；廿四史先贤合传，文章事业，英灵端自让王开。”

苏州历史悠久，先贤名宦云集，能入五百名贤祠者，必是吴地杰出人物。因此，当我无意中发现范仲淹父子五人同被奉祀于此祠，真的吃惊不小。

范仲淹一生以天下为己任，关心国计民生，为政清正廉洁。他的名言“先天下之忧而忧，后天下之乐而乐”集中体现了他“先忧后乐”思想，早已成为中华优秀传统文化的一部分，至今仍被国人奉为座右铭和行为准则。他于北宋朝廷是著名的政治家、军事家、文学家、教育家，是“庆历新政”的提出者和推行者；而于故里苏州，则是政声卓著的好“市长”（知州）。据吴恩培《千载湖山留正气》书中记载，范仲淹在苏州任职期间，曾在南园买了一块地，准备建造住宅。一位风水先生告诉他，这是块贵地，今后他家中定有公卿相继出世。他马上笑道，与其让我一家独占贵地，倒不如让出兴建州学，这样苏州今后出的人才不是会更多吗？他果真在这里建起了州学，改革旧制，首创将官学与祭祀孔子的庙堂合为一体，形成“左庙右学”的新格局，后为各地效仿，故有“吴学之兴始于文正范公”“天下之有学自吴郡始”之说。苏州后来出了那么多状元、榜眼、探花，与此不无关系。因此，范公入祀，理所当然。

范仲淹生有四子，长子范纯祐、次子范纯仁、三子范纯礼、四子范纯粹。他们与父亲同入五百名贤祠，可谓超乎寻常。我们知道，立祠奉祀是封建社会规格最高、礼制最隆的公共表达形式，不够格的人是挤不进去的。范纯祐十七八岁就随父出征抗击西夏，屡立战功。《宋史·范纯祐传》载：“仲淹帅环庆，议城马铺砦，砦逼夏境，夏惧扼其冲，侵挠其役。纯祐率兵驰据其地，夏众大至，且战且役，数日而成，一路恃之以安。”他还是个大孝子，在父亲受到谗言被罢官时，坚辞官职，跟随照顾被贬到邓州的父亲。故其像赞曰：“齿学导郡，城砦扼夏，善承父志，古之孝者。”

范仲淹的四个儿子中，政治上得乃父真传并进入朝廷核心权力圈子的，当数次子范纯仁。父亲去世后，范纯仁才出去做官，一直做到首相，卒谥忠宣。宋徽宗见到风烛残年的范纯仁，感慨地说：“范纯仁，得一识面足矣。”《宋史·范纯仁传》这样评价他：“纯仁位过其父，而几有父风。”元代脱脱等撰《宋史》，将范纯仁与范仲淹并列，而他的三位兄弟则被作为范仲淹的儿子附列传记中，可见他的地位之高。其弟范纯礼官拜礼部尚书，擢尚书右丞，相当于副宰相，卒谥恭献。他对苏州的最大贡献，是支持办好府学，“以南园隙地拓之”，“今日规模益壮，天下之言学者莫能过之”。在兄弟中排行老四的范纯粹，“资禀端重，为政清廉，遇事不苟”，以徽猷图待制致仕。看来，范家两代五人同入五百名贤祠，靠的是门风家教和人品学问，不愧为后人楷模。

诗人“三杰”治苏州

唐代大诗人韦应物、白居易、刘禹锡曾先后出任苏州刺史。刘禹锡有诗吟此事：“苏州刺史例能诗，西掖吟来替左司。”有学者认为，苏州文风之盛，与他们前赴后继的推波助澜是分不开的。

朱子《晦庵说诗》这样评价写过“春潮带雨晚来急，野渡无人舟自横”句的韦应物：“其诗无一字做作，直是自在。其气象近道，意常爱之。”唐贞元五年（七八九年），左司郎中韦应物外放为苏州刺史，两年后因病退职，没有得到新的任命，便寄居苏州永定寺，最终病逝于苏州。他在任只有两年多的时间，“理赋税，勤政务，矜老疾，话艰难”，带病为百姓日夜操劳，赢得了苏州人的爱戴，世世代代敬称他为“韦苏州”。他留给苏州的精神遗产，除了《郡斋雨中与诸文士燕集》《登重玄阁》《游灵岩寺》《与卢陟同游永定寺北池僧斋》等咏唱苏州的诗歌名作外，还有他与苏州永定寺的故事。北宋朱长文《吴郡图经续记》载："韦苏州罢郡，寓居永定，殆此寺耶。"明王鏊《姑苏志》记："韦应物罢郡，寓寺中，故多赋咏……元僧声九皋作海印堂，又取韦应物诗语，作'闲斋'。"遗憾的是，风雨沧桑，岁月更迭，因韦应物名世的永定寺如今仅留"永定寺弄"这一地名了。

写过《长恨歌》《琵琶行》的白居易，在唐代诗人中首屈一指。宝历初年（八二五年），杭州刺史白居易转任苏州刺史。他似乎比韦应物更擅长为官，在杭州任上筑了一道长堤，是为著名的西湖"白堤"，至今仍为人津津乐道。他在苏州主政仅一年半，比韦应物任期还短，却给后世留下一笔宝贵的文化遗产：一条沟通南北的山塘河及由此而出现的一条苏州白堤——山塘街。山塘河东起苏州阊门外渡僧桥，西至虎丘望山桥，长约七里，故又称"七里山塘"。河旁筑路，即山塘街，旧时亦称"白公堤"。虎丘山本在平田之中，白居易命在其四周开掘河道，引水环绕，不仅为山增色，也为游人乘船直抵虎丘提供了便利。白公堤的修建，使得"七里山塘"成为商贾云集的繁华之地。白居易曾作诗以记："自开山寺路，水陆往来频。银勒牵骄马，花船载丽人。菱荷生欲偏，桃李种仍新。好住河堤上，长留一道春。"古山塘街在清咸丰年间毁于战火，近年已重新修复，再现繁华，是外地游客必到之处。街口有白公祠，纪念当年苏州人十里相送的白刺史。我每次去苏州，必去山塘街逛书店，谒白公。

与白居易同生于唐大历七年（七七二年）的刘禹锡，二十一岁时就与柳宗元同榜考中进士，但其一生仕途迭荡，屡遭贬谪，在外放二十多年之后，终于在大和元年（八二七年）回到洛阳，次年出任东都尚书省主客郎中，经御史中丞裴度推荐，兼集贤殿学士。大和五年（八三一年），裴度罢知政事，刘禹锡再度被外放，出任苏州刺史。在赴任路上想起敬宗宝历二年（八二六年）罢和州刺史途经扬州与恰好自苏州刺史卸任的白居易饮酒酬唱的场景，刘禹锡不知有何感想？但政治上失意的诗人默默承受命运的安排，到任后不昧良心，勤于吏职。当时苏州发生大水灾，饥鸿遍野，刘禹锡顶着压力，开仓赈饥，免赋减役，主持灾后重建，很快使苏州恢复生机，百姓从灾害中走出，重新过上安居乐业的生活。工作之余，刘禹锡写下大量诗文，离任时还作有《别苏州》两首，表达了对苏州的难舍深情，为苏州的文化积淀做出杰出贡献。苏州人感念他的恩德，将他与韦应物、白居易合称为“三杰”，专门建“三贤堂”纪念他们。皇帝也对他的政绩予以褒奖，赐给他紫金鱼袋。

三大诗人治苏州，可谓“政声人去后，民意闲谈中”。

林则徐在苏州拉开禁烟序幕

偶翻孙中旺先生著《终随松柏到冰霜》一书，发现林则徐虎门销烟的序幕，其实十六年前在苏州就拉开了。对此，知道的人恐怕不多。

林则徐是福建侯官（今福州）人，二十岁中举，先赴厦门任海防同知书记，旋被福建巡抚张师诚招入幕府。嘉庆十六年（一八一一年），林则徐考中进士，选授翰林院庶吉士，后任翰林院编修，国史馆协修，撰文官，翻书房行走，清秘堂办事，江西、云南考官，江南道监察御史，浙江杭嘉湖道、盐运使等职。

道光三年（一八二三年），林则徐升任江苏按察使，衙门设在苏州。此项任命关系重大，几乎可以说决定了林则徐日后的人生走向。苏州乃江南富庶之地，当时城内鸦片泛滥，吸食者不下数万，经销鸦片者也数以千计。在巨大利益驱使下，一些官吏不仅加入吸食者行列，无心办差，而且与鸦片商相勾结，贩卖鸦片，导致官场、社会乌烟瘴气。一天，爱好微服私访的林则徐换上便衣，悄悄跑到著名的南浩街，发现许多大烟馆，每爿烟馆都挤满了吞云吐雾的瘾君子。林则徐非常痛心，在给道光皇帝的奏折中写道："苏州之南濠……近来各种货物销路皆疲。凡二三十年以前，某货约有万金交易者，今只剩得半之数。问其一半售于何货物，则一言以蔽之：鸦片而已矣。"在这道奏折中，林则徐以苏州为例，深刻阐述了鸦片对国计民生的严重危害，请求道光皇帝颁旨，在全国范围内禁烟。

林则徐率先在苏州开展禁烟运动，他在《云左山房文钞》中留下了关于禁烟活动的具体文字记载："吴中有不治之症二：在官曰疲，在民曰奢。即如游手好闲之民，本业不恒，日用无节，包揽伎船，开设烟馆，要结胥役，把持地方。渐渍既非一朝，剪除势难净尽，惟有将积地有名之棍，密访严拿，期于闾阎稍靖。而此辈窥伺甚工，趋避甚巧，一人耳目，断不能周，要在州县官实力奉行，以安良除莠，乃有实际耳！"他立说立行，严厉惩处了一批包揽伎船，开设烟馆，勾结胥吏，把持地方的地痞、流氓、奸商、污吏，使苏州的鸦片危害得以遏制，受到民众的广泛赞誉。《终随松柏到冰霜》一书的作者孙中旺是苏州人，据他在书中说："至今在苏州最繁华的观前街和石路商业区都有林则徐禁烟的纪念物，在观前街附近的小公园至今还屹立着一块民国年间的'林公则徐纪念碑'，而在石路的南浩街也有林则徐禁烟的雕塑。"史料记载，观前街附近北局小公园内"林公则徐纪念碑"是一九三〇年六月吴县拒毒同志会镌立的。

林则徐在苏州的禁烟行动，得到道光皇帝赞赏，被先后提拔为湖北、河南、江宁布政使。道光十二年（一八三二年），林则徐调任江苏巡抚，再次回到阔别九年的苏州任职。他为巡抚衙门听事厅题写了著名的联语："海纳百川，有容乃大；壁立千仞，无欲则刚。"在此后的五年中，他胸怀坦荡，清廉做官，为当地百姓办了许多好事。道光十七年（一八三七年），林则徐升任湖广总督，继续大力推行禁烟运动，并上奏道光皇帝，力陈禁烟的重要性和禁烟方略，指出，如听任鸦片泛滥，则"数十年后中原几无可以御敌之兵，且无可以充饷之银"。道光皇帝受到触动，任命林则徐为钦差大臣，前往广东查禁鸦片输入，虎门销烟二百三十七万斤，史称"虎门销烟"。后被诬陷革职，充军新疆伊犁。道光二十五年（一八四五年），林则徐被重新起用为陕西巡抚，擢云贵总督。道光三十年（一八五〇年），七十六岁的钦差大臣林则徐病逝于赴广西途中。

"虎门销烟"使林则徐成为民族英雄，但他禁烟的最初一笔却是在苏州写下的。

辑二　这些事

寻访文学山房旧书店

我在苏州过丙申年春节，最大的收获是在著名的文学山房旧书店，见到了古书收藏和修缮领域的泰斗江澄波老先生。老先生与古书打了一辈子交道，在古籍鉴别修复、版本研究领域卓有建树，出版过《江苏活字印书》《古刻名抄经眼录》等极具学术价值的专著，人称旧书业的“活字典”。

我是苏州女婿，读过一些当地文史资料，对文学山房旧书店和江老先生仰慕已久。书店创办于光绪年间，一直经营古旧书业，民国时期在苏州护龙街（今人民路）有三间门面，一时鼎盛，当时的名家张元济、郑振铎、陈石遗等，都是书店的常客。一九五六年公私合营，文学山房旧书店并入国营的苏州古旧书店，在古书收藏和修缮领域卓有建树的第三代店主江澄波先生成了苏州古旧书店一名普通职员。二〇〇一年退休以后，心里始终放不下古籍收集和修缮工作的江澄波先生重操旧业，开了一家文育山房旧书店，“因为原来的招牌给了国家，我不能用了，而在苏州话中‘育’与‘学’同音，也算是旧店重开”。二〇〇六年黄裳先生来苏州，曾力劝江澄波先生有机会把店名改过来。二〇一二年书店搬迁至平江路钮家巷九号时，终于重新恢复了文学山房旧书店的百年老店名。

三年前我曾去钮家巷寻访过它，或许是缘分未到吧，居然与它失之交臂。这次我一到苏州，便于大年三十下午赶了过去。因为有当地晚辈当向导，很顺利地找到它，但却吃了“闭门羹”。书店右侧玻璃门上“文学山房”四个红色大字旁边贴了张条子说，春节休息三天，正月初四营业。我数着日子过节，到了初四便熟门熟路地直奔文学山房而去。

书店位于钮家巷靠近临顿路一侧，门额上方红底黄字写着“文学山房旧书店”字样。从两扇对开的透明玻璃门望进去，店面呈四方形，拢共只有十几平方米。推门进去，书香扑鼻而来：三面书架摆满了旧书，店堂中间的矮桌上也堆满了书。印象最深的是左手边摆放着一整墙的线装古籍，“清碑传全集”“骈字类编”“佩文韵府”“宝剑记”“红拂记”“漕运通志”“琵琶记”“明状元图考”“绿牡丹”“印存玄览”等手写标签一目了然。当时店里的顾客，除了我，还有一对母女。保养得很滋润的中年母亲静静地站着，并不看书。倒是中学生模样的女孩子对书很有兴趣，这本摸摸，那本翻翻，后来好奇地盯着线装古籍看了一会，指着标签上写着“西游记”的一套线装书对旁边站着的一位满头白发、戴着眼镜的老人怯怯地说：“我能拿下来看看吗？”老人抱下一套八册的线装《西游记》，翻开其中一册，轻声对小姑娘说："这书要从右到左竖着看。"小姑娘凑过脸，用手比划着问："是这样看吗？"老人慈祥地说："是这样看。"小姑娘翻了一会，对老人说："我是读文科的。"老人顺手从书架上抽出一本书说："这是郑振铎先生的《插图本中国文学史》，读文科的可以看看。"小姑娘接过书翻了翻，说："等我考上大学再看。"老人听出了她的口音："你是上海人吧？"母亲答："我们从上海过来玩，她喜欢书，爱逛书店。"老人笑着说："爱看书好。上海旧书店很多的，我年轻时常去。很多上海文化人也常来我的书店。"最后小姑娘买了两本小册子，拉着母亲离开了书店。

目睹这生动的一幕，我已猜出老人就是江澄波先生了。待母女俩走后，我试探着问道："您是江老师吧？"老先生踱步到我跟前："你认得我？听口音你是外地人。"我说我从福建厦门来，寻访文学山房和他老人家。江先生问我怎么知道书店在钮家巷，我说从网上搜到的。老人感叹："网络真厉害！"我们站着闲聊了好一阵。老人告诉我，小时候他在店里经常见到章太炎先生来买书。中华人民共和国成立初期，他还接待过身穿长衫的李一氓来买清词古书。当时书店里没有，李一氓留下名字和地址，让书店一旦收到马上告诉他。不久店里收集到一套清代词古书，江先生写信过去，很快收到回信，请他把书寄过去，还随信附上书费。两人从此成了"忘年交"，互通书信几十封。后来李一氓还曾代陈毅到"文学山房"来淘书。因为我从福建来，老人特意告诉我，祖籍福建的郑振铎先生也曾是书店里的常客，有一次他听江先生在信里说书店收到一套道教仪式画像，立马赶来，展看画像后惊叹："这样的画像很少能流传下来，更别说集结成册了。”当即联系国家图书馆购藏。

我和江老先生聊了半个多小时，其间只有一位顾客进来买了张苏州地图，可见旧书店经营之难。但九秩高龄的江老先生说，再难也要把书店办下去：“把这旧书店办好，就像为苏州城画上两道充满着精气神的眉毛。”我从书店选购了文震孟等著《吴中小志续编》、张昶著《吴中人物志》和杨循吉著《吴邑志·长洲县志》，与老人握手惜别。

琴川书店买书记

天才作家张爱玲说，出名要趁早。作为一个热爱读书的人，套用张爱玲的这句名言，我想对书友说：买书要果断。这是我从以往买书的教训中总结得出的经验。

话说我随内子去她的家乡苏州过丙申年春节。苏州是个文化积淀深厚的地方，读书人去了如鱼得水，可大过逛书店的瘾。我从大年三十开始，连续逛了苏州诚品书店、苏州古旧书店、观前街新华书店、平江路钮家巷文学山房旧书店、十方书屋，每家书店都有收获。陪我逛书店的当地晚辈见我买这么多书，笑问我如何背回去？我说，背书不怕累，就怕没书背。他们力劝我交快递寄回去，我说寄丢了怎么办？现在的年轻人不爱读书，没这种宝贝书的感受。

事先买好了正月初五的返程票，初四这天一家老小逛山塘街，准备买些土特产。山塘街是大诗人白居易任苏州刺史时造福百姓的事功之一，入口处即是纪念这位好官的白公祠。现在的山塘街是外地游人必到之处，站在街口望过去，都是浪涌般的人头。好不容易挪到古戏台前，刚听了几句评弹，我的目光鬼使神差地往右一瞥，琴川书店的招牌跳入我的眼帘。

这是一家大有来头的书店，它的创始人夏淡人在《我开琴川书店》一文中对它的历史有详细记述。夏淡人是常熟古里镇人，与清代四大私家藏书楼之一的铁琴铜剑楼主人瞿绍基是同乡。他从书店店员做起，民国三十五年（一九四六年）借了当时怡园对门金石山房的小半间门面放了两个书架，就算把书店开起来了。当时，恰巧夏淡人手头有两册汲古阁张海鹏刊本抄配本《琴川志》，而其故里常熟又有一条琴川河，便将店名定为琴川书店。夏淡人经营有方，书店名声越来越大，郑振铎、黄裳、顾颉刚、叶圣陶等人都在文章中提到在当年设于苏州护龙街（今人民路）的琴川书店淘书的往事。一九五六年公私合营，琴川书店并入苏州古旧书店，而夏淡人则进入当时的江苏师范学院做古籍管理与修补的工作。二十世纪九十年代，民营书店兴起，他的入室弟子李彪与王川等几个年轻人接过“琴川书店”的招牌，在十梓街开了一家古旧书店，后因拆迁，书店散伙。最后李彪自个又把书店开了起来，五易其址，琴川书店最终落脚山塘街。

虽然这几天我已经买了不少书，但撞上的书店哪有不逛之理？进入长条形的店堂，但见书架上、台子上摆满古籍新平装和古典文学、国学、艺术、苏州文史类书籍。我看中了一套五册、古吴轩出版社二〇〇七年出版的《千秋风范》丛书，这套书从苏州沧浪亭五百名贤祠人物中选择一百八十位生在苏州、长在苏州，或与苏州有不解之缘的名人先贤，每人独立成篇进行重新叙述，配以原始人物石碑及插图，极具资料性和可读性。全书定价一百二十元，店员说可打八折，整数一百元。我当时似乎脑子进水，坚决还价八十元。店员说这书只有他们店里有，八十元不能卖。我犹豫了许久，一会想着书太重了，一会想着暂时用不上，最后决定放弃，另买了一本《吴中人物志》，扭头出了店门。知夫莫如妻，内子当时就判断我会后悔，劝我回去把书买上。我回了句："好马不吃回头草。"

可是，刚离开山塘街，我就后悔了，回来后更是越想起觉得自己鲁莽。内子见我闲翻从苏州背回的那些书时独自嘀嘀咕咕，笑问我是不是想那套书了。我只好垂眼承认真后悔了。内子大笑三声，当即给苏州晚辈发微信，让他速去琴川书店买书。晚辈收到微信，马上驱车直奔山塘街。几天后，书就到了我的手上。我长舒一口气，心想：快递费都够买一本书了！

《音尘集》：一本有故事的书

听说厦门小渔岛旧书店收到一批从某教授家流出的藏书，我和书友南宋连夜赶去“扫货”，结果发现都是些“大路货”，入不了我的眼。有道是“贼不空手”，我睁大双眼一个书架一个书架巡视过去，目光终于在一本薄薄的小册子上停住了。

吸引我的这本小册子是已故著名散文家黄裳先生所著《音尘集》，为辽宁教育出版社一九九六年版“书趣文丛”第三辑之一种。同一辑中还收录了周越然、周劭、罗常培、宋春舫、谢国桢、董桥、郑异凡等名家的集子。其他人的集子我书架上都有，独缺黄裳先生的《音尘集》。

黄裳先生的《音尘集》是一本有故事的书。书中收录黄裳先生早期旧作《锦帆集》《印度小夜曲》《关于美国兵》。这些旧作原版于二十世纪四十年代，传本甚稀，尤其是写于一九四五年的《关于美国兵》，出版的当时即受到严厉斥责，被指“企图缓和中国人民对驻华美军恶劣到极点的印象”“无耻的程度简直与‘处女膜未破论’者不相上下”。到了“文革”期间，罪名增加为“吹捧史迪威等美帝头目”“宣扬美帝的物质文明”“把美帝侵华说成是‘亲善’，像兄弟那样的亲热”“胡说圣诞节美机给了延安糖果、酒菜”等。由此可以看出这一本小书问世后作者的坎坷命运。此书半个世纪后有机会再版，是思想解放、文化繁荣的一个小例证。

《音尘集》再版也有故事。从书的版权页可知，《音尘集》一九九六年一月出版，初版本仅印五百册，同年九月再印一万册。为什么初版仅印五百册呢？据当时的辽宁教育出版社社长俞晓群后来透露，黄裳先生交稿后，因种种原因，印书时间拖延了很久，他们怕黄老先生不高兴，便赶印了很少的一部分，先寄给黄先生，后来再慢慢加印。所以，一版一印的《音尘集》在市面上极难见到，流通的基本上是一版二印本。正因此，《音尘集》一版一印本被爱书人视为当代“善本”，极难觅到。

因为知道这些故事，所以我从书架上抽出《音尘集》时，马上翻到版权页，查看是否难得的一版一印本。若是，我恐怕会得意十天半个月。据说有书友仅花二百元自某旧书网购到《音尘集》一版一印本，且书上还有黄裳先生的亲笔题签，羡煞了许多读书人。但我显然没有这么好的书运，到手的是预料中的一版二印本《音尘集》。即便如此，我也心满意足了。

《音尘集》真是一本有故事的书，我最后得到它还有些曲折。当晚我在小渔岛旧书店一共买了五本书，兴冲冲回家，泡上一杯热茶，坐在灯下一本一本翻看，却怎么也找不见《音尘集》。我像过电影一样回忆在书店里的每一个细节，猛然想起当时从那个书架上先后取下过两本书，其中一本后来被我放回了书架，现在看来，那一本恰恰是我要的《音尘集》。这就是所谓的鬼使神差了。一晚上睡不安稳，第二天上班也心慌意乱，怕等到下班再去书被人买走。没想到书友南宋昨晚也犯了和我同样的错误，因此下午要再赶去买回那本落下的书。我连忙请南宋帮我买下《音尘集》，后来又给店主发微信，请他务必帮我收起《音尘集》。当晚，这本有故事的小书终于进了我的书房。看来它注定是我的！

海豚书馆六色本与岩波文库五色本

沈昌文、陆灏和当时的辽宁教育出版社社长俞晓群“搭帮结伙”，强强联手，做了许多好书：先是把《万象》杂志办得风生水起，接着推出《新世纪万有文库》，后来又策划组编了《书趣文丛》……据悉，《新世纪万有文库》前后出了几百本，《书趣文丛》也出了六十来本，可谓洋洋大观。这两套书我买了不少，现在还时不时地找出来翻看。

后来，俞晓群离开辽宁出版集团，于二〇〇九年七月出任海豚出版社社长。他们再次“三结义”，在“海豚书馆”名下推出六个系列的小精装，以书封颜色命名每一个系列，即：橙色系列，收文学原创作品，由孙甘露主编；蓝色系列，收海外文学作品，由董桥主编；红色系列，收文艺拾遗类作品，由陈子善主编；灰色系列，收学术原创作品，由葛兆光任顾问；绿色系列，收学术钩沉类作品，由傅杰主编；紫色系列，收翻译小品，由陆谷孙、朱绩崧主编。二〇一〇年八月，“海豚书馆”首辑出版，共六种，分别是董桥的《墨影呈祥》、张大春的《离魂》、王安忆的《骄傲的皮匠》、莫言的《变》、周炼霞的《遗珠》和南星的《甘雨胡同六号》。此后，“海豚书馆”按照他们商定的每一两个月出四五本册子的节奏运作，据书后开列的已出版书目，截至二〇一五年，六个系列总共推出近百册图书，平均印数五六千册以上，销量比较好的达到一万多册，在读书界赢得了良好口碑，被爱书人私下亲切地称作“海豚六色本”。我的书房和办公室书架上能找到四五十本，且每一本都认真通读过，很是喜欢。

原以为用书封颜色对作品进行分类是海豚社的原创，近日读到苏枕书著《京都古书店风景》，发现如此分类也是有一些源头的。书中有一篇文章《偶遇之趣：井上书店》说：“日本最早的文库本系列肇始于岩波文库，对书籍的流通、培养日本人读书的兴趣，有相当重要的意义。岩波文库根据书封颜色分为五类，亦称岩波五色本。蓝色为日本思想、东洋思想、佛教、历史地理、音乐美术、哲学、教育、宗教、自然科学，黄色为日本古典文学，绿色为日本近现代文学，白色为法律、政治、经济、社会，红色为外国文学。”

尽管两家选用的颜色有差异，海豚书馆选中橙色、蓝色、红色、灰色、绿色、紫色，岩波文库选中蓝色、黄色、绿色、白色、红色，其中重叠的只有蓝、绿、红三色，且每种颜色指向的内容也不同，但我以为，他们的设计理念是一致的。鉴于沈昌文、陆灏和俞晓群都是出版界资深人士，对日本大名鼎鼎的岩波文库必定多有了解，我猜想，海豚社的这一做法应该是受到了岩波文库的影响和启发。但在置于每本书扉页的沈昌文《“海豚书馆”缘起》一文中，我没有找到相关的说法。上网搜到俞晓群的一篇访谈，他这样回忆当初的情形：他们在上海一家嘈杂吵乱的小餐馆里碰头，日后的“海豚书馆”计划初露端倪。陆灏提议，可以模仿欧洲的文库版搞一套精装小丛书。他还拿出一本法国的文库本做样子，让俞晓群找人设计。在这篇访谈中，俞晓群没有提到岩波文库。我不死心，继续在网上搜寻，终于找到俞晓群的另一篇访谈，证实了我的猜想：“我们借鉴了日本的岩波文库，划分为海外文学、文艺拾遗、文学原创、学术原创等几大类，每一类采用不同颜色的封面加以区分。”

陈慎言《海上情花》影射谁

近日闲翻毕树棠《螺君日记》（海豚出版社二〇一四年版），见一九三二年五月十二日有记："阅毕陈慎言先生之《海上情花》说部，述一海军副舰长，少年英俊，与一医院司药女子朱玉格之姻缘，背景为福建省城，描写尚好，惜将结束时文笔无力耳。情节间有不周密处，如孙逸民出征，本为某护军使通民党，起兵镇变，后省城政变，某护军使已为省主，而逸民仍久战未归，殊属不解。又有蹈袭旧套之处，似取自电影者，如远征时，两人相别，约定以表上之时刻每日按时静默，两情互属云云。又最后二人争婚，江中两舟相逐，似极紧张好看，实皆银幕上之把戏也。惟闻陈先生为闽人，亦海军出身，此故事或影射某一事实欤。"

客居闽地，对闽人闽事有兴趣是自然的。好在当今网络发达，搜集资料便捷。我在网上输入关键词，果真找到毕树棠先生日记中提到的闽人陈慎言（一八八七年至一九五九年）的简况。陈慎言是福建闽侯人，一九一〇年毕业于福建马江海军制造学校，历任北京京汉铁路管理局工务处工务员，北京《公言报》《社会报》《星报》编辑，《新中华报》《北京日报》副刊主编。他一九一〇年开始发表作品，一九五七年加入中国作家协会。著有长篇小说《猪仔小史》《故都秘录》，章回通俗小说《说不得》《浑不似》《海上情葩》《赛金花》《翠帷花影》《流水落花》《满山红》《人海狂澜》《故乡秘录》《戚继光》《叶含妈》，剧本《小杂院》等。其中《海上情葩》与毕树棠先生日记中提到的《海上情花》书名只差一个字，应是同一部作品无疑。

至于作品内容是否“影射某一事实”，不好简单判断。史料记载，二十世纪二十年代，北洋军阀曾统治福建，他们的武装势力长期占据闽疆。军阀们为了巩固自己的统治，不断地抢占地盘，扩充军队，使军队日益庞大。由于这些武装势力变换纷繁，加上有关这方面情况的史料保存至今的不多，因而北洋军队在福建的嬗变线索不甚明晰，给福建现代史的研究带来不少困难。但因为小说中提到“护军使”这一官名，所以也不是没有一点线索可寻。辛亥革命后，袁世凯在各省重要地区设护军使，管理一个地区的军务，其职权在镇守使之上。民国三年七月十八日，袁世凯任命李厚基为福建护军使督理福建军务，加陆军上将衔。护军使署共有职官八十九人，另有弁兵四十八人。民国五年三月二十一日，袁世凯特任李厚基为建武将军督理福建军务。建武将军行署有职员五十二人，差弁与夫役七十六人。七月六日，北京段祺瑞政府改各省将军为督军。李遂任福建督军，实授陆军上将，将军行署改督军公署，编制和人事安排基本不变。民国十一年八月，北伐军代表胡汉民与驻闽北陆军第二十四混成旅旅长王永泉达成共同进攻福州驱逐李厚基的协定。十月十二日李兵败，在日本领事保护下离开福州。十一月三日，在国民党主持下，福州公推王永泉为福建总司令。李厚基为北京政府委为讨逆总司令返闽作战。十二月，李兵败逃入江西转天津。

综合分析，《海上情花》似有影射李厚基之嫌。

顺便介绍一下《螺君日记》。作者毕树棠曾在清华大学图书馆工作，喜爱阅读，交游广阔，与赛珍珠、吴宓、朱自清、俞平伯、浦江清、张恨水、郑振铎、冯友兰、钱锺书等均有过从，因此日记中留下了许多生动有趣的第一手材料。比如胡适主持徐霞村与吴志华女士的婚礼，“致辞颇诙谐，谓徐君求婚之事共有三十七次，以前皆惨败，此次终得成功，正合胡先生‘自古成功在尝试’之努力主义云云”。又如冯友兰自郑振铎寓宅观书归来，感慨道：“凡有价值之作品总必流传，其不传者必非上品，故所谓孤本之类，皆以流传甚少而被珍贵，实则其价值之有限可知。”还有张恨水，因不满意时人对其小说的批评，给作者写来长信大发牢骚，并请作者为他的新著《落霞孤鹜》写篇书评。总之，书中此类材料甚多，很有研究价值。

章回小说中的“茶”

潘富俊先生在《草木情缘》一书中，用统计学的方法进行分析综合，揭示中国古典文学中的植物世界的奥秘，让人耳目一新。在梳理章回小说时，潘先生以家喻户晓的《儒林外史》《金瓶梅》《水浒传》《西游记》《红楼梦》为例，统计各小说通行本出现的植物种类，得到的数据如下：《儒林外史》出现植物九十九种，《金瓶梅》二百一十种，《水浒传》一百零二种，《西游记》二百五十三种，《红楼梦》二百四十二种。在这五部小说中，《西游记》写到的植物种类最多，《儒林外史》最少，与它们的内容大体还是契合的。唐僧师徒跋山涉水，成天在室外活动，接触植物多些也在情理之中。

我很好奇，分别出现在这五部小说中的都是一些什么植物呢？潘先生虽在书中未一一举出所有植物的名称，但却将植物出现回数的前十名列了出来：在总共五十五回的《儒林外史》中，茶出现五十回，柳和竹各出现十五回，荷出现十回，人参出现九回，桃出现七回，桑、芦苇和稻各出现六回，茅出现五回；在总共一百回的《金瓶梅》中，出现回数前十名的植物分别是茶一百回、柳六十五回、桃四十四回、瓜四十回、梅三十三回、竹三十二回、荷三十一回、兰和杏各二十五回、桂十八回；在总共一百回的《水浒传》中，柳出现五十八回，芦苇出现四十五回，茶出现四十三回，麻出现四十回，松出现三十四回，荷出现三十一回，竹出现二十七回，梅出现十八回，枣出现十七回，桃出现十五回；在总共一百回的《西游记》中，茶出现六十回，松出现五十九回，柳出现五十六回，竹出现五十二回，桃出现四十八回，荷出现三十七回，梅出现二十八回，藤出现二十七回，柏出现二十五回，匏出现十六回；在总共一百二十回的《红楼梦》中，出现回数前十名的植物分别是茶一百回、竹与荷各三十八回、柳三十七回、桃二十六回、梅二十四回、桂二十二回、稻十八回、杏十七回、松十五回。

观察上述数据，我注意到一个很有意思的现象：出现在这五部章回小说中的植物，除《水浒传》之外，茶稳居第一！《儒林外史》全书五十五回，茶一共出现五十回；《金瓶梅》回回有茶，一百回中全都出现；《红楼梦》一百二十回中，茶出现一百回；以西天取经为故事主轴的《西游记》，居然茶也是所有出现植物中占最多回数者，在一百回中占了六十回，超过半数；茶在《水浒传》中虽然只出现四十三回，但也仅次于柳和芦苇，排在第三位。此外，经常出现在章回小说中的植物，还有柳、松、竹、梅、荷、桃等。

格非有一个观点：没有兰陵笑笑生的《金瓶梅》，或许就没有曹雪芹的《红楼梦》。对照一下出现在这两部小说中的植物，我们惊奇地发现，它们只有两种植物未重叠，即前者的瓜、兰和后者的稻、松。更有趣的是，一百二十回的《红楼梦》和一百回的《金瓶梅》，提到茶竟然都是一百回！这难道纯属巧合吗？

当然，茶在中国古典章回小说中出现频率最高，想来并不奇怪。小说是日常生活的反映。中国是茶的故乡，是茶的原产地。无论最早发现茶的用途，还是最早饮茶、种茶，都是从中国开始。古代，上至帝王将相，文人墨客，儒道释各家，下至贩夫走卒，平头百姓，无不以茶为好。人们常说："早晨开门七件事，柴米油盐酱醋茶。"茶之用，可为饮，为药，为菜肴；茶之礼，上至宫廷茶仪，中至文人茶会、禅院茶宴，下至民间婚俗、节俗，无处不在。可以说，茶早已深入各阶层民众的日常生活。因此，茶频频出现在小说中，恰恰印证了文学源于生活的常识。

见仁见智说《聊斋》

闲翻书，无意间发现，对蒲松龄《聊斋志异》的不同评价，见仁见智，大相径庭。

诺贝尔文学奖得主莫言在斯德哥尔摩说，他是蒲松龄的传人，《聊斋志异》是蒲松龄的经典，蒲松龄是值得重读的作家。莫言透露，他有一部家传的《聊斋志异》，光绪年间的版本，他在上边题了许多歪诗，什么“经天纬地大贤才，无奈名落孙山外。满腹牢骚何处泄，独坐南窗著聊斋”；什么“幸亏名落孙山外，龌龊官场少一人。一部奇书传千古，万千进士化尘埃”；什么“一灯如豆读聊斋，暗夜鬼哭动地哀。风吹门响惊抬头，疑是狐女入室来”。莫言自谦：诗非常肤浅，有污书卷，但表达了自己对蒲老祖师的无限敬仰之情。莫言对蒲松龄和《聊斋志异》的总体评价是：“蒲松龄不仅是淄博的骄傲，是山东的骄傲，也是中国的骄傲，人类的骄傲。几百年前，有这么一个人写出了这样一部光辉的著作，他用他的想像力给我们在人世之外构造了一个美轮美奂的世界，他用他的小说把人类和大自然建立了联系。”

中国著名的周氏兄弟也高看《聊斋志异》。

鲁迅在《中国小说史略》第二十二篇《清之拟晋唐小说及其支流》中说：“《聊斋志异》虽亦如当时同类之书，不外记神仙狐鬼精魅故事，然描写委曲，叙次井然，用传奇法，而以志怪，变幻之状，如在目前；又或易调改弦，别叙畸人异行，出于幻域，顿入人间；偶述琐闻，亦多简洁，故读者耳目，为之一新。又相传渔洋山人激赏其书，欲市之而不得，故声名益振，竞相传钞。”

周作人《知堂书话》对其评价无异于其兄：“《聊斋志异》是中国旧说部中之佳作，与《阅微草堂笔记》并驾齐驱，代表古小说的两派，正如《阅微草堂笔记》是近代化的志怪书，《聊斋》继承唐代的传奇文，集其大成，二百多年来他们在文坛上占着势力，那是并非偶然的。”

钱锺书、张爱玲则持另一种看法。

张爱玲《谈看书》说：“小时候爱看《聊斋》，连学它的《夜雨秋灯录》等，都看过好几遍，包括《阅微草堂笔记》，尽管《阅微草堂》的冬烘头脑令人发指。多年不见之后，《聊斋》觉得比较轻巧单薄，不想再看，纯粹记录见闻的《阅微草堂》却看出许多好处来，里面典型十八世纪的道德观，也归之于社会学，本身也有兴趣。纪昀是太平盛世的高官显宦，自然没有《聊斋》的社会意识，有时候有意无意轻描淡写两句，反而收到含蓄的功效，更使异代的读者感到震动。”

钱锺书《容安馆札记》第二十一则说：“纪文达《阅微草堂笔记》修洁而能闲雅，《聊斋》较之，遂成小家子。乃郎汝佶轻家鸡而逐野鹜，苦学《聊斋》，何耶？”汝佶为纪晓岚长子。又云：“影印《聊斋志异》手稿本四册，玩其改削处，确为留仙手笔，盖完稿缮写，复稍加润色者。留仙亲自誊清，亦偶假手他人，圈点评骘，则不知出谁何矣。删易之句，皆较原稿为简雅，惜尖新纤俗，未能一一扫除。骈俪语更小家薄相，阑人叙事中，尤滥恶。如《公孙九娘》一则云：‘如蒙金诺，还屈玉趾。’岂非尺牍家习气耶。”

据说，钱锺书不喜欢张爱玲。然而两人对《聊斋志异》和《阅微草堂笔记》的意见，实可“共语”，也是趣事。

厦门新兴的散文风气

中国现代著名小说家、散文家、诗人郁达夫在《中国新文学大系·散文二集》“导言”中有个基本判断：“六经之中，除诗经外，全系散文；易经、书经与春秋，其间虽则也有韵语，但都系偶然的流露，不是作者的本意。从此可以知道，中国古来的文章，一向就以散文为主要的文体，韵文系情感满溢时之偶一发挥。”

我在微信上与文友讨论郁达夫的这一观点时，全国戏剧文化奖大型剧本奖得主汪水发先生表示赞同，他说：“当文字尚未发明或发明而未得到广泛使用的时候，文学早已产生。那时的文学只能是诗歌，利用语言的音韵节奏便于记忆与传唱。文字来了，散文也就登场了，因为人不可能都如顺口溜那般讲话，而记录零散话语的文字也就成了散文。”

从文学史的角度观察，散文是一个疆域辽阔的文学世界，有着强大的包容力。学界普遍认为，在我国古代，最早从文体角度提到“散文”一词是在北宋时期，不过当时所指的仅仅是和骈文相对的散行文字，还不完全等同于我们今天的文学散文。大概从曹丕的《典论·论文》开始，文论家就开始正式探讨文体的分类问题，陆机的《文赋》，刘勰的《文心雕龙》，萧统的《文选》，唐宋的古文家等，对散文的概念范围都有不同的理解。五四以后，散文的外延有了比较明晰的边界。倘若采用现代流行的散文、小说、诗歌、戏剧四分法归类，那么在中国文学史上，散文比起诗歌、小说、戏剧等其他文体，不但数量多、成熟早，而且内容广、影响大，绵延时间也很长。正是无数曼妙的散文作品，编织出中国历史上万类纷呈的大千世界，反映出丰富多彩的社会生活，刻画出绚丽多姿的自然风貌，描绘出喜怒哀乐的人生百态和深刻微妙的精神境界。有许多经典作品，成为伟大的中华文明的载体，历经数千年的洗礼，至今仍然闪烁着不朽的光辉。鲁迅对此有中肯的评价：“散文小品的成功，几乎在小说、戏曲和诗歌之上。”

福建素有“散文之乡”的美誉，先后涌现出郭风、何为、南帆等荣获鲁迅文学奖的散文大家。生活在厦门这座海滨秀美城市的作家们，得风气之先，勤奋笔耕，创作出大量优秀散文作品。就本卷选入的八十余篇散文作品而言，近十年来厦门作家的散文创作成果蔚为大观。从舒婷、李泉佃、谢泳、丹娅、朱水涌、沈世豪、曾纪鑫等创作的一批怀人之作我们可以看到，一股新兴的散文风气正在改变着厦门散文创作的格局。《灯光转暗，你在何方》是舒婷怀想好友顾城夫妇的倾情之作，作者巧妙地用不同时期写就的三首诗结构全篇，深情款款，令人动容，是我读到回忆顾城夫妇最有气度和力量的文章。李泉佃的《记者如何自保并“以言报国”》一文，以犀利的笔触揭露了某些执法者丑恶的嘴脸，告诫新闻工作者：不要等闲弄文字，糟蹋了这个“大人事业”。谢泳的《怀念道新》如作者一向的文风，文字淡然，叙述节制，却透出一股凛然的悲伤。厦门读书界有一个共识：谢泳的加盟，给厦门的散文随笔写作提供了一个新视角。丹娅的《天井》是一篇精妙的文字，作者透过天井这面“开向天空的门”，仰头看月，俯首人生，恰是月光如水，世事难测，“可望而不可即”也。朱水涌的《“回家的感觉”》追忆鲁迅之子周海婴先生的两次厦门之行，材料扎实，叙述从容，让一位低调、随和、友善、谦逊的慈祥长者形象活灵活现在读者面前。李启宇的《鲁迅缘何离开厦门大学》一文，通过对史料的细密梳理，试图揭示鲁迅当年“为什么会到厦门大学，又为什么只呆了短短的一百三十四天就遽然离开”这一历史之谜。作者认为，鲁迅到厦大任教并非如鲁迅自己整理的自传所说是因为躲避段祺瑞政府的捕拿，而是为了应对与许广平的恋情引发的风波；他后来遽然离开，同样是因为他对爱情的执着与痴狂。真相也许永远被历史的尘埃遮蔽，但这种探讨是有益的。老作家沈世豪对毛泽东怀有真挚的感情，在《静静的临江楼》中，毛泽东再次成为他笔下的主人公。作者再现了毛泽东身处逆境落魄时候的复杂情感和思绪，更写出了闽西百姓对毛泽东的热爱和保护。小说、散文、戏剧“三栖作家”曾纪鑫在《失去语言的声音》中，运用大量的细节，把故乡残疾人“龙哑巴”介绍给读者，为厦门散文人物画廊提供了一个新形象。忆人之作，

“真”字当头，最打动读者的不是人物经历的曲折，而是作家在写作中表达的情感。

就全国范围而言，很少有像厦门人这样热爱自己生活的城市，这种热爱在厦门作家写厦门的散文作品里得到淋漓尽致的体现。《厦门乡村旧事》是我读到洪本祝迄今为止所写篇幅最长、最出彩的一篇散文，对昔日厦门郊区村庄生活的真切记忆，让作者的情感深陷其中不能自拔，以至于巨细无遗絮絮叨叨，自说自话妙趣横生。作者想要表达的，是对已然逝去的昔日乡村文明的悼念。文中每节的小标题，什么“生的伟大”“唯物史观”“死的光荣”，什么“生产力”“生产关系”“经济基础”“上层建筑”“意识形态”“螺旋式上升”，极具符号化，巧妙牵引读者的思绪进入特殊情境中。《诗意人居地——厦门》的作者夏炜和《漫步厦门》的作者黄橙，一个是新厦门人，一个是老厦门人，虽然他们笔下观照厦门的“点”不同，但殊途同归，都呈现厦门的美。这恰恰说明，厦门的美是多面的丰富的：卢善庆欢喜《筼筜听湖》，陈金山、苏效明《与白鹭有约》，朱鹭琦静听《中山路细语》，唐绍密痴迷《厦门的海》，柯月霞常逛《灌口老街》，张碧虹怀念《悠悠的童年石路街时光》，陈美瑟好作《瑟园“名”想》，卢建端体味《静止如水的城市》，华晓春琢磨《落进呼吸的地名》，谢益美等待《凤凰花开》，黄集群声称《我爱歌仔戏》，张再勇呼唤《阑水精灵海中魂》……作家们透过各自的视角呈现的多侧面、多层次的美，构成厦门的大美。睁开发现美的眼睛，挖掘描绘厦门独特的美，这是本土作家的使命。

厦门金门门对门，语言相通血脉相连。过去两岸隔绝，近在咫尺的金门岛笼罩在神秘之中。终于，炮声远去，两“门”对开，厦门作家“近水楼台先得月”，有机会登上彼岸一窥究竟。郑启五的《一位老厦门的首次金门行》、陈元麟的《从厦门到金门》、朱志凌的《初识金门》等篇，混合着好奇、窥视、惊喜、迷茫等复杂情绪，可谓一咏三叹，眼里看到的是风景，心里想的却是往事。陈元麟听说为了清除当年埋在金门沙滩的地雷，已经有四位专家付出了生命，忍不住感慨道:“这是战争留给金门留给两岸的一份遗产。”近些年来，两岸关系虽然有了巨大变化，但毕竟隔绝太久，台湾海峡如一道深深的鞭痕烙印在两岸同胞的心里，还有不少有形和无形的雷区需要清除。余光中先生谈到两岸交流时说，文学柔软心灵，厦门作家大有可为。

散文历来都是文人气质最显著的文体。梳理近年来厦门的散文创作，读书随笔无疑是一大亮点。这与在全国读书界有重要影响的谢泳教授南来执教不无关系。除了谢泳教授不断有新作问世外，厦门其他作家也时有读书随笔作品结集出版，仅知识出版社推出的“学人随笔丛书”，就同时收入谢泳的《厦门集》、何况的《把名字写在水上》、南宋的《随遇而安》等三部读书随笔集。还有卢小雅的读书随笔集《镜中流年》（海豚出版社二〇一三年版），堪称是厦门散文创作的新收获，值得重视和关注。收入本卷的六篇读书随笔，像萧春雷的《人类的烟瘾》、黄哲真的《撩开迷雾说“门”》等，虽各有体悟，却也只是冰山一角。

观照自我，记录自身心路历程和人生感悟，是散文创作的重要主题。收入本卷的陈慧瑛的《两岸青山玉带水》，陈志铭的《追忆似水流年》，朱家麟的《天籁》，黄静芬的《往事是部老电影》，夏敏的《我的博物馆情结》，王永盛的《故乡回眸之一咏三叹》，陈福郎的《分水关上迷彩服》，冯鹭的《冰山上又有来客》，蔡伟璇的《孝感街》等，都属于这方面的散文作品。这些作品，或记游，或忆想往事，或沉迷故乡风情，都倾注了作者的真情感。尤其是王永盛的《故乡回眸之一咏三叹》和蔡伟璇的《孝感街》，重构故乡传奇，寻找精神温度，叹息历史撕裂，让读者感受到内容的真实饱满和文字的力量。一个时代的文学作品一定要对当下发声，否则就是画上繁花不留香。

每个人都梦想去国外旅行，看看那些不同的风景，体验那些不同的人生。读一篇讲述异域风情的散文，仿佛置身异地。本卷选入俞兆平、徐国栋、陈慧民、林祁的四篇海外记游文章，两男两女，阴阳平衡。厦门作家放眼看世界，有个人的独特体验和独到感悟，体现了文化的多样性和异乡的精神向度，发人深省。

网络媒介的快速发展，给人们发表自己的文字提供了前所未有的便利。一些文学界以外的人开始从事写作，大大充实了文学创作的空间，给文学带来新兴的风气，形成不容忽视的影响力。本卷因此选入傅顺声、蔡荣电、陈聪稀等人的网络作品，算是一种尝试。

编选十年散文，有喜有忧。喜的是厦门散文创作队伍日益壮大，老中青少等各个年龄段都不缺作者；忧的是厦门这么美的城市原本应该出现更多的大散文家，但无论是回溯历史，还是鉴观当下，真正能够跻身全国第一方阵的厦门散文家，似乎只有诗歌、散文“两翼齐飞”的舒婷“一支独秀”，迄今为止也仅有她的散文集《真水无香》曾入围鲁迅文学奖。这是厦门散文创作一个绕不开的话题，应该引起厦门散文作家的重视和深思。近日欣闻怡霖先后获得老舍散文奖和冰心散文奖，但愿这是厦门散文界吹响的冲锋号！

二〇一四年十一月十日

【此文系《厦门优秀文学作品选·散文卷》（2004—2013）导言】

文化在则故乡在

丙申年粽子飘香时节，我陪几位朋友去故乡婺源作休闲游，入住李见华、刘芳夫妇精心打造的庭院式民宿厚塘庄园。园内有一栋古色古香的清代读书楼，额以“立夜雪坐春风”，暗含“程门立雪”这一出自宋史的典故。夜幕降临，朋友们上到二楼书吧，边喝茶边翻书。一位博士偶然注意到，书架上摆放着的《一曲薰风》《绝响》《本色鲁迅》《异乡人》《1980年代的爱情》《莫言的文学共和国》《行走在爱与恨之间》等书，居然是香港大才子蔡澜和内地名家李辉、陈漱渝、林少华、野夫、叶开、白岩松的亲笔签名本。后来，博士在偏僻的泽山书堂又见到王蒙、陈鼓应、汪荣祖、易中天、谢泳、朱大可、余华、麦家、龚明德、傅国涌等著名作家、学者的签名本，还看到成套的《朱熹集》《古今图书集成》等“大部头”书籍。在返程的途中，这位见多识广的博士真诚地对我说：“你的家乡不愧是朱子故里，不愧是历史上出过五百多位进士的书乡！”

博士话音刚落，我读到了吴进彬先生主编的《婺源文艺界当代人物志》书稿，这使我原本有些忐忑的心神觅到了安妥的处所。吴先生在《后记》中郑重交代，他编辑本书的初衷可以用“四为”来概括——为当代立传，为历史存档，为今人树范，为后人留史。就我个人的阅读感受而言，吴先生以一己之力编书的初衷是基本达成了的。他为地方文化积淀做了一件非常有意义的事情。我由衷地为吴先生鼓掌喝彩。

我国有修史编志的传统，保证了中华文脉几千年连绵不绝。地方文化的传扬，同样离不开史、志这些历久弥新的载体。婺源是朱子故里，理应在这些方面有所作为。《婺源文艺界当代人物志》的成书，可以视为其中一项开拓性成果。全书以人物简介、主要作品目录、作品节选、人物印象记等形式，分别对二十位当下健在并生活在本地的婺源籍文艺精英的创作概貌进行了梳理与呈现。不难看出，保存第一手资料是编者赋予其书的一项基本功能，但据我看来，更为重要的或许在于，它为后来的研究者提供了一个鲜活的群体样本，因为我从中看到了一个个灵动的身影。

我虽客居异乡，但时刻关注着故乡文艺界的动态，定期阅读《星江》《虹井》等家乡刊物，与入选本书的洪忠佩、何宇昭、汪水发、方跃明、黄红灯等时相过从，结下了深厚的情谊。并非乡情遮蔽了我的理性，我对他们中的一些出类拔萃者，在创作上的确是有比较高的期许的。

谈到婺源的文学创作，洪忠佩是绕不开的话题。他已经是有自己文学疆域的个性化作家了，他写故乡的桥、故乡的路、故乡的村庄，每一篇都有自己独特的视角和发现，村庄的历史和文化在他从容不迫的叙述中，如同春雷响过之后钻出地面的竹笋一样强劲地挺立在读者面前。读他那些覆盖全国大报、用脚丈量出来的锦绣文章，作为同乡同道，我真是好生欢喜与羡慕。婺源是一方有文化、有历史感的土地，我不只一次地想过，如果洪忠佩能挣脱俗念的羁绊，真正沉下心来，再用十年八年的时间专注故乡村庄历史文化的研究、发掘与书写，或许真能像我的军艺师兄莫言之于高密东北乡，创造出一个属于他的文学故乡来。这一前景相当诱人，但不知洪忠佩是否感应到了我焦灼热切的心？

写散文的何宇昭也应该树立大志向。他是我的本家兄弟，我们的根都可以追溯到“中国最圆的村庄”菊径，感情上更易亲近。在山环水绕的小县城，他算是个有一官半职的人物了，但就如同岁月在林青霞、赵雅芝等曼妙女子身上不留痕迹一样，他多年刻板的机关“八股文”写作经历竟也丝毫没有侵扰他的文学领地。我有幸读过他的大部分作品，结构自然、单纯，文字洗练、沉稳，仿佛大鄣山卧龙谷百米瀑布落地的轰然之声，有极强的穿透力。一位编过他稿子的《厦门文学》编辑曾经私下对我说过，何宇昭古典文学功力深厚，观察事物角度别致，将来能出大作品。我和他的判断不谋而合，至少何宇昭目前还没有写出我坚信他能够达到的高度的代表作。我们有足够的耐心等待，假以时日，他必将惊艳我们的目光。

一个小县城的作者多年坚持话剧剧本创作并屡获全国大奖，汪水发就这样成了人们言说中的传奇人物。我第一次认识他的时候，与他在一起的还有两位传奇人物，一位是婺源博物馆馆长詹祥生，一位是工艺美术大师俞有桂。我喜欢与传奇人物交往，所以他们日后都成了我的朋友。我对汪水发的《朝歌》《龙尾》《凤歌》《八大山人》《少陵》《为邦家瑞》等作品无力置评，虽然我爱看话剧，甚至曾经为了看北京人艺的话剧展演退掉了事先订好的机票。值得一提的是，汪水发是我不多的几位微信“辩友”之一，他目光犀利，学识宏富，剑走偏锋，缠斗功夫好生了得，不把对手逼到墙角决不轻易收兵。中国人历来崇尚中庸之道，但热爱中国传统文化的汪水发却毫不犹豫地选择了固执与偏激。他在把对手逼到墙角的同时，常常也把自己逼到墙角，没有退路。然而或许正是这种固执与偏激，成就了他个性鲜明的文学创作。在他的作品中，故事与人物常常被推向极致。而极致，往往是人的智力或精神所能达到的高度。有鉴于此，我们有理由相信，汪水发将攻占文学新高地。

现在来说说我的朋友方跃明。在我的印象中，方跃明总是笑脸迎人，但我知道，他的内心是狂傲不羁的。他对自己的才华充满了自信，已经问世的诗词集《乡村吟草》、散文集《婺源美食》等作品只是他展露才情的冰山一角。喝酒、写诗是才子的“标配”，方跃明契合这样的特征，他在何氏宗祠为我挡酒的豪气至今历历在目。这位狂热的格律诗词爱好者和徒步登山爱好者，精力充沛，出口成章，足迹所到之处，均有诗为证。他似乎有七步成诗、倚马可待的捷才，其写作速度之快，常常令我瞠目。十多万字的《婺源美食》书稿，他几乎是在一个月内完成的。该书责编金小凤是我的老朋友，她看完全部书稿后给我打电话说，稿子质量比她想像的好！还说，一个县城的业余作者，能写出这样的美食散文，真不简单。那一刻，我油然生出一种自豪感来。事实上，方跃明的“跨界写作”时间不长，能取得现在这样的成果，已足以自喜喜人了。他在格律诗词写作上的造诣，更是有目共睹，有口皆碑。让我颇感困惑的是，在旅游热持续发烧的婺源，居然活跃着一支以朱德馨、方跃明为代表的数量庞大的格律诗词创作者队伍！我想这与朱德馨、方跃明这两任诗词楹联学会会长的努力是分不开的。才华是上帝慷慨赐予人类不多的礼物之一，方跃明应该倍加珍惜，努力打磨出与自己的才情匹配的佳作。

书法家黄红灯外表憨厚，很具迷惑性，但其实锦心绣口，悟性极高。他最为朋友诟病的是滴酒不沾，谁也无奈他何。据方跃明揭秘，他原本是喝酒的，后来不知为何彻底戒了。彻底是一种极致的坚持，背后必有深层理由支撑。作为朋友，对此应该给予同情的理解，但遗憾依然挥之不去，因为我们或许永远没有机会欣赏到他醉酒后泼墨挥毫的狂野之态。我猜想，这必与他的人生际遇有关。他是一个天生的书法家，出生在婺源东北乡一个毫无文化背景的农家，却从小莫名迷恋写字，因为家里穷，买不起笔和纸，他便用手指或树枝蘸着清水，在青石板上练字。据他在一篇回忆文章中透露，父亲理解不了他的爱好，问他：“写字能赚来饭钱吗？”他无言以对。在父亲的安排下，他开始跟着师傅学做泥水匠，但一有空闲，他依然坚持练字，尽管他和父亲一样，并不知道自己为何练字，只是感觉一进入写字状态，内心就一片安静澄明。父亲和师傅都担心他的脑子出了问题，但他无力拒绝内心的召唤。后来他出走广东打工，像命运早已安排好了似的，最终应聘从事一份与写字有关的工作。

某一天他突然意识到，此生他将以写字安身立命。他就这样成了一名书法家，并回乡创办了一笔书院，与更多的人分享他写字的快乐。就像我不能跨界评论汪水发的剧作一样，我也无力跨界评论黄红灯的书法作品，但我偏爱他的作品，饱满圆润，柔中有刚，刚柔相济，温暖吾心。每次回乡凝望着村庄牌楼柱子上他的墨宝，我的心中瞬间会开出一朵纯净的莲花来。

我手写我心，上面讲述的都是我朋友的故事。其实书中闪动的另外一些身影，比如文史专家毕新丁、洪玄发，摄影家任春才，诗人金宇迅，我都有幸接触过，至少有一面之缘。我拜读过毕新丁、洪玄发题赠的专著，欣赏过任春才的摄影作品，吃过金宇迅亲手做的土菜。因为任春才是我战友亲戚的缘故，早些年我甚至常到他家蹭饭。即便是我文中未提到的书中其他作家、诗人、书法家、音乐家、摄影家、画家、文史专家和砚学专家，我也并非无话可说，只因缘悭一面，不敢造次。虽然入选名单总难免挂一漏万，但目前这个阵容已经堪称洋洋大观了，真可谓：婺源多雄士，故土竞风流！

记得有一本书的名字叫《每一个故乡都在陷落》，我庆幸我的故乡依然清风明月，绿水长流。文化在，则故乡在。祝愿故乡文艺界人才辈出，佳作纷呈！

是为序。

（此文系《婺源文艺界当代人物志》序）

柏杨笔名溯源

柏杨是笔名，他本姓郭，一九二〇年出生时“官名”郭定生，乳名小狮儿。后来因为自己的理想、人事的变迁和时代的动荡，柏杨改过几次名：一九三六年，他以同等学力考取开封高中时，更名为“郭立邦”；一九四四年，他为了上大学，伪造学历证件，将原证件人的名字“郭大同”改为“郭衣洞”为自己所用。此后他就使用郭衣洞这个名字，直到一九六〇年“柏杨”笔名的诞生，故大多数人只知“郭衣洞”，却不知道“郭定生”“郭立邦”是谁了。

柏杨一九四九年离开大陆到台湾，二〇〇九年四月二十九日在台北辞世，总共在台湾度过六十年的岁月，写了二千多万字的文章，出版了二百多本书，可谓著作等身。他的这些著述，绝大多数都是署名“柏杨”发表、出版的。关于柏杨这个笔名的来历，过去流行的一种说法，说是与他的故乡河南多柏树，也多杨树有关。但柏杨长子郭本城最近在广西师范大学出版社出版的回忆录《背影：我的父亲柏杨》中却提供了另一种更为可信的说法：当年台湾中部的横贯公路通车前，他应邀前往参观，在等候转车的一个村落喝茶时，有人告诉他这个村的马来语发音叫“古柏杨”。“父亲回忆说，我非常喜欢这三个字的发音，回到台北开始写杂文时，最初本来想用‘古柏杨’做笔名，但又像是写武侠小说的笔名，就决定改用‘柏杨’。”这个他从一九六〇年开始使用、持续用了四十多年的笔名，是他的第一个笔名，也是他除了“邓克保”之外唯一的笔名。

“邓克保”是一九六一年柏杨在台北《自立晚报》连载一部纪实文学作品《异域》（原名《血战异域十一年》）时用的笔名。《异域》叙述国民党败退台湾时，自云南退到缅甸北方的一支国民党部队，穷途末路之际逃窜在一片险峻蛮荒、穷山恶水的异域之中，孤军绝域，弹尽粮绝。这本曾狂销百万册的书在台湾一度成为禁书，因为书中抨击某些国民党军官在危难之际，抛弃了为他们流血的部属，偷偷地逃到台湾。一九九〇年九月，《异域》被拍成电影上映，据说还创造了亚洲票房纪录。

在大陆，知道“邓克保”是柏杨另一个笔名的人恐怕不多，知晓这个笔名来历的人想必就更少了。据郭本城在书中说，这个笔名其实是柏杨一位小学女同学的名字。当年他在故乡河南辉县小学读五年级的时候，非常顽皮，喜欢作弄女生，常把毛笔放在桌边，让毛笔头露出半截。前座的女生往后一靠，就沾上一后背的墨，她总会大叫：“我非告你不可！”柏杨笑嘻嘻地说：“非者，不也，非告就是不告。”这位可爱的女同学，体型娇小，纤巧玲珑，但命运似乎不太好，小学毕业后不久就过世了。她的名字就叫“邓克保”。柏杨怀念这位他唯一记得名字的童年时代的女同学，甚至到了晚年还承认，如果说这是一段美丽的恋爱，那就是他的初恋。柏杨将这段简单的童年往事视为初恋，足见“邓克保”在他心中的烙印有多么深刻。数十年后他用这位女生的名字作笔名，是对她的最好纪念了。

柏杨一九七七年出狱之后，还以“邓克保”的笔名在台北发表过一篇文章，文中有这样一段话：“往事如一缕炊烟由浓而淡，由淡而逐渐消失在渺渺的太空，无影无踪，不能捕捉。但每一回忆，却都触到好容易结痂的伤疤，鲜血点滴渗出……”这让我不由想起柏杨说过的一句话：“唯有爱，才是超越世代的东西。”

“地瓜腔”说探源

福建人说话的腔调被称为“地瓜腔”，显然不是指福建人说话时透出一股地瓜的味道，而是与地瓜最早经由福建引入中国有关。有意思的是，被指讲“地瓜腔”的福建人其实称地瓜为“番薯”，只有北方人才把它叫作“地瓜”。

番薯，别称甘储、甘薯、朱薯、金薯、番茹、红山药、玉枕薯、山芋、地瓜、山药、甜薯、红薯、红苕、白薯、阿鹅、萌番薯等。清代厉荃原辑、关槐增纂的《事物异名录》载“甘薯”条：“朱薯，番薯，《本草》甘薯一名朱薯，一名番薯。按：甘薯、薯芋之类叶如芋，实如拳，有大如瓯者，秋熟。今俗通谓之番薯。”也有叫它“蕃茹”的。据学者苏枕书在《蕃茹》一文中说，他在日本留学时，有一次讲地方志的老师提到“番薯”，问一位中国同学知不知道是什么，那位来自浙南的同学回答说，他们老家把这个叫作“蕃茹”。

苏枕书说，听他的发音有点含糊，那个“茹”音介于“芋”和“茹”之间，有点鼻音的感觉。

番薯原产美洲，由西班牙人携至菲律宾等国栽种。据胡文辉《天堂鸟输入中国臆考》一文考证，番薯在东亚的传播路线大抵是：吕宋（今菲律宾）—中国福建—琉球—萨摩（今日本鹿儿岛）—日本本土，故中国称其为“番薯”，琉球、萨摩称之为“唐芋”，而日本本土却称之为“萨摩芋”。如此命名，源于当初不知来历时的想当然耳。

福建为何会成为番薯传入中国的第一站呢？这要感谢长乐人陈振龙。万历二十一年（一五九三年），在吕宋做生意的陈振龙见当地种植一种叫“甘薯”的块根作物，皮色朱红，心脆多汁，生熟皆可食，产量又高，广种耐瘠；想到家乡福建山多田少，土地贫瘠，粮食不足，决心把它引进家乡。当时菲律宾处于西班牙殖民统治之下，视甘薯为奇货，“禁不令出境”。陈振龙经过精心谋划，“取薯藤绞入汲水绳中”，并在绳面涂抹污泥，巧妙躲过检查，“始得渡海”。航行七天，于万历二十一年（一五九三年）五月下旬回到福建厦门。陈振龙引进番薯之事，明代《闽书》，徐光启《农政全书》，谈迁《枣林杂俎》，清代《闽政全书》《福州府志》等均有记载。清代《金薯传习录》援引《采录闽侯合志》说：“番薯种出海外吕宋。明万历年间闽人陈振龙贸易其地，得藤苗及栽种之法入中国。值闽中旱饥。振龙子经纶白于巡抚金学曾令试为种时，大有收获，可充谷食之半。自是硗确之地遍行栽播……以得自番国故曰番薯。以金公始种之，故又曰金薯。”

番薯传入福建后，即显示出其适应力强、产量高的特性，“一亩数十石，胜种谷二十倍”。加之“润泽可食，或煮或磨成粉，生食如葛，熟食如蜜，味似荸荠”，故很快向内地传播。十七世纪初，江南水患严重，五谷不收，饥民流离。彼时，科学家徐光启因父丧正居住在上海家中，他得知福建种植的番薯是救荒的好作物，便自福建引种到上海，随之向江苏传播，收成颇佳。清乾隆时期，不少地方都由官方提倡栽种，在直隶更由皇上“敕直省广劝栽植”。由此，番薯很快成为中国仅次于稻米、麦子和玉米的第四大粮食作物。目前，中国的番薯种植面积和总产量均占世界首位。

现在我们可以来探讨一下“地瓜腔”问题了。据史料记载，陈振龙及其子孙为番薯在中国的传种不遗余力，其五世孙陈川桂，在康熙初年把番薯引种到浙江，他的儿子陈世元带着几位晚辈远赴河南、河北、山东等地广泛宣传，劝种番薯。陈世元在山东胶州传授种植番薯时，亲自整地育秧，剪蔓扦插，到秋天收获，得薯尤多，于是一传十、十传百，竞相种植。只是不知为何，北方人没跟着师傅称此物为“番薯”，却叫它地瓜。他们感谢师傅的教授之恩，让他们不再忍饥挨饿，便亲切地称师傅们讲的话为“地瓜腔”。如果这一推测成立，那么“地瓜腔”之说就应视作是尊称，而不是调笑了。

婺源“状元”考

这是一条手机微信引出的话题。

丙申年春节我是在内子故乡苏州度过的。天公作美，晴日高照，我在晚辈驾车陪同下，游园林，逛书店，瞻仰名人故居，假期过得很充实。

现在的人喜欢在微信上“晒”行踪，我也不能免俗。那天看过设于状元潘世恩故居的苏州状元博物馆，我用手机发了条“有图有真相”的微信：

状元潘世恩故居，现为苏州状元博物馆。苏州状元，甲冠天下：历朝科举共产生文武状元七百多名，其中苏州状元五十多名，约占十四分之一，数量惊人。想起我老家婺源有书乡之誉，历史上共出过五百多名进士，独缺一名压阵的状元。传说著名古村李坑出过一名武状元，但无可靠史料证实，我以为靠不住。文友萧春雷的家乡泰宁出进士比婺源少得多，但因为有一名状元，萧春雷与我就此问题论争时就很硬气，正所谓“一白遮百丑”。

微信内容是真感慨，但也有打趣的成分。不料“一石激起千层浪”，竟引来众多留言。不少朋友同情我因家乡不出状元产生的焦虑，说“一百枚银牌没一枚金牌的含金量”。一位老家文友提醒我，邻县休宁出状元十九名，本县一千多年科举仅出五百多进士，没什么好骄傲的。另一位家乡朋友接着留言：“婺源有半个文状元：婺源的孩子送给了休宁的亲戚，后考上了状元，名字我忘了。”家乡一位热心的文史工作者留言告诉他说：“叫李糖糕，故事发生在严田。”

家乡文史工作者的留言言之凿凿，激起我的好奇心，当即四下查核资料，通过微信请教休宁的朋友，让他们查查休宁状元博物馆收集的状元名单，结果让我失望：休宁历史上出过十九名文武状元，但没有一名状元姓李，更没有叫李糖糕的状元。休宁的这十九名状元分别是：

吴潜，字毅夫，县城玉堂巷人，宋嘉定十年（一二一七年）状元，授承书郎、镇东军节度判官等职，寄籍宁国；

程若川，汉口人，宋代最后一名武状元，官至滁州府太守；

任亨泰，古楼人，明洪武二十一年（一三八八年）状元，官至礼部尚书，寄籍襄阳；

沈坤，字伯载，休宁人，明嘉靖二十年（一五四一年）状元，寄籍太和；

黄赓，字仲叙，龙湾人，明崇祯十六年（一六四三年）武状元；

戴有祺，瑶溪人，康熙三十年（一六九一年）状元，任职翰林院修撰，寄籍金山卫；

汪绎，县城西门人，康熙三十九年（一七〇〇年）状元，任职翰林院修撰，寄籍常熟；

汪应铨，梅林人，康熙五十七年（一七一八年）状元，先任职翰林院修撰，后任职赞善，寄籍常熟；

金德瑛，瓯山人，乾隆元年（一七三六年）状元，任职都察院左都御史，寄籍仁和；

毕沅，闵口人，乾隆二十五年(一七六〇年)状元，任职湖广总督，寄籍镇洋；

黄轩，古林人，乾隆三十六年（一七七一年）状元，任职四川川东道按察史；

吴锡龄，大斐人，乾隆四十年（一七七五年）状元，任职翰林院修撰；

戴衢亨，隆阜人，乾隆四十三年（一七七八年）状元，任职体仁阁大学士，寄籍江西；

汪如洋，县城西门人，乾隆四十五年（一七八〇年）状元，任职翰林院修撰，寄籍秀水；

王以衔，洽阳人，乾隆六十年(一七九五年)状元，任职礼部侍郎，寄籍归安；

吴信中，长丰人，嘉庆十三年（一八〇八年）状元，任职翰林院修撰，寄籍吴县；

戴兰芬，休宁人，道光二年（一八二二年）状元，任职翰林院修撰，寄籍天长；

汪鸣相，休宁人，道光十三年（一八三三年）状元，任职翰林院修撰，寄籍彭泽；

黄思永，字慎之，休宁五城人，光绪六年（一八八〇年）状元，任职翰林院修撰，寄籍江宁（今南京）。

所谓寄籍，指长期离开本籍，居住外地，附于外地的籍贯。按三代以内予以认定籍贯的原则，上述十五名寄籍外地的状元仍归休宁籍。爬梳休宁这十九名状元的史料，我没有发现与婺源相关联的蛛丝马迹。是不是有这样一种情况：孩子送给休宁亲戚后改姓换名，且未留下任何文字记载。但中国传统文化特别注重认祖归宗，一个人高中状元，即便为报领养之恩不改回本姓本名，至少要上坟认祖，吟诗作文，留下让后人追思的痕迹以光耀门庭。因此，我设想的那种不留任何文字记载痕迹的情况几乎是不可能发生的。在中国的文化氛围中，数典忘祖是为大不孝，要治罪的。

微信讨论至此，共识基本形成：婺源孩子送养后考中状元的故事应该只是个传说罢了，不可当真。一位供职报社的朋友甚至开玩笑说："李糖糕这个名字一听就是民间传说的人物。"诚哉斯言，一语道破天机。

微信平静了一天，突然出现了一条新的留言："你凭什么说李坑的李知诚不是武状元？"我回话说："厘清这个问题要花些工夫，请留个邮箱地址，容我写篇短文发给你。"

事实上，武状元李知诚的传说我不陌生。我多次去过"小桥流水人家”的李坑，不只一次参观过“李状元”故居“鱼塘屋”（听闻此屋近年被本村村民给拆了，殊为可惜）。每次都听导游说：李坑村为南宋乾道三年武状元李知诚故里，村内的二百六十多户人家大多居住在溪的两岸，形成小桥流水人家的画卷，有古民居、古桥、古亭、古树等景观，穿村而过的清澈小溪映照着浣衣女美丽的身影，倒映着岸边的粉墙黛瓦。朋友给的一份小资料这样介绍：李知诚，字德实，生于宋绍兴巳未二月初二。自小崇尚习武，乡试中武举人，乾道二年会试中武进士，后经孝宗亲试被拔为第一甲第一名，成为武状元。现存的李知诚故居建于明代，因其院内有一鱼塘，当地人就叫它鱼塘屋。鱼塘屋地处李坑村西，整套院落灰墙黛瓦，飞檐雕窗，建筑装饰疏朗淡雅。鱼塘屋后院有棵八百余年的紫薇树，树干只有半边，看似衰老不堪，只靠树皮吸收养分，但至今仍旧开花，且花期长达九十天。故有诗赞叹：谁道花无百日红，紫薇长放三月久。

上网搜索，百度百科李知诚条下有记：李知诚少时家贫，但不为生活所难，仍苦学不倦。后因乡里常出虎患，就兼学武艺，借以保民平安。时值金兵南侵，朝廷为此不安，经乡友的指点，他又学会了十八般武艺。经乡试后，考中武举人。南宋乾道二年（一一六六年），他进京应试武进士，在会试中考中武进士。随即孝宗皇帝命他代表朝廷向地方宣扬朝廷旨意，安抚百姓，并巡察官吏，采访民情，伸民冤屈，以及措置营田等事务。当时，孝宗主张抗金，重用抗金之士，斥退秦桧余党，并追复抗金名将岳飞及其子岳云的官爵，依礼重新安葬，录用岳飞的子孙，朝野上下为之一振。但是，孝宗是高宗的养子，没有高宗的眷顾，他是当不上皇帝的，因此，他对高宗十分孝顺，他虽于高宗绍兴三十二年（一一六二年）由高宗内禅继位，但他每月必须四次朝拜太上皇高宗，曲意侍奉。然而高宗素来主张和议，不赞成对金用兵。因此每当孝宗向他陈述收复大计时，高宗渐渐不快，有一次，他干脆对孝宗说："抗金之事，待我百年之后，你再议论。"从此，孝宗在高宗面前再也不敢提及此事。李知诚深感自己虽有一身武艺，也难用上，况且自己担任的抚谕使，并无多大实权，也不是朝廷的常设机构，因此遂辞官归里。李知诚归里后，开办武术馆，教授乡里子弟练武，以求保卫乡里和自己的武艺后传有人！

上述三条零星材料，前两条认定李知诚是武状元，后一条只认定是武进士。我热爱故乡，期望故乡出状元，没有文状元，武状元也好，尽管武状元在历史上并不太受重视，不能与文状元相提并论。但历史事实不以我的意志为转移，随着材料收集范围的扩展和甄别、比对的深入，我的良好愿望落了空。

梳理一下我目前查到比较正规的出版物资料，认定李知诚为武状元的有以下三条：

一，熊良华主编的《上饶历史文化丛书》全套共四册《上饶历史文化名人》《上饶历代诗词选集》《上饶民俗风情荟萃》《上饶名胜古迹撷粹》（中国文联出版社二〇〇六年版），其中《上饶名胜古迹撷粹》一书载有一篇《似诗如画的婺源古村落》的文章，文中介绍李坑村时提到李知诚："南宋乾道三年的武状元李知诚，是位儒将，授忠翊，改武经郎，转军抚司事。"

二，清光绪七年（一八八一年）吴坤修等修、冯焯续纂《重修安徽通志》卷一五四《选举志》，其中乾道丙戌年下有载："李知诚，婺源人，第一名，军抚司事。"

三，叶义银主编的《婺源县志》（档案出版社一九九三年版）第二十四篇《人物》之"人物传"下不载李知诚条，但在"人物表"中，有"李知诚，李坑，乾道，武状元，军抚司"的记载。

我认为这三条材料都靠不住，理由如下：

一，高中状元是地方大喜事，县志必大书特书，但查光绪版和民国版《婺源县志》，均不见载李知诚中状元之事。县志漏载状元生平事迹，是不可想像的。

二，查赵英整理的《中国历代文武状元名录》，收录有历史记载的武状元二百九十余名，其中宋代武状元七十四名，但无李知诚之名。新版《婺源县志》认定李知诚是宋孝宗乾道年间武状元，但据可靠史料记载，乾道年间只举行了三次科举会试，分别是乾道二年（一一六六年）、乾道五年（一一六九年）、乾道八年（一一七二年），三科文状元分别是萧国梁（良）、郑伊、黄定，武状元分别是蔡必胜、赵鼒、林宗臣。我查阅了多部有关科举的著述，对三科文武状元的认定高度一致，从无异议。《重修安徽通志》认定李知诚是丙戌年（一一六六年）武科第一名，显然站不住脚。而《上饶名胜古迹撷粹》之《似诗如画的婺源古村落》一文说李知诚是"南宋乾道三年的武状元"，更是不靠谱，因为乾道三年（一一六七年）非进士会试年，不可能产生文武状元。

三，傅璇琮主编，龚延明、祖慧撰《宋登科记考》（江苏教育出版社二〇〇五年版）卷十《孝宗乾道二年》开列该年"武举正奏名进士二十人”，状元是蔡必胜：“【蔡必胜】字直之。温州平阳县人。乾道二年武举殿试第一名，授成忠郎。累迁知庐州。宋叶适《水心先生文集》卷一七《蔡知閤（必胜）墓志铭》，《宋会要·选举》八之一二《亲试》，《弘治温州府志》卷一三《人物·科第·武科》，《光绪浙江通志》卷一二九《选举》七《宋·右榜进士》。”本书中还载该科殿试第二名李可久，第三名林桂，李知诚列名进士：“【李知诚】徽州婺源县人。乾道二年武举登进士第。《光绪安徽通志》卷一五四《选举志·武进士·宋》。”

《宋登科记考》是学界公认的一部权威著作，它转引《光绪安徽通志》的材料认定李知诚是武进士，不是武状元，因为有充分而确凿的证据表明，该科武举第一名是蔡必胜无疑。可参见董海、王鸿鹏主编的《中国历代武状元》：“蔡必胜（一一三九至一二〇三年），字直之，原籍莆田（今福建省莆田），后徙居温州府平阳县万全乡步廊村（今浙江省温州市平阳县）。南宋孝宗乾道二年（一一六六年）丙戌科武举第一人。”本书由图书馆专业人员在占有大量古代典籍历史文献的基础上编撰而成，以武状元为线索，串连起一千二百年武科举制度的产生、发展和消亡的历史，在中国历代武状元数量和生平事迹的挖掘上填补了许多空白，取得了丰硕的成果，是目前历代武状元搜集人数最多、内容最翔实可靠的一部专著。

综上所述，我的结论是：李知诚是乾道二年武进士，但决非武状元！当然，武状元之说并非空穴来风，源头在上面提到的清光绪七年（一八八一年）编修的《重修安徽通志》。一般认为，《重修安徽通志》是清代编修的安徽省志中最系统、体例最为完备的一部，不仅内容丰富，包含政治、经济、军事、文化等方面，而且具有鲜明的安徽地域特色。这样一部权威的志书，在史上并无争议的情况下（不似宋神宗熙宁九年武状元一说郭璟一说薛奕、宋哲宗元祐六年武状元一说贾君文一说辛育、宋宁宗嘉泰二年武状元一说林仲虎一说叶漴），怎么可能会把丙戌科武状元的名字搞错呢？对此我百思不得其解。或许，问题出在李知诚的家谱，可惜我无法查阅到。我以为，李知诚非丙戌科武状元一事可以定论，新版县志重修时当纠错，避免以讹传讹。

张学良记错了

张学良口述、唐德刚撰写的《张学良口述历史》（中国档案出版社二〇〇七年版）一书曝出许多猛料：什么叶公超好色，泡上一个长得相当漂亮的商家太太啦；什么顾维钧和一位杨太太当着朋友的面上楼亲热，还生了个女儿，顾太太知道后指着杨太太破口大骂，还拿茶水朝顾维钧头上哗哗浇下去啦；什么中外都算上，白人、中国人，那个嫖的不算，花钱买的、卖淫的不算，张学良他有十一个情妇啦，如此等等，花色纷繁，读来很过瘾。

这本口述历史，是张学良在重获自由后主动邀请唐德刚做的，他随兴而谈，随意而至，虽流于细碎，却趣味盎然，往往于不经意间，好比在历史的铁屋子里，开出一片极窄的天窗，露出来的，是遍寻史书也不能得的真实，比如张作霖吃饭，四菜没汤；张作相节俭，一个鸡蛋分两餐；蒋介石的派头，胡汉民的牢骚，吴佩孚的浪得虚名，阎锡山的见风使舵，孙传芳的不甘寂寞……都是亲历的故事和细节，比后人捕风捉影拼凑出来的材料可信度要高。

但时间长了，记忆也难免出错。

张学良在谈到王亚樵派孙凤鸣刺杀汪精卫时说，孙凤鸣那时还没有老婆，在他当刺客的头一天晚上，“王亚樵把太太给他睡一宿”。接着又说，王亚樵死也是死在这个女人手里，后来到了梧州，她把他出卖了，“这个女人和戴笠勾结打他”。

此说似与真实情况有出入。据沈醉之女沈美娟在《职业杀手——王亚樵》（中国文史出版社二〇〇三年版）一书中说，她曾采访过多次参与王亚樵暗杀活动的华克之，并从父亲那里得知了戴笠早年与王亚樵的交往以及最后反目成仇、王亚樵终被戴笠诱杀的详细经过。

书中记载，一九三五年，王亚樵和部分门徒云集香港，在胡汉民等人的支持下，酝酿暗杀蒋介石以及汪精卫等政府首脑人物的计划。王亚樵认为，可以在南京设立一个通讯社，以记者的身份去调查蒋介石等人的行踪。他派得意门徒华克之负责，带领孙凤鸣、张玉华等人前往南京租房，申办“晨光通讯社”。同年十月，得知国民党将于十一月一日在南京中央党部礼堂召开四届六中全会，认为这是刺杀蒋介石、汪精卫的大好时机。孙凤鸣主动要求承担此次刺杀任务。华克之即让张玉华以“晨光通讯社”的名义去申请六中全会的记者出入证，他自己负责善后工作。十一月一日，孙凤鸣以记者身份进入中央党部大院，只见汪精卫率中央委员们在礼堂大门口合影留念，可是却不见主要刺杀目标——蒋介石。

孙凤鸣见蒋介石没露面，中委们合影后开始走动，就毫不犹豫地举枪射向汪精卫。汪精卫连中三枪倒地，孙凤鸣也被卫士开枪击倒在地，当晚便死在医院。蒋介石气急败坏，命戴笠速速缉拿王亚樵。

王亚樵初到香港时，胡汉民曾请香港总督关照他，说他是反蒋人士，不是刑事犯。刺汪案件发生后，大批特务涌到香港。香港情报处立即告知王亚樵，让他谨慎行事，所以特务们在香港多日，也未能找到王亚樵的行踪。戴笠情急之下，亲自带人赴港，虽未捉到王亚樵，却将他的亲信余立奎等人逮捕，要求以刑事罪引渡。当时中英双方正在大谈“中英友善”，英国政府便电令香港总督将余立奎引渡，协助逮捕、引渡王亚樵。王亚樵万般无奈，只好带部分亲信避往西南派人士李济深的老家——广西梧州。

余立奎被捕后，他的夫人余婉君常去探监，被戴笠盯上了，派手下陈亦川暗地跟踪她，还给她送礼、送钱，企图打听王亚樵的去处。余婉君一直很尊重王亚樵，开始什么都不肯说，后因救夫心切，余婉君终于经不住戴笠手下的诱骗，在得到不杀王亚樵的保证后，说出王亚樵的藏身之地。陈亦川立即和十几个军统，带着余婉君去梧州。余婉君通过李济深找到王亚樵。王亚樵是个重情重义的人，马上派人给她租房子。一九三六年十月二十日，王亚樵去看望余婉君，结果中了埋伏，倒在军统的枪口下。

可见，王亚樵并不是像张学良说的那样被太太出卖，而是被余立奎的夫人余婉君出卖。

酬赠诗中的名作

按一般定义，酬赠诗是古代文人用来交往应酬的诗歌或者赠给亲友同人的作品。与今人靠酒肉交友不同，古人以诗交友，以诗言志，因此常常把诗歌作为结识朋友的手段，朋友之间常常互相唱和，此谓“酬唱”；有所感受，有所表达，有所思念时，也常常赠诗给亲友，以明其情志，此所谓赠诗，二者并称酬赠诗。

酬赠诗难出名作，像李白《赠汪伦》、朱庆馀《近试上张籍水部》、元稹《酬乐天频梦微之》等诗界公认的酬赠佳构难得一见，两两都成名作的酬赠诗更是寥若晨星。其中白居易写给刘禹锡的赠诗和刘禹锡致白居易的酬谢诗，当是个中翘楚。

白居易在著名诗人顾况的大力举荐下成就诗名，他初与元稹相酬唱，号为“元白”，陈寅恪有《元白诗笺证稿》行世。后又与刘禹锡齐名，称为“刘白”。白居易作为中唐新乐府运动的主要倡导者，仕途却颇不顺，屡屡因得罪权贵被贬。与柳宗元同榜考中进士的刘禹锡也因参与“永贞革新”告败被贬为连州刺史，后加贬为朗州司马。刘禹锡奉诏还京后，又因诗中“玄都观里桃千树，尽是刘郎去后栽”句而触怒权贵，再度遭贬为连州刺史、江州刺史、夔州刺史、和州刺史。两位大诗人同病相怜，惺惺相惜。

敬宗宝历二年（八二六年），刘禹锡罢和州刺史返洛阳，途经扬州，至此他已外放达二十三年之久。是时，白居易恰好自苏州刺史卸任，两人在扬州相逢。有道是酒逢知己千杯少，两位大诗人把酒言欢，一醉方休。

酒助诗兴，白居易即席吟就一首《醉赠刘二十八使君》送给刘禹锡，诗曰：

为我引杯添酒饮，与君把箸击盘歌。
诗称国手徒为尔，命压人头不奈何。
举眼风光长寂寞，满朝官职独蹉跎。
亦知合被才名折，二十三年折太多。

刘禹锡在族中同辈男丁中按长幼排序为第二十八位，故有“刘二十八”之称。古人常这样称呼别人，以示亲切。白居易在诗中一方面对刘禹锡的不幸遭遇深表同情与不平，一方面又委婉表达了对刘禹锡诗才与名望的崇敬之情。

刘禹锡大为感动，当即作《酬乐天扬州初逢席上见赠》诗答谢，诗曰：

巴山楚水凄凉地，二十三年弃置身。
怀旧空吟闻笛赋，到乡翻似烂柯人。
沉舟侧畔千帆过，病树前头万木春。
今日听君歌一曲，暂凭杯酒长精神。

全诗感情真挚，起伏跌宕，沉郁中见豪放，以形象的画面表现抽象的哲理，旨趣隽永，具有很强的艺术感染力。首联概写谪守巴楚、度尽劫难的经历。“凄凉地”“弃置身”，虽语含哀怨，却在感伤中不失沉雄，凄婉中尤见苍劲。二联感叹旧友凋零、今昔异貌。“闻笛赋”“烂柯人”，借典寄慨，耐人寻味。三联展示的却是生机勃勃的景象，寄寓作者面对困厄的豁达襟怀。尾联顺势而下，感谢朋友的好意，请同杯共饮，以振精神。诗中名句“沉舟侧畔千帆过，病树前头万木春”，早已家喻户晓，千古传诵。

上天庇佑爱牛人

春日下乡，见牛负重耕田，主人扶犁挥鞭，老牛默默前行，心中顿时生出敬意来。

我们常常把勤勤恳恳、任劳任怨工作的同志比作“老黄牛”。其实牛也是知道苦和累的，元代词人姚守中所作散套［中吕·粉碟儿］《牛诉冤》，用拟人化手法，真切地道出一头将被屠杀的老牛心中的冤屈：

性鲁心愚，住烟村饱谙农务。丑则丑堪画堪图，杏花村，桃林野，春风几度。疏林外红日西晡，载吹笛牧童归去。

【醉春风】绿野喜春耕，一犁江上雨。力田扶耙受驱驰，因为主甘分受苦，苦、苦。经了些横雨斜风，酷寒盛暑，暮烟晓雾。

【红绣鞋】牧放在芳草岸白蘋古渡，嬉游于绿杨堤红蓼平湖，画工描我在远山图。助田单英勇阵，驾老子蓦山居，古今人吟未足。

【石榴花】朝耕暮垦费工夫，辛苦为谁乎？一朝染患倒在官衢，见一个宰辅，借问农夫，气喘因何故？听说罢感叹长吁，那官人劝课还朝去，题着咱名字奏鸾舆。

【斗鹌鹑】他道我润国于民，受千辛万苦。每日向堰口拖船，渡头拽车。一勇性天生胆气粗，从来不怕虎。为伍的是伴哥、王留，受用的是村歌社鼓。

【上小楼】感谢中书部，符行移诸处。所在官司，禁治严明，遍下乡都。里正行，社长行，叮咛省谕：宰耕牛的捕获申路。

【满庭芳】衔冤负屈，春工办足，却待闲居。圈门前见两个人来觑，多应是将我窥图……好教我心惊虑，若是将咱卖与，一命在须臾。

【十二月】心中畏惧，意下踌躇。莫不待将我衅钟？不忍其觳觫。那思想耕牛为主，他则是嗜利而图，被这厮添一买我离桑枢，不睹是牵咱过前途。一声频叹气长吁，两眼恓惶泪如珠。凶徒！凶徒！贪财性狠毒，绑我在将军柱。

【耍孩儿】只见他手持刀器将咱觑，唬得我战扑速魂归地府。登时间满地血模糊，碎分张骨肉皮肤。尖刀儿割下薄刀儿切，官秤称来私秤上估。应捕人在旁边觑，张弹压先抬了膊项，李弓兵强要了胸脯。

【幺】食我者肌肤未肥，卖我者家私不富。若是老病残疾，卒中身亡，不堪耕锄。告本官，送本都，从公发付，闪得我丑尸不着坟墓。

【二】却不道闻其声不忍食其肉，划地加料物宽锅中烂煮。煮得美甘甘香喷喷软如酥，把从前的主雇招呼。他则道三分为本十分利，那里问一失人身万劫无。有一等贪餔啜的乔人物，就本店随机儿索唤，买归家取意儿庖厨。

【三】或是包馒头待上宾，或是裹馄饨请伴侣。向磁罐中软火儿葱椒火乌，胜如黄犬能医冷，赛过胡羊善补虚。添几盏椒花露，你装的肚皮饱旺，我的性命何辜。

【四】我本是时苗留下犊，田单用过牯。勤耕苦战功无补，他比那图财害命情尤重，我比那展草垂缰义有余。我是一个直钱底物：有我时田园开辟，无我时仓廪空虚。

【五】泥牛能报春，石牛能致雨。耕牛运土遭诛戮，从今后草坡边野鹿无朋友，麦垅上山羊失了伴侣。那的是我伤情处，再不见柳梢残月，再不见古木昏乌。

【六】筋儿铺了弓，皮儿鞔做鼓。骨头儿卖与钗环铺，黑角儿做就乌犀带，花蹄儿开成玳瑁梳。无一件抛残物，好材儿卖与了靴匠，碎皮儿回与田夫。

【尾】我元阳寿未终，死得真个屈苦。告你阎罗王正直无私曲，诉不尽平生受过苦。

牛一生受尽苦，上天都庇佑爱牛人。近读被黄裳称为“绝代散文家”的张宗子所著散文集《花屿小记》，在《夜叉》一文中见有相关传奇故事。作者说，关于夜叉，最著名的一个传说是这样的。在河南汝州，一个乡村女孩突然失踪，过了两年，女孩自己回家了，据她说，她在熟睡中被夜叉摄走，安置在一座古塔里。夜叉化身为身材高大的美男子，寻常城里人打扮，说话很和蔼。他告诉女孩子：他是天上的仙人，注定要和她做夫妻。但他接着警告女孩不要往塔外看，会吓着她的。一年后的某一天，女孩忍不住从窗洞偷看，果真吓坏了：那男子火红头发，靛蓝皮肤，像大鸟一样在空中飞驰。但一降落到地上，忽然又恢复了衣冠整齐的人形。夜叉知道自己的真身被窥破后，承认自己是夜叉，但不会伤害她。此后，他出行就由她随便看了。看久了，女孩注意到，在人群中穿行，遇到有的人，夜叉恭恭敬敬地避开。遇到另外的人，夜叉知道女孩在看，就搞点恶作剧，故意踩他们一脚，甚至朝他们脸上吐唾沫，被整的人尽管恼怒，却看不到是谁。女孩问起为何对人有两种态度，夜叉说，凡是吃牛肉的，他可以捉弄，遇到不吃牛肉的，不可冒犯，否则要受上天惩罚。

这个故事出自段成式的《酉阳杂俎》。作者说，其实，这件事在张读的《宣室志》里也有，不过事情发生地是湖南，被劫者是商人之女。和段成式的故事不同之处在于，张读书中的夜叉没有那么绅士，他劫走女孩完全是土匪行为，最后被迫放走女孩，是女孩知道上天庇佑爱牛之人后，发愿终生不食牛肉，夜叉无奈，只得离去。

两处记载都提到不吃牛肉的人得到上天敬重，即使夜叉也不敢侵犯。

做人还是要有悲悯之心，要懂得感恩。

劝人读诗

在台湾众多的出版社中，作家隐地创办的尔雅出版社是出版诗集最多的文学出版社。据隐地在他编的《白先勇书话》一书中回忆，这番用心源自他的老朋友、著名作家白先勇。

尔雅出版社创办于一九七五年，前三年只出版小说、散文。有一天，白先勇把杜国清的诗集《望月》交给隐地，对他说："诗集是出版界的票房毒药，但是一个文学出版社无论状况多么困难，一定要出版几本诗集，没有诗集，就不能算是一个文学出版社。"这话让隐地牢记了一辈子。正是从出版杜国清的《望月》开始，尔雅出版社每年都坚持出版几本诗集，后来还请诗人陈义芝编了一本《尔雅诗选》（尔雅创社二十五年诗精华）。隐地说："要不是白先勇当初提醒我出版诗集，说不定尔雅至今仍只出小说和散文。对一个号称文学出版社的出版业者来说，将是多么大的一种遗憾。"

既然决定了要持续不断地出版诗集，隐地自己平时就要多读诗、多与诗人接触，这样才能保证尔雅出版的诗集的品质。让隐地没有想到的是，大量读诗、频繁与诗人接触、坚持出版诗集的结果，使他有了意外收获：五十六岁那年，他竟然写起新诗来，并一发不可收拾，连续出版了多本诗集，被人戏称为“台湾最年轻的诗人”。回想起这段神奇的经历，隐地不无感慨地说：“作家，特别是小说家肯接纳新诗的并不多，但这么多年一路走来，我慢慢发现，文章从少年写到老年，能像酿酒似地愈写愈醇美，一定会读新诗旧词。”

散文大家王鼎钧也一再劝人读诗，他用诗一般的语言说：“我在没有灵感的时候，一读诗，源头活水就来了。我在缺乏想像力的时候，一读诗，思想就生出翅膀来了。我对写作丧失自信的时候，一读诗，就又有了勇气。”

我没有诗才，不会写诗，但喜欢读诗，是许多诗人的忠实粉丝。我的书架上不仅有唐诗宋词以及普希金、埃利蒂斯、帕斯、艾略特、卡尔费尔德、希姆博尔斯卡、特兰斯特罗默等大诗人的诗集中译本，还有余光中、洛夫、北岛、郑愁予、席慕蓉、舒婷、周涛、翟永明、欧阳江河、西川、王家新、雷平阳等诗人的诗集签名本。这些签名本，有的是我找诗人当面签的，有的是辗转托朋友代签的，每一本都来之不易。北岛、郑愁予来厦门参加鼓浪屿诗歌节，我不怕别人笑话，像“追星族”一样追着他们要签名、求合影。收集诗人的签名本，是我向他们致敬的一种方式。

央视一档《中国诗词大会》节目催生了读诗热。读诗是美好的事情，我们一起来读诗吧。

辑三　这些书

“季世儒者”洪业的“信史”

洪业，号煨莲，一八九三年生于福州，少年早慧，一九一五年留美，一九二三年学成回国，参与创建燕京大学，历任燕大历史系教授、系主任、文理科科长（又称教务长）、图书馆馆长等职。一九四六年后赴美，担任哈佛燕京学社研究员，与钱穆、顾颉刚、陈寅恪等同为史学大家。

之所以要先做这样的介绍，是因为在本行之外，知道洪业这个名字的人不多。宋史学家刘子健曾为此专门写过一篇题为《洪业：少为人知的史家和教育家》的文章，讨论洪业的史学功力不亚于钱穆、顾颉刚、陈寅恪，整理国故比胡适更有成绩，为何声望远不如这几位大师？

这是一个让史学界很纠结的问题。余英时对顾颉刚和洪业进行比较研究后认为，以世俗的声名而言，顾颉刚远大于洪业，但以实际成就而论，则洪业决不逊于顾颉刚。作为史家，洪业集中精力做基础工作，为他人作嫁，主持编纂出版了《礼记引得》《春秋经传引得》等经史子集各种引得（索引）六十四种、八十一册，为了选最佳版本，上承乾嘉，反复考证源流，让没有熟读古书的人亦可言之有据，在中国学术史上是很重要的贡献，迄今仍嘉惠后学。此外，洪业撰著的《中国最伟大的诗人杜甫》一书，在汉学界是影响深远的一本杰作。作为教育家，洪业有计划地培养了一大批出色的史学家，包括治春秋战国史的齐思和、治汉史的瞿同祖、治魏晋南北朝史的周一良和王伊同、治唐史的杜洽、治宋史的聂崇岐、治辽史的冯家升、治元史的翁独健、治明清史的杜联喆、治清史的王锺翰；还有治考古的郑德坤、治佛教的陈观胜、治历史地理的侯仁之和谭其骧、治方志的朱士嘉、治海上交通的张天泽和治制度史的邓嗣禹。洪业把大量时间和精力放在培养训练学生上，著述又不求闻达，自然少为人注意了。

曾与白睿文合作英译王安忆《长恨歌》的传记作家陈毓贤，长年与洪业交往，近距离观察，并且在两年半的时间里先后当面访问录音三百多个小时，对洪业多姿多彩的一生有深刻的理解和同情，奋力写成这部被学界称誉为翔实“信史”的《洪业传》（商务印书馆二〇一四年版）。在书中，陈毓贤把洪业称为“季世儒者”。“季世”指的是一个历史时代的末段。白先勇认为，“季世儒者”这个称谓，精确而概括地描述了洪业的人格和他相处的时代。洪业生长于民国季世，历经惊涛骇浪的社会巨变，却始终能保持守正不阿、进退有据的儒家精神。陈毓贤称洪业为“儒者”，是对他至高的礼敬。

身材修长风度翩翩的洪业不仅学问做得好，而且演说才能也好生了得。书中记载，巴黎和会英、法、意支持日本继承德国在中国山东的权益，美国总统威尔逊竟不假思索便表示赞同，留美中国学生深感有责任游说美国，把和约驳回。洪业为此做了一百多次的演说，大受欢迎，以至于一九二二年司徒雷登要替成立不久的燕京大学在北京西郊建校舍，特请洪业在美国各地演说募捐，一年半募得二百多万美元。后来洪业到燕大投入学术，胡适晚年为司徒雷登的自传作序时，还特别表扬洪业提高了燕大的学术地位。

枯涩是一般传记作品的通病，但《洪业传》文笔生动，细节丰茂，有极高的可读性。作者坦承，全书约百分之八十根据洪先生的口述，是洪先生以自己的观点叙述往事；另一成是根据作者对洪先生本人、亲友以及环境的印象写的；其余一成，则根据作者与洪先生的学生旧友书信往来等各种探讨。洪先生经历丰富，口才极佳，说话幽默风趣，记忆力又好，许多细节娓娓道来，有些事乍听“比小说还离奇，后来竟被印证了”。读这样的传记，有如当面聆听洪先生绘声绘色讲故事，真是一种享受。

淘书那些事儿

爱书人淘书就像爱漂亮的女子逛街挑衣服一样，有许多有趣的故事。近来读书界津津乐道的《买书记历：三十九位爱书人的集体回忆》（中华书局二〇一四年版）一书，作者都是当下名头响亮的藏书家，听他们绘声绘色讲述淘书那些事儿，让我不禁想起茨威格小说《看不见的珍藏》结尾的话："收藏家是幸福的人！"

陈子善教授是读书界的名人，他用八个字来形容读这本书的感受："津津有味，倍感亲切。"这也是我读此书的真实感受。止庵、傅月庵、谢其章、胡文辉等三十九位爱书人集体回忆他们买书的经历，虽然文章有长有短，写法各各不同，但中文外文，古籍今籍，娓娓道来，可谓精彩纷呈，蔚为大观。我与其中的几位有过一面之缘，边读书边回忆在厦门琥珀书店听傅月庵闲聊台湾旧书店，陪赵国忠和谭宗远夜逛厦门书店、在鼓浪屿与陈子善微博对话的情景，倍感亲切。

我也是经常出入书店的人，有过在上海城隍庙、北京潘家园、苏州古旧书店等淘书的经历。一九九五年我还在北京解放军艺术学院读书时，有一次在潘家园地摊上以极低廉的价格淘到一套十三册的中华书局精装版《顾维钧回忆录》，这套一九八三年至一九九三年陆续出的大书后来在我写作反映日军侵占台湾五十年历史的长篇纪实文学《拥抱阿里山》（解放军出版社一九九八年版）时帮了大忙。查孔夫子旧书网，我手里的这套书现在已经卖到几千元了。二〇一五年的一个周末，我和书友结伴逛厦门一家旧书店，意外地在乱书堆中发现了一套我梦寐以求的人民文学出版社一九八一年版《鲁迅全集》。这套三十多年前出版的十六卷精装旧书，虽然纸张已经泛黄，有几卷的书角甚至被虫子啃坏，但我还是毫不犹豫地掏钱买下。喜滋滋地把书带回家，精心地一卷卷擦拭干净，然后窝在舒适的沙发上随意翻阅，很快在书中发现了几条有用的材料，并据此写成了两篇有趣的文章，发表后得到文友的好评。

当然，我的淘书经历与书中各位爱书人相比，真是小巫见大巫，自愧弗如。在这本书的作者中，《渔王村书肆之忆》的作者谢其章、《冷摊夺魂记》的作者柯卫东、《寻访老版本》的作者赵国忠算是前辈了，他们天不亮就出门，一人背一个双肩背书包，结伴乘公交车逛潘家园。逛完摊就凑在一起互晒战利品，海阔天空地神侃一气，然后再连续作战。《潘家园旧书摊忆往》的作者韩智冬出道也早，他家离潘家园只有一箭之地，占尽天时地利人和，因而不计得失，风雨无阻。

他曾有九字真言“许它没有，不许你不去”。该书的编者陈晓维感叹：“多少好书之徒持此大明咒念诵修行，终成正果。”

他们这拨人都赶上好时候，是捡过大漏的。赵龙江写的《拾到的知堂遗物》，说的就是他在中国书店书市，一块钱买到有鲁迅父亲伯宜公题写书名、周作人撰写跋语的小书《异书四种》。这是天上掉馅饼的美事，但馅饼只会往那些终日在旧书世界里恋恋风尘的脑袋上砸。王洪刚和艾俊川都精通版本，他们买书常能发现旁人估量不到的价值，因此可以人弃我取，披沙拣金。像王洪刚文中所说的配齐方以智《药地炮庄》和明版《四书金丹》，艾俊川买到插增甲本《水浒传》残叶，除了机缘，更有着扎实的版本学、古代文献知识做后盾。好书遇到伯乐，是人的幸运，更是书的幸运。

这些人中，不少是真正的书痴。哈尔滨的臧伟强为了心仪的珍本书不惜壮士断腕，千金买马骨。有时候他在拍卖会上的“非理性行为”，常常使朋友们担心他是不是真的疯了。为了研究一部书的版本，他可以大年夜把自己关在堆满藏品的办公室里，饿了泡碗方便面，困了就往沙发里一倒。曾在电影《神探亨特张》里把一个江湖骗子演绎得特别传神的东北人史航，凡是自己喜欢的书，总爱买了复本送人。因为他欣赏痴人贾宝玉，别人都是爱标榜人无我有，而贾宝玉是会为自己有玉，他人没有而生气的。他喜欢的作家的著作，总会留一两种放着，舍不得读。因为怕全都读完了，剩下的几十年人生不知该如何去度过。

该书编者陈晓维也是藏书家，文章写得好，他的书话集《好书之徒》是我的枕边书。谢其章称赞他的文字“有一点书话的元素，有一点随笔的风致，有一点考据的艰涩，有一点收藏的趣味”。他在该书“编后记”中说：“约编这样一本搜书文集，既是向未来抛出的一只盛满现世光华的漂流瓶，同时也是向旧时光投去最后的一瞥。”我想，藏书乐趣多多，淘书的故事会代代延续，永不枯竭。

张新颖解读沈从文的后半生

张新颖教授的书我原本读得不多，但是他几年前出版的那部阅读外国文学作品的随笔集《迷恋记》（上海书店二〇一〇年版）却给我留下深刻印象。他像谢泳一样，笔下文字没有学院派惯常的陈词滥调，体现了作者丰润的写作才情和严谨的学术品质。因此，他的新作《沈从文的后半生：1948-1988》（广西师范大学出版社二〇一四年版）甫一问世，我便怀着浓厚的兴趣一口气读完，忍不住赞一声："好书！"

一九〇二年出生、一九八八年去世的沈从文，前半生是一位活跃的天才作家，著有《边城》《湘行散记》等经典文学作品；后半生却被迫把对文学的满腔热情转向对杂文物的研究，在故宫博物院的青灯黄卷中浮沉，半路出家写出堪称服饰研究领域扛鼎之作的学术专著《中国古代服饰研究》。他的得意门生汪曾祺说："沈先生五十年代后放下写小说散文的笔，改业钻研文物，而且钻出了很大的名堂，不少中国人、外国人都很奇怪。”奇怪归奇怪，沈从文后半生是寂寞的，简直跟他的前半生判若两人。关于作家沈从文，我们读到了以金介甫《沈从文传》为代表的不少出色传记；而关于文物专家沈从文，在张新颖的新著《沈从文的后半生》问世之前，靠谱的传记难得一见。本书从风云变幻的一九四八年起笔，沿着沈从文生命的坎坷历程，翔实叙述他后半生的社会遭遇、个人选择和内心生活，真实再现他为始终不肯放弃的物质文化史和杂文物研究而做的超常努力和付出，让我们见证了沈从文面对不得不接受的命运是如何书写传奇的。

莫言获诺奖之前，国人有着很深的诺奖情结。不少人为了加重对沈从文的崇仰和表达遗憾，总喜欢这样说：“如果沈先生在世，肯定是一九八八年诺贝尔文学奖最有力的候选人。”而著有《沈从文精读》一书并在复旦大学中文系开设相关课程的张新颖则认为，获奖与否并没有那么重要，重要的是，我们对沈从文的认识能走到多远多深。他从一九八五年开始细读沈从文的作品，一九九七年写出关于沈从文的第一篇文章：《论沈从文：从一九四九年起》。二〇〇二年年底，《沈从文全集》出版，一千多万字中有四百万字沈从文生前没有发表过，这四百万字中的大部分又是一九四九年以来所写。读完这些，在沈从文的世界中久久徘徊不愿离开的张新颖，“产生出明确而强烈的写沈从文后半生的冲动”。后来接受记者采访时，张新颖说，二〇一三年完成《沈从文的后半生》书稿时，他想起一九九七年自己写沈从文的那篇文章，才恍然明白，原来十六年以前就有了这本书的“一个胚胎”。十六年磨一剑，终成正果。

普通读者对沈从文的印象，可能比较笼统，只知道由于政治或是命运里的无奈，他后半生不得不放弃心爱的文学创作转搞文物研究，其间受过很多苦等等，对他的认识停留在对其命运的同情上。连黄苗子都辛酸地感慨：“天安门城楼上的男女厕所，沈从文认认真真地天天去打扫，他像摩挲一件青铜器那样摩挲每一座马桶。”张新颖想做的事情，就是要把沈从文后半生的“笼统”说清楚。全书十七章、二十六万字，运用大量具体的事件和细节，力求把沈从文后半生的完整状态、他日常生活中的喜怒哀乐比较清晰地呈现出来，让读者对沈从文的后半生有个总体的把握。

张新颖认为，沈从文在时代大转折关口的精神危机和从崩溃中的恢复，成为他后半生重新安身立命，成就另一番事业的起点。因此，本书在呈现沈从文的半生经历、他在生活中所受磨难的同时，特别着力于呈现沈从文后半生漫长而未曾间断的精神活动。在时代的剧烈变动中，这种连续、细密、复杂的个人精神活动，清晰见证了一个弱小个人的全力挣扎，一个平凡生命以柔弱的方式显现的强大勇气和信心，一个“有情”的知识者对历史文化长河的深沉而庄严的爱。张新颖从中发现了沈从文真正关心的东西，那就是普通人日常生活中的喜怒哀乐、普通人在生活中的劳动、创作和智慧，所以他的文学世界不拒绝任何人，不排斥普通的读者。张新颖由此得出一个基本判断：对普通人所创造的历史的深深折服，是沈从文后半生钟情于杂文物研究的内心驱动力。正因为如此，在强大的潮流消退之后，原本弱小的沈从文从历史中站立起来，“走到今天和将来”。

像在《迷恋记》里经常读到大段引文一样，张新颖在《沈从文的后半生》中又“故伎重演”，“追求尽可能直接引述沈从文自己的文字，而不是改用我的话重新编排叙述”。有人对此不以为然，甚至感觉作者“耍滑偷懒”。但张新颖有自己的想法。他认为，呈现沈从文丰富、复杂、长时期的精神活动，不能由推测、想像、虚构而来，必须见诸他自己的表述，“我不能代替传主去想、去说、去做；我也不把传主所想、所说、所做，转换成我自以为是的表达方式”。况且沈从文是作家，留下了大量的文字材料可以引述。我是认同这样写作传记的。比起作者代替传主表达，我更愿意看到传主自己直接说话。

补记

张新颖写完《沈从文的后半生》，又回过头来写了《沈从文的前半生》（上海三联书店二〇一八年二月版），讲述在中国历史变动的一九〇二年至一九四八年间，沈从文的辗转流荡，“传奇”与平常，“人格放光”与精神痛苦。先讲“后半生”再说“前半生”，“倒像一个人活到生命的终点，又回头看自己过去的一生，很多事情自然多了许多意味”。

陈寅恪的学说

被誉为“教授之教授”的陈寅恪先生，是二十世纪中国杰出的思想家和历史学家，他在学术界的权威地位，很少有另外的学者像他一样得到当时后世一致的承认。陆健东先生的学术专著《陈寅恪的最后二十年》成为图书市场的畅销书，正是这种影响的合理延续。

我读过陈寅恪先生的《隋唐制度渊源略论稿》《唐代政治史述论稿》《陈寅恪史学论文选集》《柳如是别传》等多部著作，对陈先生“其人其学其时其世其哀其痛”似微有所悟，但限于个人学养，不能做到通解。刘梦溪先生将他所认识到的陈先生之学说内涵和研究方法，做一简括的梳理，著成接地气的《陈寅恪的学说》（三联书店二〇一四年版）一书，大大增加我对陈先生的“了解之同情”。

刘梦溪先生是中央文史研究馆馆员、中国文化研究所所长、《中国文化》杂志主编和艺术美学暨文学思想史方向博士生导师。他主编的“中国现代学术经典”丛书，曾在中国文化界引发学术波澜，影响至今仍然深广。我曾在报上撰文推介过刘先生的随笔集《书生留得一分狂》。他新推出的《陈寅恪的学说》一书，从陈氏学说的多重面向加以梳证，共分八章：第一章，学问人生和心路历程；第二章，工具·材料·观念·方法；第三章，打通文史和追求通解通识；第四章，“中西体用”的文化态度；第五章，种族与文化的学说；第六章，陈氏阐释学；第七章，佛典翻译和文体革新；第八章，陈寅恪学说的精神维度。另有附录“陈寅恪的学说为何有力量”，是刘先生二〇一三年在陈寅恪国际学术研讨会上的演讲。

陈寅恪先生的学说博大精深，刘先生“不避寒暑，不择刚柔，不分昼夜，以诵读为课业，反复钻味”，故了然于胸，言辞成章，仅用十余万字便理清脉络，足见下了大工夫。业内人士评价说，《陈寅恪的学说》一书写作风格近于《陈寅恪的最后二十年》，而内容又近于对《陈寅恪集》的整体把握提炼，无论对于研究陈寅恪学说的资深学者，还是对于普通的历史文化和学术思想爱好者，都是很有意义的参考读物。虽说“简括”，却包含作者多年来研究陈先生最为精深的思考和体验，庶几达于“神理相接”，见证见悟，兼具学术性与可读性。

解读陈先生的学说有多种路径，刘先生注重从文本出发，忠实原典，结合义宁之学的渊源和时代环境勾索陈著各种文本的内在逻辑，三复其义，“以陈解陈”，循此路向释证陈氏学说，直至把握陈氏学术创获与方法的简明通透之进路。在《打通文史和追求通解通识》一章中，刘先生认为，陈先生之所治学，既有通人之识，又完成通人之学。陈学之通，一是通古今，二是通中西，三是文史打通。虽说以诗文来证史并非陈先生的发明，但陈先生的独特之处在于，将此种治史方法系统化、完善化，赋予新的解释理念，形成新的学术文体，融史才、诗笔、议论于一炉，既以诗证史，又以诗说史，在诗、史互证中达到通解。在这方面，《元白诗笺证稿》就是一个显例。在"陈寅恪学说的精神维度"一章中，刘先生指出，陈先生学说的观念依据和研究方法，其平生治学累积的重大创获，与他的为学境界和人格精神互为表里，内外无间，故"独立之精神，自由之思想"成为他终身所坚持并为之奋斗的目标。

陈先生的著作里有一种顶天立地、独立不倚的精神，充满恒定的精神信仰力量。这是当今治学者应当用心体察的。

黄永玉笔下的闽南风情

“你听说过厦门那地方吗？是一个岛，周围都是绿绿的海水，对门还有个岛，叫作鼓浪屿，是房子大的岩头堆出来的，岩头爿爿里都是花，都是树，树底下盖了一座座洋房子，洋房里头有人弹钢琴，弹六弦琴，拉手风琴……厦门沿海岸边上竖着好多彩色太阳伞，伞底下是茶桌子，卖咖啡、牛奶、冰淇淋……”

在人民文学出版社二○一六年推出的长篇小说《八年》上卷中，黄永玉（书中名叫“张序子”）带着顾修之伯伯描绘的美好情景，跟着二叔辗转来到厦门集美学校读书。船靠岸后，黄永玉先在厦门住了几天，“玻璃窗外看得见海，海堤上果然像顾伯伯讲的，有一排人在大布伞底下弹琴唱歌”。目光朝远处看，“海那边果然有岛，好多大石头，好多绿树，就是鼓浪屿”。二叔带他出去吃饭，街上“都是洋房子，最特别是树，树上都开满了花，白的、红的，大树上怎么开这么好看的花，细细的叶子，透出清香，一层又一层”。十二岁的黄永玉好奇地东张西望，“一路上两边都是书上见过的长刺的‘仙人掌’，三个人、四个人高；还有大舌头的‘龙舌兰’”。进到一家饭店楼上，有人端了个茶盘上来，连声说：“夹带！夹带！”上菜了，“汤盆子像脸盆，放三条泡在汤里的大鱼。另一口汤盆子满满装着手指头大的长蚌壳，汤面上晃着彩虹颜色。又端上来两大长木盘的螃蟹，绯红，像刚上过红漆那么鲜亮”。小小年纪就到过长沙、武汉三镇、安徽、杭州、上海的黄永玉，就这样爱上厦门，爱上集美，爱上安溪，爱上整个闽南……

这部三十多万字的《八年》上卷，描绘的正是抗战期间，黄永玉在集美、安溪、德化等闽南地域求学的点点滴滴。他不是世俗意义上的好学生，正经课不上却整天泡在图书馆读杂书，考试成绩总过不了关，连年留级。但奇怪的是，老师们不仅不歧视他，还都愿意和善于独立思考的他做朋友。教历史的宋先生上课，“不太注意学生有没有小动作”，对学生提出的怪问题也耐烦听。“司马迁写《史记》，司马光编《资治通鉴》，都在弄历史，都姓司马，是不是祖传？”学生提这样的问题，会把我们今天的中学老师气死，但当年集美学校的宋老师却说：“呀！我从来没这么想过……哪个有空帮我到图书馆去查一查，看他们两个姓司马的，都研究历史，是不是真有点遗传关系？查出来，有了结果，那真是个大发现，我这个做先生的也觉得光荣。”还有那个毕业于南京中央大学艺术系的美术老师朱先生，从不问黄永玉的功课，却正是他因材施教，把黄永玉引上绘画之路。还有许先生、李先生、汪先生、吴先生、黄先生、曾先生……

这些开明的先生是他“心里头的神圣，一辈子供奉的灵牌神位”，因为正是他们给予他“课本和分数以外的人格影响和指引”，“以后，一辈子用的就是它了”。

这部书最吸引我的，还是黄永玉笔下的闽南风情。他的记忆力好得惊人，无论是先生的名字、同学的名字，还是当年走过的路、吃过的海鲜，巨细无遗记得一清二楚。他记得闽南的功夫茶“除了晓得喝下去死不了之外，味道完全和毒药一样”；记得厦门的“知了”绿绿的，个子小，叫声文雅像弹六弦琴；记得泉州的路牌刻着汉文、阿拉伯文；记得安溪文庙环城马路浅坡底下一列龙眼树和菜园，那个叫“参内”的村庄离安溪城大约十五里，“在东边方向，沿兰溪左岸往上走，翻过一座好走的山就到了”……更让在厦门生活了三十多年却不会说闽南语的我感到不可思议的是，他在闽南只呆了几年，不仅学会了闽南话，而且七八十年后的今天还说得很溜，并在书中运用得非常精准。可以说，巧妙使用闽南方言，是本书最大特色。什么“按胖”“扛疼”“令白”“卡冲”“炸摩”“阿呀卖”“努考伯咯”“努松细哇老白”等等，懂闽南语的人读了，想必会时不时笑出眼泪来。

据黄永玉先生的朋友李辉透露，《八年》是黄永玉长篇小说《无愁河的浪荡汉子》的第二部，计划写上中下三卷，接下来的中卷将再现当年的泉州生活。

悠悠长水谭其骧

一九九五年十二月的一个星期天，我和军旅作家徐贵祥结伴逛北京新街口中国书店，在他的推荐下以八折的优惠价买到一套精装全八册、地图出版社一九八二年至一九八七年陆续推出的《中国历史地图集》。因为闲时常翻，我牢牢记住这套书主编的名字——谭其骧。

二十年后的二〇一五年，我读完葛剑雄历经十五年补充修订完成的《悠悠长水：谭其骧传》，才真正认识到《中国历史地图集》的学术价值和谭其骧的卓越贡献。葛先生在书中说，一九五五年至一九六五年这十年间，谭先生只发表了十二篇论文，但正是在这十年里，谭先生为《中国历史地图集》奉献了从四十四岁至五十五岁这段学术研究的黄金岁月！

据可靠史料披露，编绘《中国历史地图集》的最初想法来自毛泽东。一九五四年秋，毛泽东与吴晗谈起《资治通鉴》时说，读历史不能没有一部历史地图放在手边，以便随时检查历史地名的方位。一九四九年以前一些书局虽然出过几种历史地图，但都失之过简，满足不了当下读者读《资治通鉴》一类详细的史书时的要求。吴晗想起清末民初的杨守敬编绘过《历代舆地图》，内容相当详细，便向毛泽东建议，把杨守敬的《历代舆地图》加以改造，改用现时的地图为底图，绘制、印刷和装订都采用现代技术，以适应时代的需要，得到毛泽东的赞同。经与范文澜等人商议，吴晗决定抽调时在复旦大学任教的谭其骧教授来北京主持编绘工作。一九五五年二月十二日，谭其骧从上海乘火车抵达北京，此后十年，风风雨雨，反反复复，一部耗尽心血的《中国历史地图集》给谭先生留下深重的苦难印记。或许可以说，正是这部毛泽东下令重编的《中国历史地图集》改变了谭先生的人生轨迹。据葛先生在书中说，谭先生十七岁以后就不想再问政治，但政治最终还是没有放过他。

《悠悠长水：谭其骧传》厚达六百余页，真实还原了谭先生一生经历的风霜雨露。作者是谭先生的学生，也是他最后十余年的助手，经常随他外出开会、工作或参加学术活动，有的一次长达数月。在这些日子里，师生朝夕相处，情同父子。或于工作之余，或在旅途之中，或当饭后茶余，先生往往忆及故人，谈及往事；学生也不时询问，先生总是耐心作答，甚至告诉学生一些从未向旁人透露过的私事。谭先生辞世后，其家人将全部遗著遗物，包括先生的日记、书信、文稿、照片和有关资料，都交作者自由使用。加上作者本身也是一位著名的历史地理学家，还当过多年的复旦大学图书馆馆长，学术与文字功力深厚。因此，要了解谭先生的经历行状，这是一部必读书。

稍感遗憾的是，书中隐去了一些人名。葛先生的考虑是，这些人一般都是“文革”期间的施害者或追随者，还有的是在政治运动中不得已说违心话做违心事的人，他们中的绝大多数也是“文革”等政治运动的受害者，公开他们的名字既无意义，也与谭先生生前以德报怨的情怀不合。我不太赞同这种遮蔽历史真相的写法。对那些“永不忏悔”的施害者，宽容无疑是对恶的纵容。

谭先生是嘉兴人，嘉兴在秦始皇以前本名长水，故谭先生曾将自己的一部论文集命名为《长水集》。以自己的学术成果嘉惠后人的谭先生，正像那不息流淌的悠悠长水，默默滋润大地。

走进林文月的书房

林文月年轻时代是台湾大学校园里令人神往的传奇人物。我曾有缘晤面的台湾著名学者汪荣祖先生在一篇写傅伟勋先生的文章《永远的傅教授》中说，傅先生亲口告诉他，他们那一代台湾大学的学生真有不少人迷恋林文月，有一天傅先生偶然巧遇林文月，虽然那时他们都已进入老年，但他仍然紧张得双手直发抖。同是台大中文系毕业的台湾作家郝誉翔也在一篇文章里写道："曾经听一位师长说，每逢他们那一辈人聚在一起，回忆学生时代，竟然整晚谈论的话题都围绕在林老师身上，可见林老师是青春时代最美好的记忆。我也听另一位师长感慨地说，天底下的美人很多，但如林老师一般，无人不以为其美的，恐怕还找不出第二个人来。"

林文月不仅貌美如花，而且才华横溢，无论是文学创作、学术研究还是翻译，样样成就斐然。她翻译的日本古典文学名著《源氏物语》《枕草子》，被称为“目前华语世界最优秀版本”；她创作的散文集《京都一年》《读中文系的人》《饮膳札记》《拟古》，在海峡两岸影响很大，被赞为“替台湾女性散文开创了不同的风貌”。因此，台湾文化界将这位台静农先生的得意门生，与周作人、林语堂、张爱玲等相提并论。

对这样一位才貌双全的著名作家、学者、翻译家的书房，哪个读书人没有窥探一番的欲望呢？林文月新著散文集《写我的书》（广西师范大学出版社二〇一五年版）的出版，为我们提供了难得的机会。

林文月说，书本身是有鲜活生命的，“是怎样一种因缘，让我遇到了一本书，得有机会阅读一些文字，丰富了我的生命”。她一向关心围绕一本书的心情转折，关于书的内涵和与她相遇的因缘，以及某些人和事的记忆。《写我的书》便是记录她面对一本书的心情转折。所写对象，未必是善本孤册，多数只是平凡普通的书，但都是她自己书房里的一部分，于她有特殊的意义和感情。一套四册的民国线装版《庄子》，纸页已经发黄，封面略有渍迹蠹痕，或许引不起藏书家的兴趣，但这是林文月的外祖父、《台湾通史》作者连横遗留下来的，上有外祖父所加朱笔圈点和工整眉批。摩挲着手中微黄的书叶，指尖追踪那上面的朱笔圈点和眉批，林文月仿佛可见清癯的深度近视眼的外祖父正认真地逐字逐句细读着这一本线装书《庄子》。《郭豫伦画集》是林文月的先生、台湾著名画家郭豫伦当年为了赴美举办画展而印制的一本画册，封面为暗褐色底，其上隐约见墨迹流动漂浮，其实是一张画的局部放大效果。林文月记得先生为了印制这本画集，在寒夜里来回奔波于家和印刷厂之间，亲自校正色泽深浅明暗，一丝不苟的往事。画集有林文月撰写的序文，有些画题也是她取的，如今翻开这本书，却是为了纪念亡故已多年的人。当年两人的恋爱曾遭到林文月父母的阻挠，最后还是舅舅连震东发话才得以顺利成婚。连震东是连战的父亲。

林文月还写到了另外十多本有各自故事的书，比如日本线装书《变态刑罚史》是恩师台静农先生送的，《日本书纪古训考证》是杨联陞教授送的，《陈独秀自传稿》是台先生的二公子台益公送的……林文月重新翻阅这些书时，犹如翻阅自己的生命，种种的情绪涌上心头，愉悦美好的，或感伤激越的，“时则清晰，时或幽微”。当她执笔为文记述那些逝去的往事时，文字的神奇能力便“将缈约的迢递的过去一点一点牵引回来”了。因此，我们读到的是一个个与书有关的人的故事。林文月学识丰富，文笔典雅，娓娓道来，如此真挚，如此诚恳，让阅读成为一段风光旖旎的旅程。

斯大林时代苏联的私人生活

《耳语者：斯大林时代苏联的私人生活》（广西师范大学出版社二〇一四年九月版）译成中文长达七十万字，印成中译本有七百四十多页，读完需要极大的耐心。但我还是郑重建议，每一个识字的中国人都应该认真读一读这部深入探索斯大林时期个人和家庭生活的口述历史著作。

“耳语者”在俄罗斯语言中有两个意思：第一是指怕人偷听而窃窃低语的人，第二是指暗地里向当局汇报的举报人。斯大林时代，经过改造并被全面控制的苏维埃人，既恐惧政治权力，又对它无比崇拜。他们几乎每个人都成了“耳语者”：或藏身于角落窃窃私语，互诉衷肠，或暗中迎合，成为告密者。许多关于苏联的历史著作都聚焦于恐怖的外在现象，比如逮捕、囚禁、审判、古拉格的奴役和屠杀，却几乎没有人关注普通的苏联人过着一种怎样的私人生活，他们的真实想法和感受是什么。但《耳语者》首次详尽探讨了它对个人和家庭刻骨铭心的影响，第一次将斯大林暴政下普通苏维埃公民的内心世界公之于众。

作者认为，没受斯大林恐怖影响的家庭甚少，按保守的估计，从斯大林接掌党权的一九二八年到他去世的一九五三年，约有二千五百万人受到迫害。这二千五百万人——遭行刑队处决的人、古拉格政治犯、流放至“特殊定居地”的富农、遭到强制奴役和驱逐的少数民族，约占总人口的八分之一。一九四一年，苏维埃总人口估计是两亿，换言之，平均每一点五户家庭即有一人。除了死去或遭受奴役的数百万人，还有数千万斯大林统治下的受害者亲属，他们的人生遭受惊心动魄的摧残。古拉格造成的多年分离，使家庭难以重聚，使亲情和友情一去不复返，人们再也无法返回“正常的生活”。

《耳语者》引述了数百份家庭档案，包括信件、日记、私人文件、回忆录、照片、实物等。这些资料组成一份特殊档案，以鲜活的细节告诉人们，在斯大林的统治下，绝大多数城市人寄居在共用公寓，一家乃至多家合用狭小的住所，隔墙都能听到相互的交谈，究竟能有怎样的私人生活？当国家通过立法、监督、思想控制来横加干涉，无远弗届，私人生活到底还有何意义？当丈夫、妻子、父母突然变成“人民公敌”而被捕时，亲人会做出何种反应？作为忠诚的苏维埃公民，他们如何处理胸中的郁结，是信任自己爱的人，还是屈从自己害怕的政府？在斯大林统治下的道德真空中，情感还有多大能耐？像书中写到的安东尼娜一样，数以百万计的人因家属受到镇压而生活在不间断的恐惧之中。作者从家庭道德领域切入，对各式家庭如何应对政权的压力做了深入探讨：沉默，谎言，友谊，背叛，抑或道义上的妥协和迁就……正如书中所言，斯大林统治的持续恶果之一，就是造就了一个沉默而顺从的民族。

《耳语者》并不讲述斯大林本人，但在每一页当中，却能感受到他的存在。它讲的是，斯大林主义融入人们的思想和情感，影响他们的价值观和人际关系。它并不试图解释恐怖的起源，或描述古拉格的兴衰，只想解释斯大林暴政如何在苏维埃社会扎根，让数百万普通老百姓卷入其中，或是沉默旁观者，或是合作参与者。正如俄罗斯历史学家米哈伊尔·格夫特所叙述的，斯大林制度的真正力量和持久遗产，既不在于国家结构，也不在于领袖崇拜，而在于“潜入我们内心的斯大林主义”。对于这一切，经历过“文革”的我们并不陌生。

书籍的过去、现在和未来

《植物的记忆与藏书乐》（译林出版社二〇一四年八月版）的作者翁贝托·艾柯是享誉世界的百科全书式的学者，身兼哲学家、历史学家、符号学家、文学批评家、作家、美学家、藏书家等多重身份，个人藏书超过三万册，出版过上百部著作。我读过他的学术著作《开放的作品》《符号学原理》，长篇小说《玫瑰的名字》《傅科摆》，散文集《误读》《带着鲑鱼去旅行》，对这位永不疲倦的跨界写作者充满了敬意。

翁贝托·艾柯的著作向来畅销，但《植物的记忆与藏书乐》第一次在意大利出版时，印数被有意地控制在两千册，仿佛是在强调，爱书通常只是少数人的兴趣所在。美国作家约翰·厄普代克就曾追问："在我死后的不可思议的未来，谁还会阅读呢？"翁贝托·艾柯的这部新文集，正是他关于爱书、藏书的总结，集中呈现他对于书籍的过去、现在和未来的思考。

全书分为四个部分——“关于爱书”“历史”“文学（科学）狂人”“异位与臆造”。在书中，翁贝托·艾柯横跨历史、文学、美学与科学的多元向度，畅谈奇书逸事，关于书的意义与价值，关于阅读的必要，关于爱书人无可自拔的执迷。从对纸质书籍本真的热爱到对电子书自我认同的奇想，从对藏书世界奇闻异事的精彩讲述到对一本古书扑朔迷离的起源的细致考察，翁贝托·艾柯对于书籍有着无比的狂热。

轻松游走于多个世界的翁贝托·艾柯总有奇思妙想。在开启全书的第一篇文章《植物的记忆》中，他像上帝一样给记忆命名：博尔赫斯笔下博闻强识的富内斯和部落老人篝火旁的娓娓而谈，我们称之为肉身记忆；石洞壁上的楔形文字和哥特教堂矗立的尖顶，我们称之为矿石记忆；然而散发出最浓郁的知识芬芳和铭刻下最隽永的历史选择的却是纸张书籍上的文字，我们把这种最美好的形态称之为植物记忆。他强调指出，面对尖塔、石柱、古板或者墓碑上的铭文，我们试图解析它们的意义，却并不追问到底是谁起草或镌刻了这些文字；但是面对书籍，我们则在寻找一个人，一种看待事物的个性化的方式。我们并不仅仅要解析，还要探究一种思想，一种意图。在探寻某种意图的时候，人们会对文字发出询问，可能就会产生不同种类的阅读方式，于是阅读变成了对话。

我们身处的时代，书籍形式正在发生翻天覆地的变化，它从具体的印刷书籍逐渐变成虚拟的客体和电子文本。有数据显示，在美国，电子书已经占到出售书籍总数的一半。显然，互联网和电子书正在改变我们对于书籍、阅读和爱书的理解方式，至少重新定义我们接触书籍的方式。然而正如翁贝托·艾柯所说：“书籍就如同勺子、锤子、轮子、剪刀一样，一旦你创造出了它们，就没有办法再进行改进了。”人类和植物的记忆，二者恐怕还要长期幸福地共存在一起。书的最后一部分有一篇充满对未来预言的文章，这篇题为“一本电子书的内心独白”的文章说：“我是一本分裂的书，拥有很多生命很多灵魂就如同没有任何生命和灵魂……我真的想成为一本纸质书，里面写着那位周游地狱、炼狱和天堂的先生的故事。我想生活在一个平静的世界里，那里好与坏的界限分明，那里我知道如何从痛苦过渡到极乐，那里平行的两条线永远不会相交。”

瞧瞧，翁贝托·艾柯多么书痴！

孤独的男人们

村上春树作品的中译本我收了不少，且都是中译者林少华先生的签名本。有人觉得奇怪，我这个“严肃读者”怎么会喜欢村上春树这个畅销书作家？但在我看来，从《海边的卡夫卡》开始，尽管作品依然畅销，但村上春树已然是个不折不扣的“严肃作家”，其最新短篇小说集《没有女人的男人们》（上海译文出版社二〇一五年版）呈现的“失去”“追忆”“孤独”等沉重的主题，怎么着也不应该像《挪威的森林》那样再被简单地贴上“轻盈”的标签了。

包括《没有女人的男人们》在内，村上春树恰好写了十部短篇小说集。如果说前七部各篇内容是“各自为战”，那么后三部《神的孩子全跳舞》《东京奇谭集》《没有女人的男人们》则大体都有一个若隐若现的主题。这部《没有女人的男人们》收入七个独立的短篇，虽然各篇讲述的故事不同，但我们看到的几乎全是孤独地品尝苦果的“失去女人的男人们”，他们由于各种各样甚至不知什么样的原因被女人抛弃或将要被抛弃。第一篇《驾驶我的车》、第五篇《木野》中的男人失去的是太太，第二篇《昨天》、第六篇《恋爱的萨姆沙》中的男人失去或即将失去的是女友，第三篇《独立器官》中的男人失去的是情人，第四篇《山鲁佐德》中的男人时刻担心失去的是性伴侣，第七篇《没有女人的男人们》中的男人失去的是十四岁开始暗恋的女同学，“我”觉得十四岁时的自己也随之失去了，自己成了“世界上第二孤独的男人”（第一孤独的男人是他设想中的女同学的丈夫）。作者围绕“失去女人的男人们”这条主线，从不同语境、不同侧面，以不同文体的各种变形，书写不同形式的孤独，因此我们完全可以将之视为彼此呼应的整体。甚至可以这样认为，随着一个故事接一个故事渐次展开，孤独不断加深，最终完成了对一个孤独男人形象的拼贴。

村上春树曾就这部书说过这样的话：“感谢在过往人生中有幸遇上的许多静谧的翠柳、绵软的猫们和美丽的女性。如果没有那种温存那种鼓励，我基本不可能写出这样一本书。” 因此，在书中，他对出于某种无法言说或不愿言说的原因，以决绝的方式抛开熟悉的家庭生活，静悄悄地从这个现实世界中退出的女人们，无意以道德准绳来约束之，既不解剖，也不批评，反倒是一如既往地表示出同情和宽容。而被抛弃的男人们则是软弱的，他们一边疲于应付周遭的现实，一边独自面对空荡荡的家，既无心也无力与生活较劲，更不具备追索真相、寻回爱人的勇气，唯一能做的是郁郁寡欢、借酒浇愁。有谁能将他们从这一片死寂的孤独中解救而出呢？还是女人。我们由此似乎可以猜度出村上春树对男人和女人以及男人和女人的关系的态度。

著名书评家止庵的文学判断力是值得信赖的，他觉得，《没有女人的男人们》在村上春树的作品中是很好的一部，是他的上乘之作，关注的是现代人生存的处境。两性关系可能是一个人跟这个世界关系的象征，书中“失去女人的男人们”丧失的是整个世界，变成被世界抛弃的人。不管丧失的程度有多深，不管他们对丧失的反应如何不同，他们都是失去他们原来的世界。这种自省的结果就是让他们进入孤独的状态。

村上春树对男人的未来是悲观的。他笔下“失去女人的男人们”是一群没有未来的男人，到头来，他们除了孤独，什么也没有落下。这真让男人们伤心。但现实如此，除了珍惜身边的红颜知己，还能有别的什么办法助你摆脱孤独呢？

叶氏家族的百年沧桑

美国加州大学圣地亚哥分校教授周锡瑞是当今美国中国近代史研究领域最有成就的学者之一，他撰著的《叶：百年动荡中的一个中国家庭》（山西人民出版社二〇一四年七月版）一书，精确地呈现了天津著名叶氏家族，从晚清到民国、再到共和国的百年命运沉浮。

叶氏一族，源出长江中下游的咽喉要镇安庆。我是徽州婺源人，正是安庆与徽州构成了省名“安徽”。因此，我读这部叶氏家族史，有乡情在里面，所以感到特别亲切。据书中记述，自晚清以来，这个叶氏家族以先辈宦游所至，前后聚族于开封、保定、天津、北京等地，属于社会中层的精英门第。叶家在十九世纪声名鹊起，源于其先辈在河南抗洪和平乱中的勋绩，有几位曾先后追随李鸿章、袁世凯，在直隶地区参与若干新政推进，因而揭开天津叶家的帷幕。

从“安庆叶家”到“天津叶家”，前后历时数百年之久，其间重大历史事件之多与社会变迁之大，属家族史中所罕见。但在这部只有三十万字的书中，安庆叶家只是天津叶家的铺垫，天津叶家才是本书的主体。真正促使天津叶家登场的，是那位曾于一九一一年出任直隶巡警道的叶崇质。叶崇质在天津安徽会馆正后方购置了一座三进庭院的大宅，这是天津叶家真正的发祥地和世代绵延的栖息之所。

民国初年北方政局的混乱多变促使叶崇质决心弃仕从商。他头脑精明且眼光远大，选择方兴未艾的近代滨海商埠天津，转而全力营建新式实体经济。叶崇质本人的转型，衍生为家族的转型，不仅是家族中心的地区转移，而且是家族发展道路的根本转变：从科举入仕到实业科技。

当然，我读这部家族史，最感兴趣的不是叶家先辈，而是叶崇质为数众多的子女，因为其中如叶笃庄、叶笃义、叶笃正等都是学界名声卓著的前辈。叶笃义先生的回忆录《虽九死其犹未悔》，曾深深地震撼过我的心灵。这一代叶家成员大多能够顺应时代潮流，从而自觉或不自觉地促成家族的又一次转型：从实业科技到学术研究。中华人民共和国成立以后，叶笃庄及其兄弟没有一人随国民党迁居台湾，连在美国前途无量的叶笃正也归国投身于气象科研机构的筹建。

周锡瑞教授努力将重大历史事件和变革拉回到个人生活的层面来描述。于是我们看到，在一九四九年以后，叶家子女作为社会关系与自身经历都比较复杂的世家成员，受到无理性的运动冲击。尤其是老五叶笃庄，不仅在一九五七年由于受别人牵连而无端被划“右派”，而且一九五八年又以“美国特务”嫌疑被捕入狱。十年牢狱之灾，妻离子散，家破人亡，处境之恶劣，外界实在难以想像。意味深长的是，经历了“文化大革命”之后，叶家的家庭关系比以往任何时候都要牢固，因为他们逐渐认识到，只有家庭纽带才是最可靠的。周锡瑞教授在本书结尾写道：“他们仍然是一个大家庭，现在由电子通信网络连接在一起，这棵大树的树叶和树枝现在共享一个虚拟空间。”

宗族是农业宗法社会的产物，构成其牢固的社会根基。民国以后宗法制度已经趋于衰微，其他的宗法纲常也随之动摇。尽管如此，正如章开沅教授在“推荐序”中所说：“宗族史与家族史的研究毕竟应该倡导，因为宗族是中国传统社会一个极其重要的组成部分，而且至今在观念乃至实体上仍然有大量遗存，从这个角度来研究中国，理解中国，包括中国的过去、现在乃至未来，仍然是很有价值的。”但以我过往的阅读经验判断，要写出像本书这样扎实的家族史著作，殊非易事。

找回“迷失的灵魂”

学界普遍认为，在“文化大革命”结束后“归来”的一代作家中，诗人邵燕祥是最早对当代历史，对刚刚过去的个人史，自觉地采取认真严肃彻底的反思态度者之一。从他二十世纪八九十年代所著的《沉船》《人生败笔》，到近十多年来推出的《邵燕祥自述》《找灵魂》，以及新近问世的《一个戴灰帽子的人》（江苏凤凰文艺出版社二〇一四年版），都具有这种鲜明的文化品格和精神取向。

一九五八年初，在中央人民广播电台工作的年轻抒情诗人邵燕祥不幸被错划为“右派”，后又发配到渤海之滨的黄骅中捷友谊农场劳改，直到一九五九年十月因沾特赦战犯的光被摘掉“右派分子”帽子并获准回到北京，重返原单位工作。回忆录《一个戴灰帽子的人》记述的，正是此后六年间他的生活、工作经历。表面看这是“文化大革命”爆发前相对稳定的几年，但依然暗流汹涌。邵燕祥惊魂未定，只能继续“夹着尾巴做人”，那种精神的屈辱、内心的挣扎非亲历者不能想像。

邵燕祥凭着坚定信念，忍受了一切难堪的逆境和苦难，不仅顽强地挺到“右派”问题被改正的一九七九年，而且此后以极大的勇气开始冷静反思，持续发出一个有良知的知识分子痛定思痛的心声。

邵先生在书中还展示了他下乡参加“四清”时，为“政治服务”写的一首题为《巡夜》的拟民歌体诗：“民兵放哨定初更，满天星斗满天风。贫下中农坐黄昏，发言热烈炉火红。一枪在肩责任重，警惕在心脚步轻。为什么谷草垛边人影闪？为什么灌木枯枝发响声？星星眨眼我不眨眼，天寒地冻心沸腾；忘记了正是冰封三九夜天，忘不了有阶级就有阶级斗争……”这些诗句一下子把我们拉回到历史现场。事实上，历史现场与个人记忆，正是邵先生这部回忆录的叙事特点。作者运用大量鲜活的细节，努力把读者带回历史现场，试图完整地重现那个时代的真实；同时，作者通过对个人性主观性记忆的书写，既审视自我，反思自我，解剖自我，又审视历史，反思历史，解剖历史。这种双重视角观照下的历史书写，用邵先生自己的话来说，叫找回“迷失的灵魂”。

绿是普世草色

十年前，我读到高尔泰先生的《寻找家园》，内心大起波澜，持之不释卷。近日阅毕高先生的新著《草色连云》（中信出版社二〇一四年版），又引起我许多遐想。他的文字结实纯净，让我好生羡慕。

高先生这样解释书名：绿是普世草色，故起“连云”之想。《草色连云》收录了高先生的十二篇随笔和一篇演讲、一篇答谢辞、两篇访谈，拢共十四万字。其中《哪敢论清白》和《文盲的悲哀》两篇，与《寻找家园》一书有关。前者是对萧默质疑《寻找家园》真实性的回应，属于辩诬之作，“只说事实，不做道德评价”。高先生在文末说：“不默认，不等于说自己好。高压下检讨认错鞠躬请罪，我什么丑没有出过？画了那么多‘歌德画’，我什么脸没有丢过……用泥污的肢体，带着创伤的灵魂，爬出那黑暗的隧道，我早就不像人样。敢不谦卑？敢论清白？”何等沉痛的文字，让人落泪！后者记述了《寻找家园》被译成外文的种种奇遇。美国著名的哈珀·柯林斯出版社拟出《寻找家园》英译本，选定被夏志清称为“公认的中国现当代文学之首席翻译家”葛浩文来译。高先生早闻其赫赫大名，自是“备感荣幸”。但后来拿到译文时却傻了眼，自己作品中写的，译文中没有，没写的，译文中却有，“所谓调整，实际上改变了书的性质；所谓删节，实际上就是阉割”。高先生和葛浩文沟通，请他按原文翻译，但人家是大牌权威，根本不理睬。高先生不得不告诉出版社，他拒绝这个译本，“我不仅是拒绝一个不真实的译本，不仅是拒绝一个大牌的傲慢与霸道，更重要的是，我拒绝一种对于其他民族苦难的冷漠”。对一个去国多年、急需版税的穷学者来说，这种坚持和拒绝难能可贵。

高先生命运坎坷，做过“右派”“劳改犯”，晚年能够安然去国，有赖星云大师的鼎力帮助，他在《山路崎岖》《佛缘》中，对星云大师表达由衷的感谢与敬意。而在《白头有约》中写到老朋友蹇长春，则更是深情款款。他们是莫逆之交，肝胆相照，蹇先生在高先生最困难的时候对他多有照。但他们都是有原则的人，因观点分歧，也曾“逆”过两次。一次是争论毛泽东《沁园春·雪》里“风流人物”指的是谁，高先生说是作照拂自称，蹇先生说是指广大工农群众，两人各不相让，疏远了一阵。另一次是蹇先生不许高先生同前妻离婚，喻之以儒家道德。高先生很生气，说蹇先生“以理杀人”。后来，蹇先生终于理解了高先生，希望能“抛弃前嫌”。高先生说：“深恩厚泽，敢论前嫌！”读这八个字，我对高先生的敬重又多了一层。

回头再读书中的第一篇《隔膜》，理解会更为深透。

通读全书，我感觉最有份量的文章是《陈迹飘零读故宫》这一篇。高先生对中国文化特征提出了一个不同于其他学者的新观点：中国传统文化是以“宝座”崇拜为核心的。他指出，以汉人为主体的中华民族文化，从远古以来，一直都以皇帝的宝座为核心，皇帝是龙图腾，是天之子，是构成社稷不可或缺的角色。他们离开了这个文化核心就无所适从，就不敢徘徊。这样的文化结构，造成了根深蒂固的宝座崇拜。宝座崇拜不同于个人崇拜，它是以物（规范、角色、道具）为对象的。不论是谁，不论是什么样的人，哪怕是一个十几岁的顽童，只要有机会坐到那个宝座上，就会受到尊敬，就会使哪怕白发苍苍的庄严大臣也诚惶诚恐，毕恭毕敬。

一本完美之书

布罗茨基的随笔集《小于一》（浙江文艺出版社二〇一五年版）的译者黄灿然认为，收入这本书中的十八篇文章，篇篇精彩，故此书是“一本完美之书”。但阅读此书却是非常艰难的经历，你哪怕正襟危坐，谢绝所有干扰，真正进入也需要动用大量的阅读经验、知识储备和几乎所有感受力，所以黄灿然又说，哪怕是非常老练的读者，都未见得能在短时间内把这本书消化掉。

布罗茨基生于圣彼得堡一个犹太家庭，十五岁辍学谋生，很早开始写诗并发表于苏联地下刊物，一九六四年受苏联政府当局审讯，因“社会寄生虫”罪获刑五年，被流放至西伯利亚，一九七二年被强制遣送离境，随后定居美国。让我特别敬重的是，布罗茨基不像大多数流亡者那样利用或推广自己的流亡身份，以此捞取个人的名与利。相反，他尽可能地淡化自己的经历。他原可以用公共语言和措辞大肆抨击那个政权，但是他不屑于这样做，而仅仅是或常常是在谈论自己的成长和谈论诗歌或诗人时顺便一提，略加评论，这反而使他的评论更具深度和洞察力。他这种不屑，不是一般的傲慢姿态，而是“一个诗人对一个帝国”的高度。这源自于他的一个信念，认为语言高于一切。他说：“人首先是一种美学的生物，其次才是伦理的生物。因此，艺术，其中包括文学，并非人类发展的副产品，恰恰相反，人类才是艺术的副产品。如果说有什么东西使我们有别于动物王国的其他代表，那便是语言，也就是文学。”

因此，布罗茨基的随笔深入语言和诗歌内部，虔诚地向西方读者介绍俄罗斯那些圣徒、烈士似的现代诗人。在《哀泣的缪斯》一文中，他在评论了阿赫玛托娃的诗歌成就和特点后说：“在某些历史时期，只有诗歌有能力处理现实，把它压缩成某种可把握的东西，某种在别的情况下难以被心灵保存的东西。在这个意义上，可以说是整个民族都使用了阿赫玛托娃这个笔名——这解释了她的广受欢迎，而且更重要的是，这使她可以替这个民族说话，以及把这个民族不知道的事情告诉它。”这也是为什么她的诗歌不管发表与否，都能留存下来。在《文明的孩子》一文中，他由曼德尔施塔姆的诗歌引申出对艺术本质的判断：“艺术不是更好的存在，而是另类的存在；它不是为了逃避现实，而是相反，为了激活现实。”这样的叙述语言贯穿布罗茨基这部随笔的始终。他的语言典雅而流畅，连英语国家的读者都为之叹服，称其为“英语散文的典范”。但是，布罗茨基却坚持用俄语写诗，因为对这样一个在现实中已经彻底失去故乡的人而言，只能退而把语言认作唯一的故乡。

有学者指出，布罗茨基随笔的最大价值，在于他借此强调了自己的文学观。这些文章，不论是带着抒情的笔调去回忆往事，还是对其他一些杰出诗人和作家的评论，或是就某种文化现象表达自己的看法，作者都不忘表达他的文学见解 。比如在解读茨维塔耶娃的《新年贺信》这首诗时，布罗茨基指出，每一首悼亡诗，都不仅是作者的一个手段，用来表达他因一次丧失而产生的情绪，而且也是一个借口，用来表达作者对死亡这个现象本身的总体沉思，换句话说，“任何悼亡诗，都包含一个自画像的因素”，因为那悲剧音质永远是自传式的。

用作书名的《小于一》一文可看作诺贝尔文学奖得主布罗茨基的精神自传。他开篇写道：“试图回忆过去就像试图把握存在的意义。”在文末，他向读者展示了这样一个场景：“小男孩坐下来，打开公文包，把钢笔和笔记本摆在桌面上，抬起头，准备听胡说八道。”如果你反对他这么写，他有话送给你：“对一位作家的断言和指控的质疑，不是出于对真相的求知，而是出于知识界对奴役状态的沾沾自喜。”

不给世界增添文字负担

法国著名作家和政治家马尔罗将一本自传命名为《反回忆录》，“因为它回答了一个回忆录不谈的问题，而不回答那些回忆录论述的问题”。我读过漓江出版社二〇〇〇年版中译本，作者在这部与传统回忆录分道扬镳的自传中，坚决抛开别人津津乐道的“小我”，站在历史的高度考察东西方文化，以自己全部的人生经历，来“思考人生，审视死亡”，探究生活的本质之谜。

现在，胡文辉仿其例，把自己的读书札记命名为《反读书记》（花城出版社二〇一四年版）。因为“读书是要入乎其内的，但也得出乎其外。有的时候，是需要超脱于读书之上的，并非只有书本里的才是学问，书本之外，处处是现象，处处是问题，处处是材料；而且，往往书本外的种种，更能激活书本里的学问”。

胡文辉是个勤于著述的人，我经眼的就有《现代学林点将录》《洛城论学集》《人物百一录》《书边恩仇录》《拟管锥篇》《广风月谈》等。他的《陈寅恪诗笺释》一书，最详尽地发掘了一代史家的心史，在读书界有极好的声誉，一向严谨的谢泳教授就曾公开为它点赞。因为胡文辉的“兴趣和目标都在做学问方面”，故他过去出的书，引证和注脚特别多。但这部十万字的《反读书记》却一改前例，全书没有标题，没有注脚，由一条条或长或短的思想札记连缀而成。他的自我期许是：“这样的体裁，这样的写法，分析自难面面俱到，材料也未必太严谨，但仅就内涵来说，我敢说是丰富的，甚至比我此前的任何一本书都更丰富。”

札记体的书，中西皆有，中国的多重逸事，偏于趣味性，西方的多重哲理，偏于思想性。胡文辉的这本札记在旨趣上兼有中西之风，既有趣味性，也有思想性。我将它作为有思想的书来看待，却将它作为有趣味的书来阅读。说到陕西周正龙的华南虎照片案，胡文辉认为其实是一种“造伪”与“辨伪”的通俗版本，而“辨伪之难，在于辨人心之难耳”。下面这条更是振聋发聩：“释迦牟尼、孔子、耶稣，本来都不过是一个知识群体或宗教派别的导师，也就是高明的凡人而已。但到了大乘的阶段，释迦牟尼就成为佛了；到了独尊儒术的时代，孔子就是圣人了；到了基督教被尊为国教的时候，耶稣也被视为神子了。”

这样的思想断片，在书中随处可见，有的虽然只有寥寥几句，却帮助我们廓清了大问题。比如：唐诗与宋诗的风格相差很大，所谓唐、宋诗之争，也构成了中国诗学史上的一大公案。胡文辉注意到了诗的功能分化问题：“唐、宋诗之别，简单说，就是唐诗近于抒情，宋诗近于表意，唐诗近于感性，宋诗近于理性。而诗之所以由唐人的抒情、感性，变为宋人的表意、理性，并非因为宋人不抒情、不感性，而是宋人将抒情、感性的成分，从诗那里，转移到了词那里——词是唐后期兴起的新文体。”如果换一种表述形式，关于唐、宋诗的风格差异问题，是可以写成一部厚厚的学术专著的，但未必说得更明白。所以胡文辉说，他选择以札记的形式表述思想或学问，是不想再给这个世界增添文字负担。

一个读书人的力量

南京的《开卷》是一本看上去很不起眼的民间读书内刊，每期仅有薄薄的二十八个页码，但它自二〇〇〇年创刊以来，始终坚持以文会友，在它周围竟然汇聚了当今文化界、读书界的一大批名人，营造出一份浓浓的书香，成为读书人向往的精神家园。

我每次收到迄今缘悭一面的董宁文先生寄赠的《开卷》，总会不由自主地想起翻译大家文洁若先生的话："执行主编董宁文先生是一位读书人，他有激情、有理想、有能力，《开卷》能赢得读书界的关注，并成为读书人喜爱的刊物，这与他的辛苦努力是分不开的。"

毫不夸张地说，没有董宁文就没有今天的《开卷》。十五年来，他不计名利得失，不分昼夜地组稿、编稿，把一份小刊物办出了沈昌文时代《读书》的大气象。他用笔名"子聪"为每期《开卷》撰写的专栏《开卷闲话》，传递着全国各地读书人、爱书人与书有关的信息，此专栏文章已结集到第八编，陆续出版后受到读者欢迎。他还主编出版了在读书界广受好评的“开卷文丛”“开卷读书文丛”“凤凰读书文丛”“开卷书坊”等丛书，总计有七八十册。

董宁文组编的这些书我买过不少，他的八本《开卷闲话》我都认真通读过。现在，他把八本《开卷闲话》的序和跋收集在一起，得四十三篇，编成一部奇书：《开卷闲话序跋集》（人民日报出版社二〇一四年版）。能邀到这么多读书界的名流为同一专题的书写序作跋，堪称奇迹，可见他们对董宁文人品文品的认同，否则花再多的钱也很难办成这事。我们不妨来欣赏一下这个豪华阵容：来新夏、舒芜、陈子善、止庵、章品镇、绿原、钟叔河、李福眠、黄宗江、黄裳、龚明德、彭燕郊、李君维、谷林、高信、苏叔阳、朱金顺、施康强、朱健、躲斋、梅娘、李文俊、屠岸、顾农、钱伯城、文洁若、汪家明、刘绪源、伍立杨、陈四益、虎闱、王稼句、徐鲁、李怀宇……哪一个不是响当当的人物？

董宁文不辞辛劳请人为《开卷闲话》各编作序，当然不是为了拉大旗作虎皮吓唬读者，而是有他深刻的思考和用心。他在《开卷闲话六编》“后记”中写道：“这本闲话的前面，照例请了几位《开卷》的老作者写下一篇篇闲话作为序言，他们从不同的角度对闲话进行了解读，相信亲爱的读者朋友能从中体味出些许妙处来，若从中还能读出一些弦外之音，那就更妙了。”

事实正是如此。这些读书界的大腕“同题作文”，长短不拘，各呈高招，意在言外，妙趣横生。来新夏教授的“序”幽默、辛辣，他对《开卷》没有正式刊号一事耿耿于怀，“总会联想到一对情投意合的恋人，水到渠成地想结婚，只是一时领不到正式结婚证，于是只得邀集三朋四友，街道乡邻，摆桌喜酒，说明情由，取得共识，发个‘准印’，随之而来的就是添丁进口，若以法律为准绳，这孩子虽有其法定地位，但终究是非婚生子”。从不打诳语的“书爱家”龚明德先生在“序”中写下“发自肺腑的话”：“一个地区或城市，如果没有人在等着读南京的《开卷》，如果有见到南京的《开卷》却读不出味来或者随便看上几页就把它扔掉，就证明这个地区或城市的文化含量不达标，甚至还是文化沙漠。”翻译家李文俊先生从“史”的角度肯定《开卷》，别开生面：“我相信，今后有人写什么历史、传记时，说不定会从这些‘闲话’里找到旁证，‘见于《开卷》×期‘闲话’这样的字样也会出现在他们的正文或脚注里，正如同我们今天读到的一些书里会提到《语丝》《论语》《七月》等旧刊物那样’。”

书中各篇序跋的妙处，要读者自己去体会。我最后只想说，读书人应该知道董宁文，知道《开卷》，从中感受一个读书人的力量。

补记

多年受惠董宁文赠阅《开卷》，终于有机会在厦门纸的时代书店当面听他分享《开卷》创刊十五周年的故事。我抱了一大摞书请他签名。他在凤凰出版社二〇〇三年版《开卷闲话》扉页题“二〇一五年七月二十五日与何况相约纸的时代书店闲话开卷因有以上因缘特记之存念 子聪于厦门”。

《金瓶梅》的声色与虚无

《金瓶梅》我藏有两种版本，一种大陆版，一种台湾版，闲时常翻。朱伟先生认为，《金瓶梅》要比《红楼梦》好得多。我不敢下这样的断语，但认同下列说法：没有兰陵笑笑生的《金瓶梅》，或许就没有曹雪芹的《红楼梦》，至少《金瓶梅》开启了《红楼梦》真中有假、亦真亦假的先河。

《金瓶梅》是一部虚无之书、激愤之书，也是一部苍凉之书、悲悯之书。在《雪隐鹭鸶：〈金瓶梅〉的声色与虚无》（译林出版社二〇一四年版）一书作者格非看来，在中国小说史上，无论是世界观、价值观、修辞学，还是给读者带来的令人不安的巨大冒犯，《金瓶梅》都是空前的。时间的流逝从未减损它的“毒素”或魅惑力。正因如此，有人担心读了《金瓶梅》会变得堕落、邪恶。这也是《金瓶梅》问世之后屡屡被列为禁书的原因。

事实上，《金瓶梅》的主旨被有意或无意地狭窄化和庸俗化了。它的确不像中文世界里面其他的经典小说对“价值”的向往，诸如《水浒传》对侠义情谊的向往，《西游记》对理想世界的向往，《三国演义》对天下一统的向往，《红楼梦》对至情至爱的向往，它描述的是一个不相信任何价值的世界，里面的人物追求的无非是吃吃喝喝、性爱玩乐、发财赚钱、争宠斗妍这些世俗欲望。问题是，过了四百多年，《金瓶梅》所讥讽的那些虚伪的理想与价值，在我们当今社会一样活灵活现。我们不能不惊觉，《金瓶梅》在四百多年前提出的一个问题，不但不因整个主流社会的避讳、压抑而消失，反而随着时代变得更加尖锐，这就是：当价值不再，一切只剩下欲望时，生命会变成什么？这样一个严肃的问题，不是“淫史秽书”四个字可以遮蔽的。

格非说，《金瓶梅》所呈现的十六世纪的人情世态与今天中国现实之间的内在关联，给他带来了极不真实的恍惚之感。他甚至有些疑心，我们今天所经历的一切，或许正是四五百年前就开始发端的社会、历史和文化大转折的一个组成部分。这正是促使他重新解读《金瓶梅》的动因。

阐释《金瓶梅》的专著汗牛充栋，格非此书的鲜明特色在于，紧密联系明代的社会史和思想史脉络，将《金瓶梅》放置于十六世纪前后全球社会转型与文化变革的背景中详细考察，以小说观照时代，建立文学文本与历史事实之间的复杂关联，并在中西思想谱系中对它进行定位。格非认为，《金瓶梅》作者立足于“清河”这样一个虚构的北方地域，实际上试图反映的，是包括南方乃至全国的一般经济及社会状况，为我们勾勒出了一幅深远广大的十六世纪中国东部经济地图。对《金瓶梅》文本写作的精妙处，格非以四十六则修辞例话进行剖析赏读，堪称文本解读的典范。

《金瓶梅》是一个欲望与金钱的世界，原与“情”字无关。但格非注意到了书中的一个人物：韩爱姐。他引述张竹坡的话说，爱姐之“艾”，可灸一切奸夫淫妇、乱臣贼子者，当是对爱姐出污泥而不染品节的由衷赞美。在《金瓶梅》全书中，如此为爱情而痴迷，不顾一切，将“情”字置于至高无上地位的人物，唯有韩爱姐一人而已。她于小说的结尾处突然出现，作者将她的钟情写到极致，似乎也别有寄托，希望从污浊、世故、功利的尘世铁幕中，多少能透出一些鲜活的青春气息吧。格非认为，曹雪芹正是在韩爱姐这个人物的崭新起点上，开始了他的创作。

发现另一个中国

王学泰先生的“游民文化”，与吴思先生的“潜规则”、余英时先生的“士文化”，被称为中国当代三大人文发现。李慎之先生当年读罢王学泰先生《游民文化与中国社会》（山西人民出版社二○一四年版）一书打印稿，不禁拍案叫绝，主动为之作序，赞为无异于“发现另一个中国”。这让我想起钱锺书先生主动为钟叔河先生《走向世界》作序的逸事。但王学泰先生前些时来厦门纸的时代书店与厦门读者分享他的研究成果时，却谦虚地说，鲁迅先生早就关注中国游民文化了，他笔下的阿Q便是游离于城乡之间的游民的典型形象。

王学泰先生研究游民与他的坎坷经历有关。他一九六四年大学刚毕业，即被划为“反动学生”，次年发配北京昌平南口农场劳动改造，直至一九六九年。农场出来后，他一度被“搁在教师队伍中改造”，尔后下乡锻炼。一九七五年年初，因为对“文化大革命”和“批林批孔”有些不恭言论，他先被拘留，后被判刑十三年。王先生说：“我为什么要写游民？就因为我在狱中净看到这些人、这些事。”

二十世纪九十年代初，王先生正式开始研究“游民文化”。据他那天在厦门“纸的时代”书店说，最初，他想写的是通俗小说与秘密会社之间的关系。研究过程中突然发现，“游民”恰恰是联结两者之间的一座桥梁。江湖艺人述写自身的经历催生了通俗小说，这经历就是游民的闯荡。游民作为个体，很难在社会上生存，他们需要一个组织化过程，最后组成秘密会社。

按照王先生书中的定义，凡是脱离当时社会秩序的约束与庇护，游荡于城镇之间，没有稳定的谋生手段，迫于生计，以出卖体力或脑力为主，也有以不正当手段取得生活资料的人们，都可视为游民。闻一多在分析中国人的思想意识时曾说：“在大部分中国人的灵魂里，斗争着一个儒家，一个道家，一个土匪。”所谓“土匪”，就是游民中敢于冒险、敢于以激烈的手段进行反社会活动以求得生存的那一部分人。王先生据此认为，闻先生指的“土匪”和“土匪意识”，也就是他说的“游民”和“游民意识”。儒家奔走的是朝廷庙堂，道家向慕的是山林归隐，游民土匪则是脱离主流社会秩序的，他们流落江湖，其思想意识也表现出特殊性。自宋代以来，由于通俗文艺作品的普及，游民的思想意识也通过《三国志演义》《水浒传》等通俗文艺作品散播到一般民众中去，因此才使得许多不是游民的中国人的灵魂中也活跃着游民意识，它与儒家意识和道家意识共同构成中国的思想传统。王先生坚持认为，《三国志演义》和《水浒传》

这两部书是游民的经典。

一般研究中国文化、中国思想的学者，都倾向认为中国大体上是孔孟教化下的“以仁为体，以礼为用”的礼仪之邦，是“亚洲价值”的摇篮与基地。王先生的书却让我们猛然惊觉，原来中国还有一个历来被文人学士忽视的游民社会，因此，要如实地了解中国与中国社会，了解中国人的心理与思想，不看到这一些，是不完整的。

依依惜别的母子情

止庵是读书界的名人，我和他仅在微博上有过互动，但他的主要著作，包括《周作人传》《樗下读庄》《老子演义》《神奇的现实》《河东辑》《如面谈》等，我都认真拜读过。老实说，读他的作品需要耐心。他冷静、理性，常常不厌其烦地引述各种资料，仿佛故意给读者制造阅读障碍。

《惜别》（上海人民出版社二〇一四年版）却是一部有感情温度的书。儿子怀想逝去的母亲，字字句句情深意长。止庵写道："我一直握着她的手，她的体温倏忽丧失，手变凉了。我再也没有母亲了。"我在怀念母亲的文章中也写过类似的话："妈妈已经走了呀，永远不再回来了！"其声甚哀，然而这样的话只有失去母亲的人才能真切感受到它的沉痛。

当然，无论如何，在这件事上，要求别人分担一己的感情不仅无法做到，而且根本不合情理。比如我们常常看到这类报道：或天灾，或人祸，致若干人无辜罹难。看过也就看过了，顶多发点无关痛痒的感慨议论而已。谁能真正体会死者的亲人哀恸不已，生活就此改变，不复回头。止庵在书里说，他的母亲去世不久就是圣诞节，家里收着一封寄给她的贺卡，寄信人是她小时候的一位朋友。当时止庵的第一反应是："新的一年即将到来，而我的母亲已经不在了。她再也没有以后的日子了。"母亲去世后的第二个、第三个圣诞节，没人再给她寄贺卡，止庵于是想到："又有一扇人间之门对已经不存在的母亲关上了。"如此细腻的心思，只有亲人才会有，他人则早已了无干系了。正如陶渊明《拟挽歌辞》所说："向来相送人，各自还其家。亲戚或余悲，他人亦已歌。"这并非人情淡漠，实是自然而然的事。

死生，命也。人对此既不能预知，也无从左右，只好接受下来。但有些遗憾总是不能释怀。止庵在母亲去世后，一样接一样地想着他和母亲生前没有做的事情，心中多有遗憾。他想到，所有事情差不多都是那时可以做的，假如做了，也就不再是遗憾。没做，就没有再做的机会了。死亡断绝了死者的一切，也断绝了生者与死者之间的一切。生死之间，与其说是界线，不如说是隔绝。无论"给予"，还是"接受"，都不再可能。止庵因此备感心酸："无论已经去世的母亲，还是仍然活着的我，两方面的机会都被死亡剥夺了。"事后痛悔没有意义，还是努力实现亲人的现世愿望吧。

本书最精彩的部分，是作为学者的止庵对生与死的思考。在他看来，生就是向死的过程，不过有人走得短些，有人走得长些罢了。

既为生者，无人不死。既然如此，那么应该没有什么不能接受的。众人都承受的事，一人就能承受。问题是，死是那么断然，那么彻底，那么决绝，那么无可挽回。无论此前生者以为如何具有思想准备，死永远是一个突如其来，令人措手不及，从而造成太多遗憾的事实。止庵无奈地写道：“当我们不知道终点何在时，我们就不能真正了解和理解过程是什么；但等到达终点时，这过程又已经结束了。”这正是人类无法逾越的永恒悲哀。德国有句谚语道尽了人生的悲剧性：“一次不算数，一次就是从来没有。”人只能活一次，就和根本没有活过一样。据此，人生的不如意，人生的错误，都是必然的，如意与正确只是偶尔赶上而已。不过，止庵由此得出的结论却“柳暗花明”：如果没有彼岸，那么此岸就是一切，无论生命长短，都是唯一的机会，这就更能显示出人的一生的意义。不然，如果有彼岸，则此岸仅仅是向着那里过渡的起点而已。止庵总结说，与死相比，生是可以触及、可以改变的，我们还是尽一己之力做点什么吧。

学者亦爱读闲书

我不做学问，平时读的大多是有趣的闲书。学者们则不然，他们都有自己明确的研究方向，要穷尽某个研究课题、研究领域已有的材料，必须花时间阅读大量的专业著作。他们还会有时间和精力阅读闲书吗？都读些什么样的闲书？著名学者葛兆光教授的读书日记选《且借纸遁》（广西师范大学出版社二〇一四年版）大大满足了我这方面的好奇心。

原籍福建、出生于上海的葛兆光，曾任清华大学历史系教授、复旦大学文史研究院院长，主要研究领域为古代中国的宗教史和思想史，著有《禅宗与中国文化》《道教与中国文化》《中国禅思想史》《中国思想史》等，二〇〇九年获选第一届美国普林斯顿大学“普林斯顿全球学人”。作为学人，葛兆光平时主要研读专业书，但有时也读读闲书，他谓之“杂书”。他读书有个好习惯，就是注重用纸笔做文摘、札记和提要，并记录心得，这些文摘、札记、提要和心得，又常常是混杂在日记里面的，“这使得我的日记既不像有意留作证据的历史，也不像完全私密性的档案，倒像是一个资料簿子”。

收在《且借纸遁》一书里的百余则笔记，选自葛兆光一九九四年到二〇一一年间上百万字读书日记中有关读各种“杂书”所作的笔记和摘抄，大量为学术研究而专门阅读史料的札记、摘抄和评论并不在其中，“大多是专业之外的泛览和胡看”，“记下的多是并不用心读的闲书”。葛兆光自谦借此到专业之外透一口气，实际上却在不经意间打开了一扇窗，让我们得以窥见他的读书生活，也从一个侧面反映出他对宗教史、思想史问题的持续关注，展示出他敏锐地从其他学术领域发现问题线索的能力。

想必不少读者和我一样好奇：像葛兆光这样的大学者爱读哪些“杂书”？他十几年间读过的闲书达数百本，由于篇幅所限，在此无法一一举出，有兴趣的读者可以自己去翻书，这里仅以书中最近的年份二〇一一年为例，“管窥一豹”。在这一年的条目下，葛先生列出了几本闲书：埃里亚德《世界宗教理念史》、姚从吾《历史方法论》、金毓黻《静晤室日记》、李则芬《宋辽金元历史论文集》、德里克《毛泽东思想》、窪寺纮一《东洋学事始》、南博《日本人论》、鲍绍霖《文明的憧憬》、许倬云《我者与他者：中国历史上的内外分际》、任青等整理《张荫桓日记》、司徒琳主编《世界时间与东亚时间中的明清变迁》、色川大吉《明治精神史》。葛先生为每一本书写下了几百字至一两千字不等的读书札记，可见这些书葛先生都是认真通读过的。在当今这种“不是太实用就是太草率”的读书风气下，葛先生不动笔头不读书的认真劲儿应该大力倡导。

通读全书，我发现研究历史的葛兆光特别爱读日记，书中列出的日记就有翁同和《翁同和日记》、孙宝瑄《忘山庐日记》、郑孝胥《郑孝胥日记》、林传甲《筹笔轩读书日记》、曹伯言整理《胡适日记全编》等十余部。不以发表为目的的个人日记是比较可靠的资料，值得关注。

职业的学术研究是“荒江野老”的寂寞事情，偶尔读本闲书，放松一下心情，恰如拿个板凳垫脚，从象牙塔中往外望一望，看看不一样的风景，对开阔视野、拓展思维不无好处。这也是葛兆光先生取《且借纸遁》这一书名的本意：像《封神榜》上说的“土遁”或“水遁”一样，借了这些闲书，溜出去长长地透口气……

无语江山有人物

傅国涌有才子之称，著作等身。前不久在厦门大摩纸的时代书店听他讲民国人物，如数家珍。他新出的随笔集《无语江山有人物》（广东人民出版社二〇一五年版），从慈禧、孙中山、宋教仁，一路讲到鲁迅、胡适、邵飘萍、张季鸾、郁达夫、王云五、傅斯年、竺可桢、胡政之、周文、唐德刚，以人带史，很有可读性。

二十世纪的中国历史开始于八国联军铁骑进京的烽火狼烟。垂帘听政的慈禧太后仓皇西逃，一路饱受流离之苦。这才刺激她在一九〇一年一月二十九日以光绪帝名义颁发变法谕旨，拉开清末新政的序幕。当年十二月二日，慈禧再次下达懿旨，表示“变法自强”的决心。在清廷下诏废止运转一千三百年之久的科举制后不久，载泽、端方等五大臣奉命出国考察政治。一九〇六年九月一日，清廷正式发表“仿行宪政”上谕，提出“大权统于朝廷，庶政公诸舆论”

的原则，提倡广兴教育、清理财务、整饬武备、普设巡警等。这是二十世纪中国出现的第一缕微弱之光，它带给中国的震撼不亚于八年前的戊戌变法。但是，年轻的宋教仁却不相信清廷真有诚意，在他眼中，清皇族连普通知识也不具备，决无可能走上开明专制和立宪之路，于是大声喊出“宪政梦可醒矣”。事实证明，宋教仁是清醒的，朝廷只是空头许诺，所谓的预备立宪不过是水中月、镜中花。

孙中山和宋教仁一样笃信中国必须经过一场民族革命和政治革命。他历经艰辛，参与缔造了亚洲第一个共和国；针对内忧外患、百病丛生、满目疮痍的民族现实，他提出民族、民权、民生三个极富概括力的说法，如此准确，如此简明。我们更不能忘记，他在中华民国临时大总统的任上，毅然放弃权位，实现承诺。这一壮举，放在中国历史上乃是前无古人的。有了这一幕，他就足以傲然屹立在历史的天空下，给予怎么样高的评价都不会过分。

鲁迅似乎并未亲身投入暴力革命活动，但他的著述和讲演却启蒙了革命青年。他在《娜拉走后怎样》的讲演中说：“可惜中国太难改变了，即使搬动一张桌子，改装一个火炉，几乎也要血；而且即使有了血，也未必一定能搬动，能改装。不是很大的鞭子打在身上，中国自己是不肯动弹的。我想这鞭子总要来，好坏是另一问题，然而总要打到的。”这样精辟和震撼，足以垂之精神史，启迪后世。

以倡导白话文暴得大名而登上中国思想界舞台的胡适是不赞同一场革命的，他素来相信，通向开明而有效的政治，没有捷径可走，“不管怎样，总以教育民众为主。让我们为下一代，打一个扎实之基础”。他不幻想毕其功于一役，一夜之间在地上建起天堂，不赞成那种寻求一揽子解决的主义，对各类放之四海而皆准的主义总是保持着高度的警惕。在他看来，即使是世界史上的两次大革命（法国革命和俄国革命），虽然震动百世，最终还是要回过头来面对枝枝节节的问题。因此，他为自己选择了一条“得寸进寸，得尺进尺”的渐进之路，不断地发出独立的声音，表达自己的见解，以唤醒社会。

傅斯年留学归国后也认同胡适的思路。一九一九年五月四日，傅斯年曾是北京学生游行总指挥。抗战期间，他出任国民参政员，以“炮轰”权势豪门孔祥熙、宋子文，被誉为“傅大炮”。但在社会演进思路上，他相信一点一滴的改造才是代价小、成本轻的健康之路。

一九四八年的最后一天，胡适和傅斯年在南京长江边一边喝酒，一边背诵陶渊明的诗，相对泪下。

几回清梦到李庄

因为之前读过岱峻先生的《风过华西坝：战时教会五大学纪》（江苏文艺出版社二〇一三年版）一书，印象颇佳，所以在书店里瞧见作者的新著《发现李庄》（福建教育出版社二〇一五年版），我随手翻了两页便掏钱买下了。我信任作者的笔力，更被“李庄”这个地名所深深吸引。

长江边上的四川省南溪县李庄，是个有一千八百多年历史的古镇，其为县治、州治、郡治的历史长达四百余年。历史在这块狭窄的土地上留下“九宫十八庙”，留下了一个个青瓦粉壁墙的四合院，留下了青石板铺就的小街。抗战期间，外省籍人士迁川七百余万，李庄最盛时有一万二千人。人口绝对数量不算多，却精英云集。那时古镇大大小小的宫观庙宇、会馆祠堂、民家小院，四下分布着中央研究院的历史语言研究所、社会科学研究所、体质人类学研究所筹备处和中央博物院筹备处、中国营造学社、同济大学等单位。特别是作为全国最高学术科研机构的中央研究院，其社会人文学科的三个所，涉及历史、语言、考古、民俗、民族、人类、经济、社会、法律等学科，全都迁到李庄。

于是，傅斯年、陶孟和、李济、李方桂、梁思成、董作宾、童第周、林徽因等一大批有国际影响、国内一流的学者，常撑一把油纸伞，或捏一把折扇，行迹匆匆，出没于李庄的大街小巷。单是留学欧美的考古学、民族学、人类学博士，就有李济、梁思永、吴定良、凌纯声、夏鼐、吴金鼎等一大批人。一九四八年，国民政府选出八十一位首届院士，从李庄走出去的就有九位。毫不夸张地说，当时这个偏僻乡镇是中国最具国际影响的人文中心，费正清、李约瑟等都曾造访过，与那里的傅斯年、陶孟和、梁思成、童第周等结下深厚友谊，保持着长期联系。

但是，一九四六年十月，随着载有最后一批抗战文化人的轮船鸣笛起锚，李庄突然空寂了。就像说到万里长江，人们首先想到的是上海、南京、武汉、重庆，大概不会留意到李庄；提起十四年抗战，自然会书写台儿庄大捷和百团大战，却很少追问中华文化的命脉在烽火连天的岁月里是如何薪尽火传的?

历史不应该遗忘李庄。岱峻先生原本是个好美食、好山水，遍地搜好书，到处逛庙子的恬淡之人，因为偶然的机缘，发现李庄这个有特殊意义的“文化符号”。他把田野考古和案头研究绑在一起儿做，终成《发现李庄》这部厚重之作。他用文字回忆、书简往来、口述记录、照片手迹，用密如针线的细节，复活了一个时代的光荣和梦想。他大声宣告：李庄活在“东巴文化之父”李霖灿的东巴文化研究著作中，活在王世襄的三卷本文集《锦灰堆》中，活在罗尔纲的《师门五年记》中，活在梁思成的《中国建筑史》中……因为，李霖灿正是在李庄开始东巴文化研究的，《锦灰堆》中的多篇论文写于李庄，《师门五年记》和《中国建筑史》都成于李庄。无论从哪个角度说，李庄都像西南联大一样，在我国人文学术史上有着举足轻重的地位，值得大书特书。著名古建筑学家、国家文物局专家组原组长罗哲文，当年是梁思成招聘的练习生，他晚年多次来李庄寻访，并写诗感怀：“几回清梦到李庄，江水滔滔万里长。五十余年今又是，激情旧景旧时光。”

《发现李庄》有厚重的历史、精彩的故事、鲜活的人物、真挚的情感、深刻的思想，值得静心细读。我读的是作者的签名本，更感到亲切。

从钱锺书到张爱玲

说起中国现代的“客厅”文化现象，最有名的莫过于北平梁思成、林徽因夫妇的“梁家客厅”，上海曾孟朴、曾虚白父子的“曾家客厅”和邵洵美的“邵家客厅”。这些都是实实在在存在过并产生相当影响的文化沙龙。而宋以朗《宋家客厅：从钱锺书到张爱玲》（花城出版社二〇一五年版）一书中所谓“宋家客厅”，却是一个比喻的说法，指作者的父亲宋淇在不同的时期与二十世纪中国文学史上大名鼎鼎的钱锺书、傅雷、吴兴华、张爱玲等曾有密切的交集。

宋淇一生交游广阔，与钱锺书、傅雷、吴兴华、张爱玲等保持着多年书信联系。这些书信对于中国现代文学研究无疑有着极为重要的价值，那些老友间鱼雁往返的文字，或交流创作心得，或畅谈文学观点，也有具体的经历、见闻等生活层面的信息传递，且不乏内心的五味杂陈、精神世界的起伏，诸多内容对于修正文学评论界、读者间对这些文学人物的某些谬传别具助益。《宋家客厅》一书就是以这些书信为线索，重点梳理宋淇与钱锺书、傅雷、吴兴华、张爱玲四位的交往史。

宋淇是张爱玲中后期创作的见证人和文学遗产的首位执行人，因此书中不惜笔墨写得最详细的也是张爱玲，从一九五二年秋在香港结识开始，一直写到张爱玲去世后遗作的整理出版。书中所讨论的张爱玲中后期创作的许多问题，比如张爱玲与美国新闻处的关系、如何评价《秧歌》与《赤地之恋》、张爱玲编剧生涯及《红楼梦》剧本风波、有关《色戒》的误会、张爱玲英文写作与翻译等，作者都根据大量第一手材料，给出很有说服力的结论。现在有不少人认为，《秧歌》是张爱玲根据美国新闻处给的大纲写的，事实完全不是这样。作者在书中说，张爱玲在报纸上看到美国新闻处的招聘广告，便投了简历，结果被选中。当时麦卡锡问张爱玲还在做什么，她回答说正在撰写和润饰小说《秧歌》，可见她还没听过“美国新闻处”这个名字时就开始写了，并非“授权”“委托”之作。至于她用英文写作《秧歌》，并非是完成美国新闻处派给的任务，而是因为“《秧歌》这故事太平淡，不合我国读者的口味——尤其是东南亚的读者——所以发奋要用英文写它”，意思是要拿到国外出版赚稿费。结果《秧歌》在美国出版后，真的好评如潮。

宋淇被钱锺书视为知己，他们相识始于一九四二年的上海，通信则从一九七九年起至一九八九年间，累计达一百三十八封。有段日子他们每星期都有聚会，傅雷、夏志清便是在这样的聚会上结识钱锺书的。比较鲜为人知的是，钱锺书早于三十多岁时已被视为“国宝”。吴兴华在一九四三年写给宋淇的一封信中说：“念英文的前辈常风称钱锺书先生为‘国宝’，十足表出五体投地之概，使我益发引未能一见钱先生为恨事。”难怪上一辈流传这句话：“平生不见钱锺书，便称英雄也枉然。”钱先生写信，毛笔、圆珠笔、打字机都用，语言主要是文言，但每封信都点缀着多国语言。钱先生致宋淇的最后一封信，日期是一九八九年一月十五日，他写道：“久阙音问，惟心香祝祷兄及美嫂身心康泰，无灾少病。贱恙承远注，并厚惠良药，感刻无已。去夏以来，渐趋平善，除西药外，兼服中药调理，望能免于polypharmacy（治疗一种疾病时的复方用药）之害，而得收synergism（药力协同）之效。然精力大不如前，应酬已全谢绝。客来亦多不见，儿欲借 Greta Garbo（葛丽泰·嘉宝）‘I want to be alone’（我要自个儿待着）为口号，但恐人嗤我何不以尿自照耳。呵呵。”信手拈来，语调风趣，尤其是最后这个当下网友常用的“呵呵”，实在让人难以相信是出自二十多年前一位年近八十的老人。

本书内容有着详尽的出处，叙事冷静而流畅，兼有家族史、文学史和传记等层面的意义，值得认真细读。

西方文明中的欲望与法律

“性”是个极端敏感的问题，无论你有多著名（事实上越著名越糟糕），只要因性行为不端被逮住，你就很难再“咸鱼翻身”了：法国著名的经济学家、政治家、国际货币基金组织总裁多米尼克·施特劳斯·卡恩被指控在纽约旅馆套房内猥亵一名非裔移民女服务员，此事很快演变成国际事件，引发人们对阶级特权，特别是对法国社会阶级特权权限的广泛讨论；美国总统比尔·克林顿与白宫女实习生莫尼卡·萨米勒·莱温斯基调情，导致一九九八年美国众议院对其进行弹劾；法国籍波兰裔大导演罗曼·波兰斯基在一九七八年被美国加州法院裁定性侵犯一名十三岁女孩，此事轰动一时，之后他一直逃避追捕，直到二〇〇九年应美国政府要求被瑞士当局拘捕。波兰斯基成为性犯罪的全球代表性人物……

不仅仅是名人，大公司也会被贴上性犯罪的标签：二〇〇四年

"超级碗"的电视直播现场，女歌手珍妮特·杰克逊曾瞬间露乳，使直播比赛的广播电视网——哥伦比亚广播公司被政府罚款五十多万美元，并被拖入旷日持久的有关美国电视"性得体"的法律诉讼案。

《性审判史》（南京大学出版社二〇一五年版）一书的作者埃里克·伯科威茨认为，根据性法律，环境决定一切，一成不变的判决结果不可期待；换个场景，所有上述案例都不会引发争议。尤其是杰克逊，如果她不是在大型电视直播中瞬间露乳，而是在有线电视、戏剧电影中，她就不会受到处罚；同样，如果波兰斯基的事情发生在一个世纪以前的加州，那他就没有触犯任何法律。

研究表明，从古至今，性与法律诉讼一直相伴左右。自有历史记载之始，立法者们就一直试图确定人们享受性快乐的界线，他们颁布各种规定和惩罚措施来推行形形色色的法律法令。在不同历史时期，有些性和性行为方式是提倡的，有些性行为模式则受到无情的责罚。回溯一两个世纪，跨越一国边境，在某地是无伤大雅的性享乐，在另一地却成为极大的重罪……

《性审判史》一书就是讲述这样的故事，作者在"引导欲望：最早的性法律""男人的荣誉：古希腊的案例""帝王寝宫：古罗马的性与国""中世纪：被定罪的人""现代性观念始现端倪：近代早期""新世界的性机会""十八世纪：启示与革命""十九世纪：对人性的考验"等八个章节中，按照时间顺序有机地展现，以鲜活的案例追踪西方法律的发展轨迹，从法律和力比多（性欲）的角度描述西方文明的故事。虽然法律应如何审理与性相关的案件，各种不同观点难以协调统一，但没有人质疑法律在解决由性引发的冲突中所发挥的作用。性是潜在的震撼天地的力量之一，不当的性行为会招来危险，害人害己，法律禁止这类性行为就是要使全社会免受灾难，尽管有时适得其反。

我们应该意识到，性行为与每个人都有关系，法律禁止失当性行为是必需的。林林总总的历史经验总对当代问题有所启迪，正如本书作者指出的那样，自有人类以来，“在性法律的竞技场上就一直上演着强奸、通奸、乱伦和其他性问题”。事实上，有些问题至今也没有形成共识。正是从这个意义上，我推荐大家读一读《性审判史》一书，不仅能增长我们的见识，也有益于我们理解历史和人。

警世的美食书

汪曾祺堪称作家中的“吃货”，不仅好吃，而且懂吃，所写美食文章，字字珠玑，读来满口生津。正应了“有其父必有其子”的俗话，汪公子朗虽然长期从业经济新闻，却因家学渊源和个人秉性，不论中菜西餐、盛馔小吃，都敢尝敢试、敢说敢写。我在二〇一五年九月举行的第十一届海峡两岸（厦门）图书交易会上购得的《刁嘴》（三联书店二〇一四年版），便是他关于吃吃喝喝的文章的最新结集。

封面很素雅，一串葫芦三只鸭。卷首六帧彩图及内页多幅插图，均取自汪曾祺先生画作。全书正文分为“饮馔谈往”和“吃食探微”两部分，共收杂感五十六篇，既涉及饮食源流、社会风俗，也关注日常吃喝、人情世态，从帝王、高官到文人、百姓，从猪头、火腿到萝卜、青菜，东拉西扯，皆成妙文。比如打头的《刁嘴，可恶更可贵》一文说，人之有口，功能有二，一则吃饭，二则说话。有一种人饭后不会好好说话，往往不受人待见。“数年前，一同事将其母所做八宝饭带至单位与同仁共享。食毕，众皆交口称赞，唯我不知深浅，据实提出两点不足：猪油略少，豆沙微酸。此评价反馈过去，招致同事母亲的一声高叫：别人都说好，怎么就他的嘴那么刁！”此种“刁嘴”虽不受人欢迎，但于饮食业的进步却大有裨益。中国烹饪技艺能有今天的水准，离不开厨师与食客的相互砥砺。如果人人都是“吃嘛嘛香”，最终餐桌上大约只会剩下一盆糨糊。这话在一些过度敏感的人士听来，大有弦外之音呢。

幽默调侃，借古喻今，的确是本书的一大特色。比如，吃喝玩乐，四位一体，自古皆然。但作者说，与吃喝有关的玩乐也有雅俗之分，“要想玩儿得雅致，必须得有绝活儿，比如会在酒宴之上即席赋个诗填个词什么的”。作者接着讲了几个文臣在酒宴上赋诗讨好皇帝得到好处的故事，然后话锋一转，引述岳飞的孙子岳珂在《桯史》中的一段记载：福建有一海盗名郑广，自号滚海蛟，官兵奈何其不得，只好招安了事。由于郑广有前科，官员中没人愿意搭理他，让他很郁闷。一次郑广去拜谒上司，正赶上同僚们在谈诗论词，于是自告奋勇赋诗一首：“郑广有诗上众官，文武看来总一般。众官做官却做贼，郑广做贼却做官。”在另一篇文章中，作者引用杂书中的材料，讲了一串古代“高官食难俭”的故事，最后得出结论说：“高官何以食难俭？难在皇上对其奢侈之风睁一只眼闭一只眼，有时甚至纵容之，助长之。”证之当下官场吃喝风锐减，可不就是这样一个道理吗？

一本讲吃吃喝喝的书能达警世之境，实属难能可贵。在我的阅读经历中，这还是第一次遇到。因此，有人给作者送了一个“封号”——最拐弯抹角的社会批评家。这并非过誉之辞，作者这么写，的确是有意为之。且听他自己说：“我的文章虽然都与吃喝有关，但既非美食巡礼，更非烹饪要义，与添油加醋切葱捣蒜相去甚远，更多是想写出点吃喝之外的意思，对某些现实问题发些感慨，说点闲话。”闲话不闲，读者心亮眼明。

当然，对于纯粹的“吃货”来说，书中也有《猪头的前世今生》《涮肉寻源》《烤鸭辨踪》等多篇文章是可以大长见识的。眼下天气转凉，又到了吃螃蟹的时候。可你知道中国人为什么要吃螃蟹吗？最直接的答案当然是好吃。但作者在《螃蟹味寻》一文中却告诉我们，中国人最初吃螃蟹，应该另有原因。作者引经据典，说中国食蟹之风最盛的地区与种植水稻最早的地区大致相当，都在江浙一带。而螃蟹又是个食稻伤农的东西，直到元朝，江苏一带还有“蟹”厄的记载：“吴中蟹厄如蝗，平田皆满，稻谷荡尽。”螃蟹多时，像蝗虫一样给稻谷带来毁灭。没别的办法，只好吃掉它们，保住庄稼。这说法新鲜吧？

尘世之城与天国之城

无论篇幅还是内容，《耶路撒冷三千年》（民主与建设出版社二〇一五年版）都是一部“大书”。这部杰出的城市非虚构文本，呈现的不仅是耶路撒冷三千年的瑰丽历史，更是整个世界的缩影。

我们知道，耶路撒冷曾被视为世界的中心，它是基督教、犹太教和伊斯兰教基本教义派的圣地，是不同文明冲突的角斗场，是无神论与有神论交锋对峙的前线，是世俗瞩目的焦点，是二十四小时新闻时代里全世界摄像机聚焦的耀眼舞台。宗教、政治和媒体兴趣相互滋养，使今天的耶路撒冷比以往任何时候都更频繁地暴露在世人的目光之下。因此，本杰明·迪斯累利说：“观察耶路撒冷就是在考量这个世界的历史；不仅如此，耶路撒冷的历史还是天国和尘世的历史。”

为这样一座尘世之城与天国之城作传，仅有博学、睿智是不够的，还需要极大的勇气。本书作者西蒙·蒙蒂菲奥里曾在剑桥大学攻读历史，他是英国皇家文学学会研究员，耶路撒冷旧城外第一座犹太住宅区的建造者摩西·蒙蒂菲奥里爵士的曾孙。他说：“我感到我的一生都在为书写这本书作准备。从孩提时代起，我就经常绕着耶路撒冷转来转去。因为家族的关系，耶路撒冷是我的家训。”为了写好这本书，他广泛阅读了古代与现代的一手文献，反复同专家、教授、考古学家、家族人物和政治家进行私人探讨，无数次拜访耶路撒冷、圣迹和考古发掘现场，和所有派别的耶路撒冷人成为朋友，并在激烈的政治危机中得到他们的充分信任与慷慨帮助。在此基础上，他以客观、中立的态度，按时间顺序，通过士兵与先知、诗人与国王、农民与乐师的生活，徐徐展开千年古城的圣殿、市集、生活、战争、诗歌与悲泣，还原真实的耶路撒冷。作者表白说：“不管与耶路撒冷有什么私人联系，我在这里只是为了讲述真实发生的历史和人们相信的历史。”

全书由“犹太教”“异教”“基督教”“伊斯兰教”“十字军东征”“马木鲁克”“奥斯曼”“帝国”“犹太复国主义”等九部分组成。作者不想把这本书写成有关耶路撒冷方方面面的百科全书，更不想成为每座建筑物中的每处壁龛、每个柱顶和每座拱门的旅游指南，他的任务是追寻真相，为普通读者书写最广泛意义上的耶路撒冷历史，不管他们是无神论者还是有信仰的人，是基督徒、穆斯林还是犹太人。因此，在写作方法上，他毅然选择有悖于正统史学注重的突发事件描述和狭隘叙事的做法，尽可能地以大卫家族、马卡比家族、希律家族、倭玛亚家族、鲍德温和萨拉丁家族、侯赛尼家族、哈立德家族、斯帕福德家族、罗斯柴尔德家族、蒙蒂菲奥里家族的发展为线索追寻历史。这不仅因为耶路撒冷是一座具有连续性和共存性的城市，更重要的是这些极为重要的家族历史几乎不为大众历史学家所涉猎。为此，作者不仅动手翻译一些没有英文译本的关键材料，还花费大量时间采访所有这些世家的家族成员，以了解他们的故事，把许多被遗忘的历史带给读者。由于本书具有极大的原创性，连美国前总统克林顿都发出由衷的赞叹："这本书值得你一读再读。"学养深厚的美国前国务卿基辛格也给予高度评价："这是本了不起的耶路撒冷传记，横扫三千年的宏观历史。"

耶路撒冷是一座不属于任何人的城市，但它又存在于每个人的想像当中，正所谓"世界若有十分美，九分在耶路撒冷"。事实上，《圣经》从许多方面来说，都是耶路撒冷的编年史。阅读这本书，了解耶路撒冷的历史，有助于我们明白世界为何演变成今日模样。

“学究癖”看电影

多数人看电影的心态大概和我差不多，纯粹休闲娱乐，或喜或悲，当场哭一哭，笑一笑，散场后就抛到九宵云外。比如看王家卫的《阿飞正传》，能记住这段台词的恐怕没几个：“我听别人说这世界上有一种鸟是没有脚的，它只能一直地飞呀飞呀，飞累了就在风里面睡觉，这种鸟一辈子只能下地一次，那一次就是它死亡的时候。”

但有一个叫胡文辉的观影者，不仅记住台词，还四处翻书查资料，考证出这种没有脚的鸟叫天堂鸟，见于新几内亚和印度尼西亚。“所谓天堂鸟，又名极乐鸟，系雀形目风鸟科通称，体态华贵，羽毛美艳，性喜逆风飞行，故又称风鸟。”此鸟在十九世纪中叶英国人华莱士所著《马来群岛自然科学考察记》一书中有记述，并称他的多次旅行“都是为了得到天堂鸟标本并了解它们的习性和分布”。

胡文辉甚至在浩瀚的汉语文献里钩沉出有关天堂鸟的记载："状类锦鸡，栖于云中，饮雾餐霞，未尝履地，迨其死，乃坠落。"（王大海《海岛逸志》）这与华莱士所引天堂鸟"生活在天空中，时时追逐着太阳，决不降落在地上，直至死亡"之说若合符节。胡文辉经过梳理大量中外文献，最后得出结论：天堂鸟并非无脚，只因此鸟"终日盘旋空中不下，平日难以捕获，当地土著遂有此鸟终身飞行、至死方休的神话，由此才又衍生出其天生无脚的奇异细节"。

自称有"学究癖"的胡文辉至此还不罢休，接着又做了篇《天堂鸟输入中国臆考》的文章，爬梳中外羽毛贸易史，指出唐宋以来从南洋输入内地的"翡翠"及"翠羽""翠毛"，其实际所指，不仅包括翡翠鸟，也包括天堂鸟。他联系清代官制的"顶戴花翎"，说："清代在官仪中所使用的'孔雀翎'，未必只限于孔雀羽毛，有可能也包括了天堂鸟的羽毛。"胡文辉担心别人对他不厌其烦考证"羽毛"的重大意义不理解，自辩道："羽毛虽微，本身却涉及博物学及博物学史；论其作用，既涉及官方的礼仪史与制度史，又涉及私人的服饰史；而论其传播，则更涉及中外交通史及贸易史。"

读到这里，我不仅真心佩服胡文辉的学识，更羡慕他由此及彼的超人想像力。收入这部《电影考古记》（河南文艺出版社二〇一五年版）的三十篇文章，都是由一部部常见的电影生发开来的，"是将电影作为引子，由电影中的某些细节介入历史世界，重点在于种种历史话题的探讨，可以说是取历史本位。不妨说，我是借电影之酒杯，浇历史之块垒"。在写法上，大都不厌其烦援引古今中外书证，或纵向或横向，"主要功夫在史事的系联与论议"。做这样的文章，是很考验阅读量的。毛尖算是写影评的顶尖高手，相信她见到胡文辉，也会竖起大拇指吧。

需要说明的是，我选择介绍书中这篇文章，只因它比较容易复述，更多妙文，有待读者自己去看。像胡文辉这样看电影的人凤毛麟角，这本书值得“奇文共欣赏”。

等闲岁月与书为伴

“南方读书人多有不求闻达者，交良先生买书之勤，读书兴味之浓，迥然于世”，舌头和笔头都不饶人的著名作家韩石山这样评价《六桂堂读书记》（山东画报出版社二〇一五年版）的作者方交良。粗略浏览收入方交良二〇一〇至二〇一二年这三年所写读书日记的《六桂堂读书记》一书，我的心中升腾起一缕惺惺相惜的情愫，深感韩石山所言不虚。

方交良是业余读书人，“白天的时间属于单位，只有下班后的时间属于自己。通常晚上散会儿步，买本书，然后看几个小时”。他的所谓散步，其实就是逛书店。他有个好习惯，几乎每天都以日记的形式记录下所买的书和读书心得，故书中处处留下他晚饭后散步买书的痕迹：“逛至书店，居然还开着，买《上水船甲编》”；“到书店，看到周有光一百零四岁文章的集子《朝闻道集》，买来翻翻”；

“书店翻了翻《我也是鲁迅遗物》一书，看到题目，马上想到这个是朱安的传记”；“昨夜购得《孙犁文集》一套八本，价一百五十元。最近频往书店，似乎无书可读，也无书可买”；“晚上到新华书店，看到余秋雨新著《我等不到了》，是余才子的又一本自传体散文，几年前出过一本《借我一生》，才子是才子，但是格局很小”；“晚购书《钱谦益诗选》和《袁枚诗选》。两位都是大才子，袁才子的诗更清新自然”；“散步买百家讲坛齐白石《从木匠到巨匠》”……他不仅散步买书，出差在外也是无日不逛书店。他是浙江定海人，有次去杭州办事，原计划第二天返回。但第二天早上准备退房时，他突然想起昨天晚上逛晓风书屋时看到的预告，说在南宋御街另一家分店有一批旧书出售，于是当即推迟回家，直奔书店。他第一次去内蒙古，不好好看风景，而是没日没夜逛书店。此外，他还不停地从网络上购书，日记中隔几天就有收书记录，“家里的书已经放不下了，但是一见新书还是买”。读这本书，我感觉自己时刻在书香中呼吸。

买书是一痴，读书又是一痴。我算是个勤快的读书人，但方交良读书之多，我不能望其项背。这是一位“不读书，毋宁死”的真正读书人，尽管知道“读书人在这个社会越发没有底气，社会尊崇有权有势的人，读书人已经被边缘化”，但还是日日离不开书，日记中几乎每天都有阅读记录。他说：“读书是夙缘，是找寻自己的际遇。”为了腾出更多的时间读书，他甚至狠心拒绝了报社的约稿。“承蒙报纸主编看得起，每月写一篇书评。”他在一则日记中写道，“看书本来是件愉快的事情，要写书评，费心费力，毫无乐趣可言。”

于是果断不写，落得个轻松自在读闲书。在写书评的问题上，我倒是有不同看法。通过书评推荐分享好书，激发读者的阅读兴趣，让读书种子绵绵不绝，我以为是读书人的责任及本分。所以不管大报小报约此类稿子，我都满口答应。

不过，从拒绝报纸主编约稿这件事上，可以看出方交良是个真性情的读书人。性情中人必是有癖好的，我猜想，方交良读书之外的癖好是爱美女。日记中有许多很有意思的例子。比如有位女画家“长得十分漂亮有气质”，他便买了她一幅画，但一直没拿走，无非就是找借口多去看几次女画家，“当初买这幅画就是冲着她的人去的”，“看她的画不如看她人更打动人心”。在另一则日记中，他还不无遗憾地写道：“世界上会写文章，也爱写文章的满大街都是，只是很少能让人眼前一亮。世界上的美女也满大街都是，能惊鸿一瞥的不多。既能写漂亮文章，又长得让人过目不忘的，到现在为止还未遇到过。”把这样隐秘的心思用文字记录下来，公诸于众，甚是天真可爱。

总之，这是一本激励人读书的好书。“买书也好，读书也好，都是一种难得的福”，方交良告诉读者，“等闲岁月，与书为伴，时间流逝，心中常留一段春”。

人生多是半生缘

黄恽是《苏州杂志》的编辑，爱钻古纸堆，且钻出《古香异色》《秋水马蹄》《燕居道古》等著作。这些书我都认真读过，获益颇多。他的文章材料扎实，叙述简朴，见识新奇，耐得咀嚼。

福建教育出版社新出的《缘来如此——胡兰成、张爱玲、苏青及其他》（二○一四年版）一书，比较系统地阐述了黄恽对胡兰成、张爱玲、苏青的看法。这三个人都是二十世纪四十年代前后沦陷区涌现出来的奇迹。张爱玲无疑是个天才作家，有绝佳的悟性和敏锐的预感，才萌芽就迫不及待开出绮丽娇艳的花朵。她小小年纪，似乎已经洞彻，人生就是一种传奇，于是凭空在世俗平庸的日常生活中看到《传奇》。读张爱玲的小说，更多着迷于她的高超的描写和故事，却很难按图索骥，看破原型。即使像《殷宝滟送花楼会》这样的作品，她自己不说，恐怕读者很难猜出是影射傅雷的婚外情。

苏青与张爱玲不同，她的小说就是她生活的浓缩。由于里面的人物没有经过太多变形，所以读苏青的《结婚十年正续》，一眼就能看到她周围活跃着的陈公博、周佛海、陶亢德、柳雨生、金性尧、纪果庵、胡兰成、袁殊等人物，“足以开一个文艺茶话会”。离婚生活给了苏青自由的空间，她总是不惜从“小三”做起，在众多男子之间周旋，付出，得到，满足，失落，却并不气馁。她知道如何利用自己的隐私满足读者的偷窥欲，因此她的小说人物常常是直接从生活里抓来，只是换了名字换身衣服。有人说她世俗，但在她看来，世俗正是过日子必须的好处。

胡兰成是《缘来如此》一书的关键人物。乱世枭雄胡兰成是野心家、纵横家，政治抱负不遂，才不得已拿起笔来，写他的文章，编他的杂志和报纸。对于当年的他，这些都是寻求关注、意图崛起的一种方式。虽然笔下流出的文字是那么出色当行，焕发异彩，但他志不在此，是随时可以放下不顾的。因此除了写文章，他还忙于政治和恋爱，还和日本人暗送秋波或勾勾搭搭。他对汪政府多少有些不屑，即使汪精卫提携了他，任为高官，他还是有自己的想法，并不总是和汪精卫保持一致。他天才太高，总有自己的意见，还忍不住要说出来。结果，汪精卫也容不下他，把他下狱四十八天。

胡兰成为人为文，都没操守，一个一无凭恃的乡下人，是不能与士大夫相提并论的。他性格中有知识分子的儒雅，更有流氓的无赖，一生最大的“成功”，是不惜卑躬屈己，用自己的聪明才智，博取了众多女性的爱恋。他和高傲的女作家张爱玲结了婚，和小护士周训德恋爱，还和遇到的很多女人搞暧昧。据他自己说，只要看得上眼的，年纪比他小的，他一个都不会放过。烟花散尽，回顾一生，原来女人与恋爱才是他人生一个个驿站，他的《今生今世》最想说的，原来还是女人，差点连自己也成了配角。

最后回到胡兰成与张爱玲、苏青的关系上来。据学者考证，苏青小说中谈维明的原型就是胡兰成，这个发现使得胡兰成不仅仅停留在撰文对苏青表示赏识上面，还实现了对有兴趣的女人一个也不放过的豪言。原来胡兰成是张爱玲和苏青之间的一条纽带，把两个女作家联系起来，不但两人曾经惺惺相惜，而且还分享过来自同一个人的情爱。虽然张爱玲曾经说过："把我同冰心、白薇她们来比较，我实在不能引以为荣，只有和苏青相提并论我是甘心情愿的。"但我相信，像张爱玲这样心高气傲的女人，是不会心甘情愿与另一个女人分享同一个男人的。因此，即使岁月静好，张爱玲与胡兰成也不可能白首偕老，"人生多是半生缘"，他们的遇合注定是一次小团圆，一个传奇罢了。

古典文学中的植物世界

你知道《诗经》里提到过多少种植物吗？你知道《楚辞》中出现次数最多的植物是什么吗？《红楼梦》前八十回描写植物丰富细腻，作者对植物熟悉度远胜于后四十回，这个结论能作为支持前八十回为曹雪芹所作、后四十回为他人所续的历史悬案吗？读罢潘富俊先生的《草木情缘：中国古典文学中的植物世界》（商务印书馆二〇一五年版）一书，这些问题迎刃而解。

对爱书人来说，好书有一种特殊的味道，老远就能闻到。事先未经任何人推荐，我在海峡两岸图书交易会的书海中，一眼就挑中潘富俊先生这部五百多页的厚书。个中缘由，说不清道不明，但惺惺相惜的读书人当会心一笑。

翻开目录，看到“诗经植物”“楚辞植物”“章回小说的植物”“中国成语典故与植物”“古典文学中的植物名称”“植物特性与文学内容”“文学与植物色彩”“文学与野菜”“文学中的瓜果”“文学植物与植物引进史”等章节标题，我当即就心动了。无论是在农村长大还是在城市长大的人，想必对植物都怀有深切的感情，但多数人对植物的名称、内涵所知甚少，现在能通过作家、诗人的文学作品认识植物、亲近植物，何乐而不为呢？这比“啃”艰深的植物学专著肯定要有趣得多。

潘富俊先生是美国夏威夷大学农艺及土壤博士，毕业后在大学讲授景观植物学、植物与文学等课程，做过植物园的规划整建工作，著有《草木》《诗经植物图鉴》《楚辞植物图鉴》《唐诗植物图鉴》《成语植物图鉴》《红楼梦植物图鉴》等书，学术功底深厚。在近半个世纪的时间里，他在书房中神游于文学世界，在田野中实地探访中国古典文学中的每种植物，考评大地自然生态，最终通过《草木情缘：中国古典文学中的植物世界》一书，还原几千年来文人笔下的植物原貌，解析不同时代有着不同名称与寓意的植物面貌，让读者一面亲近中国古典文学作品，一面认识大千植物世界。有学者评价说，潘先生左手文学，右手科学，编枝结草搭建起了一座沟通文学与自然科学的桥梁，为今人阅读理解中国古典文学开辟了一条新通道。

潘先生写这部书下了大功夫。光统计每一部古典文学作品中出现的植物种类，就不知要掉多少根头发。我甚至无数想像，作者是怎么做到的。他通过梳理历代诗词总集，居然考证出《全唐诗》中有植物三百七十九种，《全宋诗》有六百三十二种，《全辽金诗》有二百九十八种，《元诗别集》有四百六十六种，《明诗别集》有五百零七种，《清诗别集》有五百四十三种，《全唐词》有一百三十种，《全宋词》有三百二十一种，《全金元词》有二百五十三种，《全明词》有四百五十一种。诗、词比较，诗写到的植物比词多。

“走进植物的世界，印证文学的心灵。”限于篇幅，对这部梦幻之书的妙处无法一一介绍，但我敢和你打赌，只要你打开它，一定会流连忘返，收获多多。

小说家的杂文

我喜欢余华的小说，无论是他的长篇《活着》《许三观卖血记》《在细雨中呼喊》《兄弟》《第七天》，还是他的中短篇《世事如烟》《河边的错误》《此文献给少女杨柳》《黄昏里的男孩》《现实一种》《鲜血梅花》，我张口即来，如数家珍，其熟悉程度就像谈论自己的作品。我甚至曾模仿他的叙述语调写过一个题为《无法潇洒》的短篇小说，发表在《厦门文学》一九八九年第十一期，受到此文责编、小说家阎欣宁的肯定。

这些年，余华小说写得少了，主要精力似乎转向随笔、杂文的创作。继《十个词汇里的中国》之后，日前又推出最新文集《我们生活在巨大的差距里》（北京十月文艺出版社二〇一五年版），据其封面广告语称系“余华十年首部杂文集”，“从中国到世界，从文学到社会，以犀利的目光洞察时代病灶，以戏谑的文笔戳穿生活表象”。广告语都是一些玄之又玄、不知所云的东西，还是余华自己说得实在些：“这就是我的作品，从中国人的日常生活出发，经过政治、历史、经济、社会、体育、文化、情感、欲望、隐私等等，然后再回到中国人的日常生活之中。”

看录像带电影是二十世纪八十年代中国人日常生活的美好记忆。余华看的第一部录像带电影是英格玛·伯格曼的《野草莓》，因而留下刻骨铭心的印象，此后他每星期都要坐五公里的公共汽车去看录像带电影，“这些电影被不断转录以后变得越来越模糊，而且大部分的电影还没有翻译，我们不知道里面的人物在说些什么，模糊的画面上还经常出现录像带破损后的闪亮条纹”，“我们仍然全神贯注，猜测着里面的情节”。这一具有中国特色的场景唤醒多少人的记忆啊，看厌了八个样板戏和《地雷战》、《地道战》的我们与余华当时的感受一样：我终于看到了一部真正的电影。

余华的杂文以小见大，直指人心。人人都会做梦，有笑醒的好梦，也有惊醒的恶梦。余华在一九八六年至一九八九年的三年间，白天写下大面积的血腥与暴力，到了晚上睡着以后，常常梦见自己被别人追杀，每次惊醒过来都是大汗淋漓、心脏狂跳。余华写道：“这三年的生活就是这么疯狂和可怕，白天我在写作的世界里杀人，晚上我在梦的世界里被人追杀。如此周而复始，我的精神已经来到崩溃的边缘。”有一天，余华做了一个漫长的梦，或许是那天太累的缘故，他在梦见自己被杀死时居然没惊醒过来。重新“活”过来之后，余华扪心自问，开始意识到这是因果报应。在充满冷汗的被窝里，余华警告自己：以后不能再写这样的故事了！余华说到做到，血腥与暴力的趋势在以后的写作中果真减少了。读罢这篇《一个记忆回来了》，我很不平静，心想，写作尚且如此，做人更要心存敬畏！

余华是个有想法的作家，听他聊福克纳、茨威格、陀思妥耶夫斯基、麦克尤恩、伦茨、大仲马等作家，感觉他看到了更深层次的东西。他自称福克纳是他写作上的师傅，曾传给他一招绝活，让他知道了如何去对付心理描写。因此，提到福克纳生前和妻子分手，死后被迫和更长寿的她躺在一起时，余华愤然写道："我师傅活着的时候还可以和这个他不喜欢的女人分开，死后就只能被她永久占有了。"充满了无奈和痛惜，像弟子说出来的话。

其实，人生就是这样无奈。余华无疑是中国当代最好的作家之一，也写出了优秀作品，但因为他的作品"调子比较低"，在国内很难获奖。获不获奖原本无所谓，但获奖能让作品传播范围更广一些，这是像我这样的"余粉"最乐意看到的，好东西应该分享。

旧书店应该这样经营

自江户时代开始，日本京都的书肆就成为京都风雅的象征之一。其间历经沧桑，衰而复振，终于绵延不绝，滋养代代文风与学林。《京都古书店风景》（中华书局二〇一五年版）一书的作者苏枕书先生以游学之便，一一寻访，搜罗掌故，渐渐和书店主人们由生分而熟络，写下一篇篇生动有味的随笔，记录书店的故事和那些可亲可爱的人情，感知岁月的流转在京都古书店留下的印痕。我边读边感叹：旧书店就应该这样经营啊！

经营旧书店要有专业知识。创业于昭和十二年（一九三七年）的福田屋书店如今传到第三代，但有段时间在店里却只看到二代主人小林隆雄。苏枕书先生询问第三代是不是找了别的工作，小林隆雄先生笑道："他呀，最近专门去学古文书啦。因为理想是做古籍生意呢！不好好学几年，哪里敢露面？"又感慨过去要开旧书店，都须在老店做上几年学徒才敢挂牌。他们经受过训练，对旧书很熟悉，从识别版本、分类、标价，到给客人包书皮这样的细节，都很专业。不像现在有些人开店，业务不精，常常对书价把握不确，或定价奇高，或把有价值的好书混入普通书区，令读者捉摸不透。因此，苏先生引用《古本屋盛衰记》一书中的话说："新书书店只需要从相关公司半机械性地接受书籍，排在店内即可，并不需要多大的鉴别能力就能买卖，而古本屋则非如此。可以说，这是需要广博深厚之学识的专门职业。"

经营旧书店要热爱书籍。紫阳书院老板镰仓先生很年轻，三十多岁，却非常喜爱古代尤其是古代中国的典籍。苏枕书先生因为住得近，有一阵往店里去得很勤，知道镰仓先生接触古籍很早，开旧书店所得尽数用来淘买古籍。凡遇钟情者，费尽周折也要入手，把玩阅读，不忍转售，最终尽入私藏。镰仓先生每日与古籍为伍，对某书年代、卷数、汉和朝鲜版本异同、何种最善，都有研究，如数家珍，写过多篇论文。他还因发现赵孟頫手书墨卷，受到日本文部省的表彰，奖状就挂在店里，展示着他的骄傲和自豪。因为都爱书，两人一来二去结下了情谊。"他时常借书给我，借期一周，按期归还，借下一种书，譬如仇兆鳌的进呈本《杜诗详注》、光绪丙申刻本《齐民要术》、集雅斋藏版《新镌五言唐诗画谱》等。"这样的人开书店，就像吃货开饭店一样，恐怕很难赚到钱。但他说："只要到书堆里一坐，翻检卷帙，摩挲书纸，便觉世上无事值得计较。"因为自己爱书，对顾客找书的要求也就格外上心。

经营旧书店更要有人文情怀。苏枕书先生常到一家叫中井书房的旧书店闲逛，有一次看到一九八〇年近代文学馆新选名著复刻全集，心里痒痒，但囊中羞涩。店主中井先生见他流连忘返，笑道："你对日本文学感兴趣？搬得动就多拿些吧！"想了想居然道："你挑的几本都不要钱。"见苏先生吃惊的样子，接着说："书放在这里没人读，是最寂寞的事。有人钟情，于书也是大幸。更何况做学生的，哪来什么钱。"又指着苏先生挑出来的五本文库本道："这些就算一百日元一本。"原先是三百一册的标价。这样的好事，苏先生在其他旧书店也常遇到。有一回他在福田屋书店看中一套《清国行政法》，问价说一万五千日元，已是很低的价格——日本旧书网上三万五万的都有。拿下架一册册翻过，品相极好，心已属定，小声问："可否一万售出？"小林隆雄先生犹豫片刻，笑问："这书对你可有用？"作者答："与研究相关，早想买下。"他拊掌笑道："那最好，拿走吧！"又叮嘱道："好好学习哟！"又有一次，苏先生在井上书店看中四册关于法制史的书，店主井上先生说学生清贫，应多体谅，主动为他打折，还高兴地说："刚收来的书，这么快就找到合适的主人，想必原来的主人也可安心。"具有如此人文情怀的旧书店老板，必得读书人十二分的尊重。

我想，《京都古书店风景》不仅可以当作爱书人逛京都古书店的指南，而且应该成为中国旧书业经营者的枕边书。

晚明的启蒙时代

得着一个住校进修的机会，我抛开俗务，用一周的业余时间认真读完樊树志先生的力作《晚明大变局》（中华书局二〇一五年版）。此书语言晓畅，雅俗共赏，是今人系统了解晚明社会发展史不可多得的一本好书。

据作者在“引言”中交代，撰写这本书并非心血来潮。大约十年前，他在《解放日报》发表了一篇题为《晚明的大变局》的长文，主旨是：近来人们常说“晚清的大变局”，殊不知，晚明也有大变局。但文章发表后，并未引起学术界的关注。于是他立志将自己的看法写成一本书。十年来，他“阅读、收集各种史料，参考前人的研究成果，增补自己已有的认知”，逐渐形成本书的框架。我们从全书六个章节的标题可以约略看到晚明各个方面的“大变局”：“海禁—朝贡”体制的突破；卷入全球化贸易的漩涡；江南市镇：多层次商品市场的高度成长；思想解放的浪潮；西学东渐与放眼看世界的先进中国人；新气象：文人结社与言论。

作者认为，晚明的大变局是在世界潮流的激荡下逐渐显现的。十五世纪末至十六世纪初，世界历史出现大变局，进入大航海时代。欧洲的航海家发现绕过非洲好望角，通往印度和中国的新航路；越过大西洋，发现美洲新大陆。从此，人类的活动不再局限于某一个洲，人类的视野不再是半个地球。在“全球化”初露端倪的大背景下，强大的中国不可能置身事外。葡萄牙人绕过好望角进入印度洋，在中国东南沿海进行走私贸易，从而把中国市场卷入全球贸易网络之中。西班牙人绕过美洲，横渡太平洋，来到菲律宾群岛，为生丝、丝织品、棉布等中国商品找到一条通往墨西哥的贸易航路——太平洋丝绸之路。他们运去的是以丝货为主的中国商品，运回的是墨西哥银元。作者引用权威数据告诉读者，无论是葡萄牙、西班牙，还是后来的荷兰，在与中国的贸易中，都始终处在逆差之中。德国学者弗兰克在其名著《白银资本》中的观点也证实了这一点：“‘中国贸易’造成的经济和金融后果是，中国凭借着在丝绸、瓷器等方面无与匹敌的制造业和出口，与任何国家进行贸易都是顺差。”

面对频频袭来的全球化贸易浪潮，大明王朝的统治者依然抱守着严禁“交通外番，私易货物”的海禁政策。郑和下西洋并不意味着海禁政策的取消，那是国家行为，目的在于“宣教化于海外诸番国”，民间船只还是不能自由出海。然而，时代潮流已不可逆转，尽管朝廷不断颁布“濒海民不得私自出海”的禁令，但在巨大利益诱惑下，东南沿海走私贸易一刻也没停止过。这让我想起马克思那句资本滴血的名言。走私与海禁的较量日趋激烈，海禁政策越来越不得人心。被所谓的海盗搅扰得不能安宁的福建巡抚涂泽民在隆庆元年（一五六七年）大胆上疏，请求朝廷开放海禁，准许民间出洋贸易。朝廷居然准奏，并在东南沿海的港口设立海关，向商船征收关税，将走私贸易合法化。这是里程碑式的转折。

作者对铸就晚明对外贸易辉煌的各种力量进行梳理后指出，创造这页光辉历史的正是江南的丝绸业市镇。它们用“湖丝”织成的各色绸缎，或从福建漳州的月港销往马尼拉，再由马尼拉大帆船横渡太平洋，运往美洲；或从澳门销往印度的果阿，再转销欧洲。江南的棉布业市镇出产的棉纺织品，也由马尼拉大帆船运往西班牙的美洲殖民地。

以利玛窦为代表的耶稣会士，紧随欧洲商人的步伐来到中国。他们在传播天主教的同时，传播欧洲文艺复兴以来的科学文化，不仅使得中国在文化上融入世界，“西学”以前所未见的巨大魅力，深深吸引一大批正在探求新知识的士大夫们，短短几年，就掀起了西学东渐的高潮。中国人由此看到欧洲先进的天文历算、数学物理、农田水利、机械制造等领域的新知识，涌现出瞿汝夔、徐光启、李之藻、杨廷筠、王徵、方以智等第一代放眼看世界的觉悟者。瞿汝夔“把西方文明的成就系统引入远东世界”；徐光启组织编撰《崇祯历书》，吸收欧洲先进的天文学知识，开启了中国人认识宇宙的新阶段；李之藻刊刻出版利玛窦的《坤舆万国全图》，让中国人认识到人类居住的地方其实是一个圆球，中国只是地球的一小部分……士子、文人们的自主意识被唤醒，讲学、结社蔚成风气，其中以活跃于江南的复社最为有名，影响所及，遍于全国。学人们以文会友，畅所欲言，无所顾忌地高谈阔论，成为晚明社会一道明丽的亮色。

作者为之欢呼：一个启蒙时代来临了。

我以为，《晚明大变局》一书的出版，不仅对于重评晚明史，而且对于看清近代史以及当代史，都有助益。正如作者指出的那样，晚明大变局是中国历史发展中至关重要的一个环节，它是晚清以后中国社会发生颠覆性大变局的思想和文化潜源。作者在诸如“倭寇”问题、西学问题、东林及复社问题以及瞿汝夔在西学东渐过程的作用问题上的卓见，澄清了人们的诸多误解，还原了历史的真相，推进了晚明史研究的高度。

胡德夫的歌曲与人生

“台湾民谣之父”胡德夫，日前带着他的书《我们都是赶路人》（北京联合出版公司二〇一六年七月版）和新歌碟《撕裂》来到大陆，以作者与歌手的双重身份，讲述他歌曲作品背后的人生故事。

胡德夫是个奇人，他是台湾少数民族，从小在山上放牛，没正规学过音乐，但李宗盛、蔡琴、齐豫等一众歌手皆受其影响。他五十五岁才出第一张专辑，当年即打败如日中天的周杰伦获得金曲奖。柴静在《看见》中写道：“白岩松听到他的歌，突然热泪盈眶。”白岩松为《我们都是赶路人》一书作序时说，在胡德夫的歌声里听得到岁月与山河，在他的文字里看得到一个男人所走过的路。

胡德夫的人生路走得艰难。他出生在距离台东市区有七八十公里的一个阿美人社区，三岁时随调职的父亲迁到大武山下一个只有几百人的排湾部落生活。从上小学开始，他一边上课一边放牛，“我在山上放了六年牛，周末的时候，躺在那个地方，看着那边的天空和高山，感觉这就是我的世界”。小学毕业时，他奇迹般地以第一名的成绩考上淡水一所百年名校。报到的时候，其他同学都穿着笔挺的服装，“而我却还穿着家乡的衣服，皮鞋挂在肩上，显得非常特别”。加上语言不通，无法与同学交流，胡德夫非常想家，“我写信给爸爸，要他赶快把牛寄过来，我可以一边读书一边继续放牛。我在信里说这边的大草原上面没有牛，我可以在这里放牛，下课还能把它们带到山沟去喝水，这边的水草都足够丰富”。后来他才知道，他看到的大草原其实是一片高尔夫球场，“就算牛过来也咬不动那个草”。虽然到最后爸爸也没能把牛寄过来，但他还是常常想念牛背上的日子，他人生中写的第一首歌也正是那首《牛背上的小孩》。

《牛背上的小孩》是在《美丽岛》作者李双泽的启发下写出来的。当时，胡德夫为了给父亲筹措医疗费正在咖啡馆驻唱，已经名声在外的李双泽来听歌，直接喊着他的名字让他唱山地民歌。一曲《美丽的稻穗》，赢得在场喝咖啡的人全部起立鼓掌喝彩。当天晚上，台湾民歌运动的三位重要发起人——胡德夫、李双泽、杨弦坐在铁板烧店里的一张桌子上，由此结为一生的好友。杨弦后来写出《乡愁四韵》《西出阳关》等代表作，李双泽也鼓励当时连谱子都不会看的胡德夫写歌：“你会唱很多的英文歌，民歌那么多，都是写他们自己乡村的故事，你不是常常讲放牛的故事，那你就写写看。”其实胡德夫一直惦念着村庄的人，想念他的牛，想念天上的老鹰，“我觉得都市是平的，脑海里经常会浮现出山谷里所有的景色，在如此浓烈的乡愁之下，《牛背上的小孩》就这样被我写出来了”。

从胡德夫的书里我第一次听说，台湾也搞过类似大陆的春节晚会。“在我们都还年轻的时候，台湾只有三个电视台。”他在书中写道，“每年春节，这三个电视台都会轮流负责制作一场新春晚会，然后由这三家电视台联合播放。”有一天，台湾著名电视制作人陈君天找到他说，以往每年晚会的主题歌都唱“恭喜恭喜恭喜你”，很无聊，他刚写了一首准备用作当年春节晚会的歌《匆匆》，请胡德夫谱曲。因为对“种树为后人乘凉”等歌词深有感触，胡德夫不眠不休地写了三天，终于大功告成。他说《匆匆》是一首讲述时间的歌：“时间就像一个单向的箭头，一直在向前走，假如我们不去把握时间，就会被它抛得远远的，而它照样在行进，不会为我们稍做停留。”这是胡德夫最重要的一首歌，在许多演唱会上，他都以此作为开场曲目，每一次唱起它，“都仿佛穿越了时光在和曾经的自己对话”。

无论是《最最遥远的路》《大武山美丽的妈妈》，还是《大地的孩子》《芬芳的山谷》《撕裂》，胡德夫都以音乐诠释着自己的人生，而本书即是通往其音乐理念的桥梁。

西方摄影家镜头里的中国

摄影术的诞生日公认为一八三九年八月十九日，这一天法国政府正式公布法国人达盖尔发明的“银版摄影法”专利权。五年后的一八四四年，法国拉萼尼使团访华，强迫在第一次鸦片战争中吃了败仗的清政府签订《中法黄埔条约》。其间，使团的海关官员于勒・埃迪尔拍摄了广州的市井风物、官僚富商以及参加谈判和签约的中法代表，成为在中国拍摄的第一批照片。据说，这批照片现在还有三十七张银版存于法国。

于勒・埃迪尔无意间拍下中国的第一张照片，而菲利斯・比托作为一八六〇年英军第二次鸦片战争的随军摄影师，则成为被派往中国的第一名西方摄影记者。在近一年时间中，他用镜头记录了英法联军在中国攻城略地的“武功”和烧杀抢掠的“伟绩”，也见证了写满屈辱的条约时代的开始。战败的中国被迫与英、法签订《天津条约》，首次确认了外国人在中国有旅行、经商、传教的自由，并享有领事裁判权（治外法权）。此后，大批西方摄影家获准深入中国旅行、拍摄，他们每一个人都是《天津条约》等一系列不平等条约的受益人，他们的拍摄也直接间接地支撑着帝国的在华利益。《东方照相记：近代以来西方重要摄影家在中国》（三联书店二〇一六年版）一书作者南无哀先生据此一针见血地指出，鸦片战争是摄影术侵入中国的“引路者”，摄影对中国首先是政治问题，而非器材与技术、传播与观看的问题。

由这个视角出发，《东方照相记》系统梳理了一八四四年中国遭遇摄影术以来，菲利斯·比托、约翰·汤姆森、埃德加·斯诺、马克·吕布、刘香成等十四位西方重要摄影家在中国的拍摄活动，它运用大量历史照片与简洁精练的文字，图文并茂地呈现出百年中国大历史下的许多重要细节，令人过目难忘。作者告诉我们，从于勒·埃迪尔、菲利斯·比托、约翰·汤姆森一直到约瑟夫·洛克，他们以战胜国和治外法权享有者的优越心态在中国寻找奇观，构成一个延续东方学视觉传统的“东方学影像链条”，法国哲学家萨特称他们到中国来是“找出异常点的游戏”：“我剪发，他梳发辫；我用叉子，他用小棍；我用鹅毛笔书写，他用毛笔画方块字；我的想法是直的，他的却是弯的。”他们的中国影像佐证着东方学中关于中国的种种叙述——专制落后、贫穷愚昧、纵欲无度、远离现代文明。一八六九年至一八七二年期间漫游中国的英国摄影家汤姆森，明知丐帮与马快式的江湖生活并非中国社会生活的常态，但他对于广州的赌场和鸦片烟馆、福州警匪一家的马快和栖身墓穴的丐帮、京津路边的大车店、长江上盗匪造访的夜航船等场景非常着迷，几乎成为他展示每一个中国城市或地方时不可或缺的内容。在他的镜头中，中国已是“红衰翠减、残照当楼”。直到埃德加·斯诺报道了一九三七年陕北的红色中国、罗伯特·卡帕报道了一九三八年中国抗战、卡蒂埃－布列松报道了一九四八年至一九四九年的新旧中国交替，西方摄影家看中国的眼光才开始转变：过去中国有过皇帝和龙的图案，有过长辫子、小脚和租界，但现在，中国人有了尊严感！

真正拍出“中国人眼中的中国”的西方摄影师是普利策新闻摄影奖得主刘香成！一九七九年中美建交，在中国香港出生、福州度过六年童年时光以及在美国完成学业的美籍华人刘香成，先后作为《时代》周刊和美联社的摄影记者常驻北京。童年在中国内地饿肚子的经历使刘香成得以“钻进中国人的皮肤体验中国人的痛苦”，他完全摒弃了一些西方摄影家惯用的、西方公众熟知的媚俗套路，客观地把一个“文革”刚结束，反思正进行，改革开放刚开始的中国呈现给世界，把百姓对个人生活的珍视和小心翼翼的追求呈现给世界，让世界看到了一个正在回归常识、回到人性的中国。一九八三年，他在企鹅出版社推出摄影集《毛之后的中国》，迅速赢得国际声誉，更成为中国摄影记者的必读书。二〇〇八年，他汇集八十八位中国摄影师的照片编辑出版了大型摄影集《中国：一个国家的肖像》，用照片将中华人民共和国近六十年来之不易的变化讲述给世界。对刘香成来说，“中国不只是一个值得发现的真相，更是一种尚待阐明的爱”。于是，西方摄影师眼中的中国，在中国进入改革开放的关键时期，经刘香成之手，最终呈现给世界“中国人眼中的中国”。

好编辑俞晓群

著名出版人俞晓群“高仿”哲学家笛卡儿的名言“我思故我在”，将新书命名为《我读故我在》（天地出版社二〇一六年版）。此前，俞晓群还曾用它作为报纸专栏的题目，可见喜爱的程度。但在本书“后记”中，俞晓群却谦虚地说，“我读故我在”的发明权应归属他的师傅沈昌文先生，因为沈先生早年在中国医科大学讲座用的就是这个题目，还在回答学生提问时笑言“我思”与“我读”正好对应。如此说来，俞晓群用“我读故我在”作书名，除了契合书的内容之外，还有向沈先生致敬的意思。

按照惯例，俞晓群近年出书，比如《这一代的书香》《那一张旧书单》《一个人的出版史》等，都由沈先生作序，这次也不例外。仿佛“投桃报李”似的，沈先生在序中也引用了俞晓群的一句名言：“文化是出版的终极目的。”综观俞晓群的职业出版活动，这的确是他的出版理念，无论是当年主政辽教社还是现在经营海豚社，他都非常注重文化积累，用他自己的话说就是“偏重文化而不偏重商业”。这本书里讲的故事，涉及的人物和书籍，也都与他的职业相关。像他的师傅一样，他在读作者、读书稿、读生活的过程中，深切体验编辑职业的文化意义。

我很好奇，俞晓群作为一个职业读书人，他的阅读趣味与我们普通读者有什么不同吗？我选择他在书中写到的沈昌文、扬之水、陈子善作标本，看看他推崇的三人书单与我个人的喜好有多大区别。在《沈公三书》一文中，俞晓群认为，“如果你想更多地、更准确地了解沈公的思想，有他写的三本书必须要读”，即《阁楼人语——〈读书〉的知识分子记忆》、《八十溯往》和《也无风雨也无晴》。对扬之水，他看好的是下面三种——《棔柿楼读书记》、《读书十年》《棔柿楼集》（扬之水作品系列，包括《诗经名物新证》《唐宋家具寻微》《香识》等十二卷）。陈子善著作等身，俞晓群最推崇的三种是《沉香谭屑——张爱玲生平和创作考释》《看张及其他》《雅集》。这个书单与我的喜好高度重合。我不敢说“英雄所见略同”之类有自夸嫌疑的话，但从俞晓群的“最爱”中，我有一个基本判断：他是一个真性情的读书人。他能为读者奉献那么多有趣的书籍，与此不无关系。

俞晓群不仅读书勤，写作之勤也是众所周知。“刚为黄昱宁新著《变形记》写好序言《迷人的时刻》，回头一看，这一年我竟然给别人写过五六篇序言了。”这是书中《好为人序》一文的开头。顾炎武说“人之患，在好为人序”，但俞晓群引用出版前辈张元济的话说，“编辑应该多为自己编的书撰写序跋”。据俞晓群文中统计，张元济从二十八岁开始写序跋，到九十岁为止，其间六十二年，一共写了二百三十余篇序跋；另一位出版前辈王云五也是从二十八岁写起，到九十二岁为止，其间六十四年，一共写了二百四十余篇序跋。俞晓群亦步亦趋，乐为作者序，体现了很好的职业习惯与传统。多写序跋，对年轻作者是鼓励，对自己的能力也有提高，还能起到推介所编书籍的目的，何乐不为呢？

我读完俞晓群的这本新作，对他的作者羡慕又嫉妒。他真是一个顶好的出版人，不仅乐为自己编的书写序跋，而且不遗余力地撰文推介作者的书，甚至还写专栏鼓吹自己的作者。这样敬业的好编辑现在为数不多，做他的作者真幸运。事实上，他的作者也都珍惜这份真感情，愿意把好稿子交给他主持的出版社出版。就连大名鼎鼎的米兰·昆德拉，都曾答应将全部作品的中文版权授予海豚出版社，“后来因为种种原因，全集没出成”，仅出版了一本小书《认》，即《身份》。我作为米兰·昆德拉的粉丝，对此深感遗憾。

沈昌文的“师承”

“我没有正儿八经的学历，也因此，我一生跟从的老师就特别多。从小到老，最愿意做的事，便是‘师从’。”沈昌文先生在《师承集》（海豚出版社二〇一五年版）一书序文《我的老师》中写道：“我干了几十年编辑出版，说实话，最大的乐趣是面对那么多有学问的老师……”

沈昌文在《师承集》中提到的老师，阵容非常豪华，如下：陈翰伯、陈原、陈乐民、董桥、冯亦代、范用、黄仁宇、刘杲、刘炳善、刘大任、陆谷孙、李洪林、李慎之、吕叔湘、林毓生、龙应台、王元化、袁伟时、汪子嵩、余英时、张梁木、张隆溪、张光直、朱光潜、曾彦修。这些老师，都是沈昌文主政《读书》和三联书店时的“高参”。沈先生是个谦虚的人，从不贪功，诚心诚意地说，现在人们老夸他当年编《读书》杂志“多带劲”，其实这劲儿全来自那个好时代和这些好老师，并不是他个人有多能耐。

这部大开本的《师承集》，集中展示这些老师相关的信札、手稿的原件，从中不难看出，老师们的高见的确让沈昌文受用多多。陈翰伯是当时中国出版业的领导者，书中选了两份他的手迹，一份名为“给《读书》出点题目”，其中提到“每期要有一篇或音乐或美术或电影或戏剧或体育或……（这样团结面可以宽些）”；另一份名为“这里无甚高论，谨供改进文风参考”，给出十一条具体意见：一、废除空话大话假话套话。二、不要穿靴戴帽。三、不要用“伟大领袖和导师毛主席”，不要用“敬爱的周总理”……四、有时用“毛主席”，有时用“毛泽东同志”，注释一律用“毛泽东”。五、制作大小标题要下点功夫，不要用“友谊传千里”“千里传友情”之类的看不出内容的标题。六、引文不要太多，只在最必要时使用引文。七、尽量不用“我们知道”“我们认为”之类的话头……而沈昌文当时的顶头上司陈原在《读书》一九八一年十二期草稿目录上这样批示：“我意把有点现实味道的都移在中间，不要叫人注意。有人神经过敏，常作推测。我反复说过，从现在起越不引人注意越好。”他们的意见就像指路明灯，把沈昌文时代的《读书》引上正确的轨道。这些意见没有过时，对现在的办刊人仍有现实指导意义。

沈昌文时代的《读书》，编校质量也是一流的，这与著名语言学家吕叔湘先生等一批“义工”帮忙校对有密切的关系。吕先生几乎每读一期《读书》，就给沈昌文写一封信，谈他的读后感，并指正他们的谬误。书中收了吕先生九封信，其中一封写道：“昨天收到《读书》第六期，用半天时间翻了翻……这一期里有一个非同小可的错字，那就是一百四十九面的标题把‘荷马’错成‘罗马’，这恐怕必得在七月号里更正并道歉了。另外有些错字和文字欠通的地方，记在下面，供编辑同志参考。”接着一口气指出十多处错误。细读吕先生写得密密麻麻的长信，我在学问上受益的同时，更多的是深深的感动。在无错不成书的当下，我们要向老一辈学习的东西实在太多了。

因为是原件翻拍刊出，我读《师承集》还有一个强烈的感受：每一封信都是一件书法作品，给读者带来艺术享受。吕叔湘、董桥、余英时的字不用说，另外像李慎之、林毓生、黄仁宇、陈乐民、龙应台等人的字，也都是精美的艺术品，经得住反复看。这是文化修炼的结果。

可敬的老先生

曾主编《书屋》杂志六年，把一家地方刊物办得全国瞩目的周实，用《老先生》（天地出版社二〇一五年版）一书，如实记录、深情回忆他编刊期间与张中行、萧乾、卞之琳、胡绩伟、李锐、吴江、李普、方成、谷林、彭燕郊、洁泯、戴文葆、舒芜、李慎之、朱健、田原、公刘、黄永厚、杨德豫、江枫、未央、资中筠、朱正、钟叔河、流沙河、余凤高、邵燕祥、蓝英年等二十八位文化老人的交往始末，从一个特殊的角度展现了一代知识分子的精神气质和家国情怀，为当代思想文化界影响力最大的一群“老先生”留下宝贵存照。

周实时代的《书屋》曾是可与沈昌文时代的《读书》比肩的名刊，其巅峰时期的标志性举动，是一期刊物仅刊出何清涟的《当前中国社会结构演变的总体性分析》、林贤治的《五十年：散文与自由的一种观察》两篇长文。周实这种敢打破常规的气魄让沈昌文都欣羡不已，感叹“真是大手笔”。全国各地具有独立思想和精神追求的知识分子，包括一批老文化人，一时间都被凝聚和吸引到这个公共平台。这些老先生思想敏锐，敢说真话。张中行给《书屋》写的第一篇稿子是《谈谈周作人的文章》，发表在一九九六年第四期，文中明确提出，对待周氏应该“人归人，文归文”。张中行预感到话题的敏感性，在文章开头就说，此文可能会让“有些不如此想的人听了看了会皱眉”。果不其然，样刊送到“上面”，立即有指示下来：本期杂志暂缓发行，理由是周作人的照片尺寸太大了。后来被迫拿掉照片，将那页重排重印。张中行不退缩，再作一文《多信自己 少信别人》，强调读书要用心去体会，有静心、有耐心，多信自己，少信别人。那个年代说出这种话，是需要一点勇气的。

像张中行一样“心直笔直”的老先生还真不少，看看他们的文章标题就大体明白他们关注什么：萧乾写了《读李锐的〈“大跃进”亲历记〉》《读邵燕祥的〈人生败笔〉——一个灭顶者的挣扎实录》，胡绩伟写了《读君一卷书 胜学十年史——读〈胡耀邦与平反冤假错案〉有感》《劫后承重任 因对主义诚——为耀邦逝世十周年而作》，李慎之写了《重新点燃启蒙的火炬》《新世纪 老任务》，现实针对性都很强。李锐先后为《书屋》写了《世纪之交感言：还是要防“左”》等五篇文章，各有千秋，但贯穿始终的主线就是防“左”，反“左”。现在回过头来重读这些文章，依然有振聋发聩之感。

思考让人受难，受难更让人思考。老先生们个个经历坎坷，但他们始终没有停止思考。吴江无疑是个马克思主义者，引发真理标准讨论的那篇划时代的文章《实践是检验真理的唯一标准》就是由他最后修改完成的，反对“凡是派”的那篇影响全国的文章《马克思主义的一个基本原则》也是出自他的手。二〇〇〇年，他为《书屋》再作《自由主义新论》一文，通过引用马恩著作的三段经典论述，明确提出：无论你是资产阶级还是无产阶级，面对自由这两个字都存在历史的共同性，这种历史共同性主要表现为个人自由、言论自由和思想自由。

阅读本书，读者不仅能读到《书屋》杂志很多重量级稿件发表背后的故事，更能真切感受到这些老知识分子的“先生之风”。

神奇的现实

止庵的《神拳考》（华东师范大学出版社二〇一六年版）这样开篇："这年五月，英国驻北京公使窦纳乐致函外交大臣报告来自义和团越来越大的威胁。函件的末尾忽然谈到天气问题：'我相信，只要下几天大雨，消灭了激起乡村不安的长久的旱象，将比中国政府或外国政府的任何措施都更迅速地恢复平靖。'"

我读这本止庵自己强调应归在"文化批评"项下的专著，会想到黄仁宇大热过一阵的《万历十五年》，它们共同的特点是更关注历史细节，关注一些偶然事件对历史走向的深刻影响。比如止庵用来切入本书的窦纳乐信中提到的雨，就很少进入正统史学家的视线。事实是，当时直隶等省的严重旱灾持续已久，农民生计因此异常艰难，的确增加了他们脱离土地而投身义和团运动的可能性。假如像窦纳乐所言下几天大雨，旱情减轻，情况真会像他预料的一样有所转变。确有这种事例，“时雨又下，文安霸州拳匪，相率回籍”，“团即反奔，途中自相语曰，天雨矣，可以回家种地矣，似此吃苦何益”。但是从全局看，依然久旱不雨，这对义和团来说不啻天赐良机，一首出名的义和团乱语就借机煽动说：“天无雨，地焦旱，全是教堂止住天。神发怒，仙发怨，一同下山把道传。”现在的人当然不会相信“教堂止住天”，但我们不能要求那些“当个团民比留在仍苦于干旱的乡间更加便于生存”的北方农民也不信。

止庵由此引出一个很重要的观点：有些现在看来是虚妄的东西，起初对当事人来说也许反倒是实在。就义和团运动这段历史来说，这一点特别明显，甚至可以说神话就是史实，史实就是神话。比如一首义和团乱语起首就说：“神助拳，义和团……”没有“神助拳”，或许就没有“义和团”了。试问：义和团团民如果事先知道自己法术不灵，并非真的刀枪不入，他们是否还会那么自信和勇猛？朝廷和民众如果事先知道义和团法术不灵，是否还会把希望——至少是一部分希望——寄托在他们身上。书中梳理引用大量原本常见但却被正统史家视而不见或忽略不计的材料，从而得出自己的判断：从一种角度看是当年人物的“假话、空话、大话和我们不能懂的话”，从另一种角度看可能正是值得重视的原始材料，因为“教堂止住天”“神助拳刀枪不入”等“假话、空话、大话和我们不能懂的话”，正体现了团民、民众甚至朝廷的愿望和信念，而这些愿望和信念在酿成义和团运动中所起的作用其实不可低估。

止庵在序中引用古巴作家阿莱霍·卡彭铁尔有关“神奇的现实”之说：“神奇是现实突变的产物，是对现实的特殊表现，是对现实的丰富性进行非凡的和别具匠心的揭示，是对现实状态和规模的夸大。这种神奇的现实的发现给人一种达到极点的强烈精神兴奋。然而，这种现实的产生首先需要一种信仰。无神论者不可能用神创造的奇迹来治病，不是堂吉诃德，就不会全心全意、不顾一切地扎进阿马迪斯·德·高拉或白骑士蒂兰特的世界。《贝雪莱斯和西吉斯蒙达历险记》的人物鲁蒂略关于人变成狼的那番话之所以令人置信，是因为塞万提斯生活的那个时代，人们的确相信有所谓的变狼狂，就像相信人物乘坐女巫的披布从托斯卡纳飞到挪威那样……”卡彭铁尔的意思是，“神奇的现实”并非想像的产物，在当事人眼里它就是现实本身。按照止庵的说法：旁人视为“执迷不悟”者，在其自己或许正是“义无反顾”。虽然止庵说他不想做翻案文章，但《神拳考》至少是我所见最趋近一百多年前的现实中人当时所思所想的一本有关义和团运动的书，它的价值不在于揭示义和团运动的当代意义，而是引导读者探究当事人的动机。

重构史铁生与陈希米的爱情

在著有《我的遥远的清平湾》《我与地坛》《务虚笔记》《病隙碎笔》《我的丁一之旅》等名作的残疾作家史铁生逝世两周年之际，他的夫人陈希米出版了深情怀念丈夫的专题散文集《让“死”活下去》（湖南文艺出版社二〇一三年版）。在这部催人泪下、感人肺腑的奇书中，陈希米写下她与史铁生相濡以沫的心路，写下他们简单又丰富的生活，甚至写下让许多人好奇的性！何谓完全敞开、毫无保留的爱情？翻开这本《让“死”活下去》，就能找到答案。

陈希米一九八二年毕业于西北大学数学系，一九八九年与史铁生结婚。由于史铁生的残疾，他们的爱情成为浪漫的传奇。在当今时代，传奇爱情总遭人质疑。陈希米用自己的心、自己的笑证明一切、化解一切。史铁生的朋友、上海作家陈村曾如此描述陈希米的笑：“永不能忘记的是她的笑，那是天使的笑容。天使的笑，是那种忘忧的笑，忘我的笑，来去自由的笑，让看见的人也喜悦的笑。没人比她笑得更美好。我看资料，孩子一天笑上一百五十次，成人可以一天不笑一次。她常常笑着，灿烂又本分地笑着。有了她的笑，那个凝重的五十岁的史铁生再没有装扮殉道者的理由和必要了。生活就是这样，一会儿笑盈盈一会儿沉甸甸。”有了陈希米的笑，史铁生的生活开始有阳光照临。我想，被长期“种”在病床上、需要不断透析的史铁生，最后能奇迹般完成几十万字的长篇小说《务虚笔记》《我的丁一之旅》，陈希米绝对功不可没。

长期从事编辑工作的章德宁女士与史铁生、陈希米接触比较多，在她看来：“铁生是一个特别纯粹的人，希米也是。他们是真正的灵魂伴侣。”细读陈希米在书中的私语，我们不难看出，史铁生和陈希米这对灵魂的伴侣，在精神上具有共同的向度和高度，始终追求智性上的平等，他们分享一本书，分享一部电影，分享一个故事，分享一段午后的时光，分享一节皮娜－鲍什的舞蹈，甚至分享各自曾经痛苦的情感经历……不只一次给史铁生过去的女朋友寄书的陈希米坦然地写道：“那个地坛里没有说出来的故事，是你的，也是我的。你的故事，我的故事，都是我们的故事，是我们的思绪，我们的养料。在说出和续写那些故事的努力里，我看见了你无比的执着，终于懂得，只要我们怀着最大的真诚，就看到了最广阔的路。”合上书，我的耳畔不断回响起这句话：“真正伟大的爱情，不是生死以之，而是智性的追求。”

作为灵魂的伴侣，陈希米与史铁生相濡以沫十余年，灵肉同体，打断骨头连着筋。因此，史铁生的离去，给陈希米留下无边的虚空。

“我不知道什么是死，一丁点都不知道，忙碌了几天，不睡觉也不困，甚至也不那么痛苦。”被巨大的孤独笼罩着的陈希米快要麻木窒息了，“最可怕的不是眼泪，是沮丧，是极度的沮丧，那种尖锐的对活着的恐惧”。为了从深渊中挣脱出来，她开始回忆、阅读、思考、行走与书写，她和尼采、布鲁姆、叔本华、施特劳斯等哲人交谈，向茫茫虚空持续发问。在她做着这一切的时候，史铁生是坚定的倾听者和应答者，因为在她内心深处，史铁生一直是存在的，“我天天都和你说话”，“我的整个身心都充满了你”。终于，通过对生死、爱情、孤独、时间、永恒诸问题的思考、追问，陈希米不仅重新寻获生命的意义，而且重构并证明了她与史铁生的爱情。

读罢陈希米以独特的书写方式完成的《让“死”活下去》一书，我对作者自省的勇气、智慧和巨大的思辨能力表示由衷的敬佩。在我看来，这是陈希米和史铁生共同完成的作品。

从凤凰到长汀

凤凰古城打包卖票事件闹得沸沸扬扬，游客们用脚投票，改游别处去了。也许，福建长汀是个不错的新选择。据梁由之在《从凤凰到长汀》（海豚出版社二〇一三年版）一书中引述路易·艾黎的话说：“中国有两个最美的小城，一个是湖南凤凰，一个是福建长汀。”

长汀古称汀州，历史悠久，人文鼎盛，是福建新石器文化发祥地之一。据史料记载，四千年前，就有古越族人在这片土地上休养生息。从大唐开元二十二年（七三四年）设立汀州，一直到清末，长汀都是州、郡、路、府的所在地，是闽西政治、经济、文化中心。据梁由之在书中说，在大量出土的石器和陶器中，西周的陶印拍、商周的陶尊、唐代的多角盖罐、宋代的陶谷仓，都属于国家文物宝库中的珍品。但是二十世纪以来，因为交通不便及其他原因，长汀渐趋衰落，成为闽西新中心龙岩市下属的一个县。像山西的平遥古城一样，正是因为长汀经济比较落后，没钱搞旧城改造，当地文化反而得以保存。梁由之实地考察后发现，长汀“保存至今的古代建筑尚有：唐朝的古城门三元阁、唐代至明代的古城墙、宋代的汀州文庙、明清两代的汀州试院及唐代双柏等”。这些珍贵的历史文化遗存，给长汀这座美丽而寂寞的古老山城增添了魅力和分量。

城以人显，沈从文、黄永玉等本土文化大家提高了凤凰的知名度。长汀作为客家文化的发源地，历史上同样人才辈出，张九龄、文天祥、陆游、宋慈、宋应星、纪晓岚等著名人物，都与此地有着各种瓜葛。尤其是一人兼具“文人、领袖、烈士”三种身份的瞿秋白，在长汀就义前慷慨放言“此地甚好”，赋予山城的山山水水以英气和灵气。去长汀的人，总要寻到瞿秋白的殉难地罗汉岭实地凭吊一番。“瞿秋白纪念碑，也与其吊诡的命运相浮沉，建而又拆，拆而又建。”梁由之绕着纪念碑徘徊良久，“突然大喊了一声”，却并不知道自己喊什么，“但我就是想喊一声”。面对瞿秋白的英灵，后人可以思考的东西实在太多。

梁由之在书中毫不掩饰他对“养在深山人未识、尚未过度开发”的长汀的喜爱。他写道：“走进长汀，只要留意一下这里的民风、建筑、饮食，就不难感受到它难以抗拒的独特魅力。”这里的传统民居继承中原的宗族府第式的建筑风格，沿中轴线两边展开，层层递进，前后左右对称，布局严谨。这类客家民居建筑，以长汀围屋最为典型，它和客家土楼一样，是客家人聚族而居的“家族城寨”。

梁由之念念不忘长汀的美食。他在书中写道：“说到饮食，更令人喜出望外。一品金丝、长汀肉丸、蛋清鱼丸、长汀豆腐及豆腐干……都是风味绝佳的妙品，令人大快朵颐。位列三大名鸡之一的汀州河田鸡是梁某吃过的最嫩、最好的白切鸡。”令梁由之“叹为食止”的，是极具当地特色的“猪腰汤”，其味道之鲜润、滑嫩，“实属妙不可言”，“令我们几个大嘴吃遍四方的天南地北来客同声叫绝”。

楚人梁由之是读书界知名人士，兴趣广泛，尤好音乐、历史、军事、金融投资和旅行，其代表作《百年五牛图》《大汉开国谋士群》等影响巨大。这位见过世面的民间治史者在卖力鼓吹长汀时，心中其实很纠结：“长汀是成为又一个凤凰，还是保存原生态，只是稍稍加以调理呢？老实说，我很矛盾。”

书中还收入了另一篇长篇游记《从井冈山到九疑山》，以及十篇多有发明的文史随笔，颇为可观。

姚小姐的“朋友圈”

老实说，我第一次买姚峥华姚小姐的书，主要是冲着她先生胡洪侠去的。胡洪侠是读书界的名流，他的书我着实买了不少，且都认真读过，还多次引用过《书情书色》《微书话》里的材料，可见是真喜欢，不是买来装样子的。那天在书店见到姚小姐的《书人小记》，突然想起她是胡洪侠的老婆，便怀着窥探的心理买了一本，想证实一下“大侠”的老婆水平到底咋样。此前我是不太相信女性能写好书话一类文字的，事实上也没几个女性写这样的东西，像毛尖那么聪明的女子也还是选择写电影评论。

读完海豚版《书人小记》，我却有一种惊艳的感觉，借用李陀评价莫言早期中短篇小说的话：“真的好，非常好。”连马家辉也曾夸赞姚小姐写他的《细节马家辉》一文很棒：“文内谈了我在深圳、台北、吉隆坡的行走动态，既名为细节，写的自然是细节，写我的言写我的行写我的婆妈写我的粗爽，我读了，如揽镜自照，朋友的眼睛就是镜子，而镜子里贯注了真诚的关心。所以我读得开心也放心。那绝非传媒记者或主持人为了采访而采访的浮面记录……”

这次姚小姐出新书《书人依旧》（上海人民出版社二〇一六年版），我特意请朋友求了一本有我上款的签名本，还请胡洪侠也签上大名，合成双璧。像书名一样，《书人依旧》延续了《书人小记》的写作路线，通过作者敏锐的观察，捕捉一个个富有张力和人物个性的细节，简笔勾勒，让笔下人物活灵活现，呼之欲出。读她写李陀的文章，有两件小事让我过目不忘，一是李陀吃完午饭后突然对众人说，他要去办理各种挂失手续，身上所有银行卡、手机在搭乘飞机时搞丢了，“我真佩服陀爷的淡定，按说这种事要第一时间处理，他却悠悠然先吃饭再说”；另一件也是丢东西，“这一次，已是晚上七点半，大家相见欢，入座，开饭，他咀嚼了两口菜后，说，手提电脑落在飞机上了。同行的欧阳江河惊诧道，你那一台很贵，两千多美金吧，是一款超薄的苹果机，内存很大”。贵还不打紧，更要命的是“里边有正在写的小说稿”，“被人拾到，直接易名发表了”。李陀却淡定地说：“有密码，拿到也未必打得开。再说，发表就发表了。”这两件事足以证明，江湖上称李陀为“陀爷”不是没有道理的。

姚小姐写的都是亲历亲见的可爱有趣的文化名人，这点显然沾了胡洪侠交游广博的光，能够在结伴谈笑吃喝的过程中得着近距离观察他们的机会。但正如马家辉所说，“若非有一双敏锐的眼睛，或若欠缺一颗好朋友的热心肠”，也捕捉不到这么多生动有趣的细节。姚小姐写李长声喜酒，一次同去贵阳书市，当天晚饭时间便玩失踪，直到第三天才出现，对着大家又是低头又是哈腰，“一副知错即改的姿态，说，这一天就交由法办吧，走哪跟哪，绝不脱离组织。末了，又喃喃，怎么这次大家都那么守时听话”？那些“有酒万事兴”的人读到这里，能忍住不三声大笑吗？在我的印象中，欧阳江河是个不苟言笑的诗人，但在姚小姐的笔下，他呈现出少为人知的另一面：“饭桌上，大家谈起称谓，说只有陀爷叫得最顺口，欧阳江河马上应和，对，他的就无法如此炮制，如欧爷（欧耶），很怪，河爷，也难听得很。”

姚小姐的书里写了来自书界、学界、诗界、出版界、传媒界、翻译界的许多老朋友，像喜欢花花草草的阿来啊，“行动派”蒋子丹啊，美与爱美的徐峙立啊，文雅疯狂的陈焱啊，“物的解放者”扬之水啊，每一个都被她“白描素记，轻盐弱油”地写出独特的“这一个”。这是她的“朋友圈”，但因为写得有血有肉，让读者也有了亲近他们的念想。

白先勇妙解《红楼梦》

白先勇是华文世界最优秀的小说家之一，他创作的小说集《台北人》位列二十世纪中文小说一百强第七位，是仍在世作家作品的最高排名。但近些年他却基本放弃了小说写作，转而致力于两岸昆曲复兴和古典名著《红楼梦》的重新解读与推广。广西师大出版社二〇一七年新推出的《白先勇细说红楼梦》一书，就是白先勇在母校台湾大学开设《红楼梦》导读通识课的讲义整理本，他希望借由这部旷世经典的赏读，让青年人重新亲近传统文化、领略古典文学之美。我以为他的这个目的是达到了，至少我读完这部上下两册的千页厚书，即刻有了重温《红楼梦》的冲动。

白先勇一开篇就信心十足地宣称：《红楼梦》是天下第一书，念过《红楼梦》、念通《红楼梦》的人，对于中国人的哲学、中国人处世的道理以及中国人的文字艺术，和完全没有念过《红楼梦》

的人相比，是会有差距的。但《红楼梦》又是一部天书，有解说不尽的玄机，有探索不完的秘密。自从两百多年前《红楼梦》问世以来，关于这部书的研究、批评、考据、索隐，林林总总，汗牛充栋，兴起所谓“红学”“曹学”，各种理论、学派应运而生，至今方兴未艾，放眼世界文学史，大概还没有一部小说会引起这么多人如此热切的关注与投入，即使“意识流”小说大师詹姆斯·乔伊斯创作的语言极为晦涩的《芬尼根守灵夜》也不能与之相提并论。

面对这样一部被各种理论、学派过度阐释的才子书，白先勇正本清源，回归“原教旨”，把这部文学经典完全当作小说来导读，侧重解析《红楼梦》的小说艺术：神话结构、人物塑造、文字风格、叙事手法、观点运用、对话技巧、象征隐喻、平行对比、千里伏笔，检视曹雪芹如何将各种构成小说的元素发挥到极致。白先勇认为，十九世纪、二十世纪西方小说的新形式层出不穷，万花竞艳，但仔细观察，《红楼梦》的小说艺术成就远远超过它的时代。这是白先勇与其他索隐派、考据派“红学家”最大的区别。

《红楼梦》的中心主题是贾府的兴衰，也就是大观园的枯荣，最后指向人世的沧桑、无常，“浮生若梦”的儒道思想。表现这样深刻的现实主题需要高超的小说艺术，否则会沦为枯燥的道德说教。白先勇逐回分析作品的艺术特色，连声称赞曹雪芹继承了从《三国演义》、《水浒传》、《西游记》、《金瓶梅》与《儒林外史》以来中国古典小说的大传统，却能样样推陈出新，特别是在表现形式上创造性地使用了神话与写实两种手法，先架构一个神话，由超现实引领，十二金钗的命运通通都是在太虚幻境那册子里头，家族的命运也有神秘的预警，然后进入工笔写实，一笔一划纤毫毕现，使神话与人间、形而上与形而下来去自如，好像太虚幻境、警幻仙姑、茫茫大士、渺渺真人真有这么回事，接着一降回到人间，贾母、王熙凤、贾宝玉、林黛玉、薛宝钗也觉得真有其人。

白先勇对曹雪芹在人物创造、人物刻画上的技法更是五体投地，说伟大的小说家曹雪芹有撒豆成兵的本事，《红楼梦》的人物层出不穷，但任何一个人物，即使是小人物，比如村妇刘姥姥、丫头香菱，无一不个性鲜明，他们只要一开口说话，满纸生辉，马上就活了，就立起来了。我们现在说写乡下人，写乡土，认真回想起来，中国文学写乡下人让我们印象最深刻的可能还是刘姥姥。曹雪芹还是全才、通才，诗词歌赋、琴棋书画、花鸟虫鱼、医学美食，无所不知，无所不能，把一部小说写成百科全书，“谱下对大时代的兴衰、大传统的式微，人世无可挽转的枯荣无常，人生命运无法料测的变幻起伏，一阙史诗式、千古绝唱的挽歌”。

白先勇还对至今仍纠缠不休、没有定论的《红楼梦》版本问题和后四十回是否高鹗续作问题明确给出了自己的意见。他认为，《红楼梦》的版本问题极其复杂，在众多版本中可分两大类，一类即带有脂砚斋、畸笏叟等人评语的手抄本，止于前八十回，简称脂本；另一类即一百二十回全本，最先由程伟元与高鹗整理出来印刻成书，世称程高本，第一版成于乾隆五十六年（一七九一年），即程甲本，翌年（一七九二年）又改版重印程乙本。白先勇完全从小说艺术、美学观点来比较两类版本的得失，他通过大量对读，认为程乙本是最佳版本。同时，白先勇还旗帜鲜明地表示，后四十回并非高鹗续作，而是曹雪芹的原作，“现在很多红学家考证曹雪芹其实是写完了《红楼梦》的，后四十回写完了，但手抄本不见了。我的看法是曹雪芹写完了，高鹗删润的，程伟元与高鹗在程甲本的序里就这么说。《红楼梦》人物情节发展千头万绪，后四十回如果换一个作者，怎么可能把这些无数根长长短短的线索一一理清接榫，前后成为一体”。白先勇觉得后四十回的文学成就、艺术价值绝不亚于前八十回，有几处可能还有过之，比如第一百二十回写宝玉出家，那是整本书的高峰，“落了片白茫茫大地真干净”，真把这句话写到极点了。有人批评说前八十回文采飞扬，后四十回笔锋黯淡。白先勇认为这是情节所需，前面写的是太平盛世，贾府声势最旺的时候，需要丰富、瑰丽的文字，后四十回贾府衰弱了，当然就是一种比较苍凉、萧疏的笔调出来了，这正是曹雪芹的高明之处，是有意为之，而非功力不逮。

欧阳江河推荐的书

著名诗人欧阳江河在厦门大摩纸的时代书店开讲座时，向听众推荐了王宇根博士撰著的《万卷：黄庭坚和北宋晚期诗学中的阅读与写作》（三联书店二〇一五年版）一书："材料扎实，见解独到，值得一读。"当时书店只存一本，被我捷足先登买下了。据说有些书友后来在外图厦门书城也买到了这本印量不大的书。欧阳江河既是诗人又是文论家，他推荐的书错不了。

黄庭坚字鲁直，号山谷道人，别称黄山谷、豫章先生，是北宋盛极一时的江西诗派开山宗师和领袖。欧阳江河素喜黄庭坚，曾作一百五十余行的长诗《黄山谷的豹》向先贤致敬。"豹"是黄庭坚借用的一个隐喻，他曾这样称赞朋友文少激的写作："文如雾豹容窥管，气似灵犀可辟尘。"事实上，豹子在中国传统文学和文学思想中有着丰富的历史和显著的地位，这一显著地位的获得不是因为它强壮的身体、敏捷的动作或者令人心惊的叫声，也不是因为它像卡夫卡寓言中的豹子那样，象征着原始和神秘，而是来自它皮毛上美丽的斑纹、精致的图案。黄庭坚借用豹子这个意象来描述文学写作，继承了传统理论对豹子天然的美丽图案与文学作品的精美语言和审美造型之间所具有的内在相似性的关注，但“雾”这一元素的加入，却将传统的豹子隐喻的重心从毛皮花纹外表转向毛皮花纹赖以形成的环境、条件和过程，也即从关注文学作品转向关注文学创作过程。刘向《列女传》说：“南山有玄豹，雾雨七日而不下食者，何也？欲以泽其毛而成文章也。”对黄庭坚来说，辛苦的努力是达到理想结果不可或缺的要素，要创造出完美的文学作品，必须含辛茹苦，“雾雨七日而不下食”。这是黄庭坚诗学发展的关键概念。

黄庭坚诗学的另一个显著特征，是特别强调阅读的重要性。诚如本书书名《万卷》隐含杜甫“读书破万卷，下笔如有神”的名句，黄庭坚把儒家经典的阅读和学习视为通向学问和知识最重要的途径，达到诗歌写作完美之境最有效、最可靠的方式。作者指出，足够的阅读在黄庭坚的诗学理论中位于滋养和培育作者写作能力的核心。对他来说，一个好作者首先必须是一个好读者。“更须治经，深其根源”，黄庭坚这样告诫他的外甥，“二三子舍幼志然后能近老成人，力学然后切问，问学之功有加，然后乐闻过，乐闻过然后执书册而见古人”。这里，黄庭坚把“执书册”视为“见古人”的一个过程，一段把不懈而勤苦的追求者引领到做人和诗歌写作的双重完美之境的旅程：滋养其人格，纯净其语言，维持其身份。他进一步强调说：“士大夫胸中不时时以古今浇之，则俗尘生其间，照镜则面目可憎，对人亦语言无味。”有学者作过粗略统计，因为重视阅读量，“万卷”一词在黄庭坚的诗歌中一共出现过十七次。他批评诗人王观复的作品之所以未达完美之境，就是其“读书未破万卷”。他告诉年轻的作者们，如果他们想提高写作质量，必须“熟观”或“熟读”司马迁、杜甫、韩愈等文学大师的作品。想到现在的一些写作者公然宣称不读书或极少读书，我们就不难知道他们的作品为什么与这些文学大师相差甚远了。

作为一部学术专著，《万卷》研究的基本问题是思想和物质之间的关系。作者认为，黄庭坚身处印刷大规模使用、书籍生产繁荣的北宋，其以技法为中心、以阅读为根基的新诗学，既是对这一急剧变化了的物质文化现实进行有效地因应，又能使其所继承的文学传统得到延续和发扬。因此，黄庭坚以及围绕着他而建立起来的“江西诗派”的诗学理论，不仅深深影响着此后的诗学实践，并且与现当代中国文学关于内容与形式的关系的论争深切相关，为现当代中国文学关于继承与创新的思考提供了重要的历史参照和实际例证。这让我想起欧阳江河在长诗《黄山谷的豹》中引用黄庭坚的两句诗：“沛公文章如虎豹，至今斑斑在儿孙。”

学者们的秘密书架

有段时间，许多读书人拿到《南方周末》，首先会翻到阅读版看“秘密书架”专栏文章。这本《我书架上的神明：七十二位学者谈影响他们人生的书》（山西人民出版社二〇一六年版），收入的正是这个专栏的系列文章。七十二位学者毫无保留地向读者介绍他们最喜欢的或对他们影响最大的书，让读者一窥当代知识分子的思想资源和心路历程。

全书七十二篇文章，以作者姓名的音序排列，排在最前面的是中山大学中文系教授艾晓明。有趣的是，艾晓明开列的书单上只有一部书，即经典小说《洛丽塔》的作者纳博科夫在二十世纪五十年代为美国大学生讲授文学课的手稿汇编《文学讲稿》。我读过这部书的上海三联书店二〇一六年版中文译本，纳博科夫从文本出发，以简洁明晰的语言、深入浅出的方式，对所讨论的奥斯丁《曼斯菲尔德庄园》、狄更斯《荒凉山庄》、福楼拜《包法利夫人》、斯蒂文森《化身博士》、普鲁斯特《追忆似水年华》、卡夫卡《变形记》、乔伊斯《尤利西斯》等七部名著进行了细致入微的分析，充分揭示了作品在艺术上成功的原因。经过纳博科夫的讲解，作品中那些原来并未显示出深长意味和特殊价值的文字，就像突然暴露在阳光之下的珍珠，骤然发出绚丽的光彩。艾晓明在文中说，她看了纳博科夫出的一些考试题，关于《包法利夫人》，考试题共有十八个，“《包法利夫人》我是看了，但这些题目我全答不上来，除非带着这些问题再读它，至少读五遍”。不难看出，艾晓明向读者推荐的不仅仅是纳博科夫对某部作品的看法，还有他的读书方法：“对于真正的好书，如果不是这样阅读，又如何能体会文学想像的妙趣呢？”

像艾晓明一样只推荐一本书的还有《南方都市报》编辑刘铮、台湾“中央研究院”历史语言研究所研究员王汎森、复旦大学历史系教授朱维铮等少数几位，刘铮推荐巴林的《你有什么要申报的吗》，王汎森推荐韦伯的《新教伦理与资本主义精神》，朱维铮推荐马克思的《资本论》。更多学者的书单都列有十部左右的书，其中书单最长的要数北京师范大学哲学与社会学学院教授田松，这位研究方向为科学史与科学哲学的学者，一口气列出了二十三部著作，其中既有戴厚英《人啊，人！》、鲁迅《野草》、黑塞《在轮下》、克莱顿《侏罗纪公园》、昆德拉《生命中不能承受之轻》、王朔《王朔自选集》、王小波《王小波全集》等文学作品，又有威尔逊《新的综合》、灌耕《现代物理学与东方神秘主义》、霍夫斯塔特《GEB：一条永恒的金带》、赖欣巴哈《科学哲学的兴起》、惠勒《物理学和质朴性：没有定律的定律》、荣格《现代灵魂的自我拯救》等学术专著。田松说："我曾经为好书做过几个操作定义：如果有一本书，你在看过之后，感觉如同后脑勺挨了一闷棍，脑袋嗡的一下，对以前不假思索就视为理所当然的东西，忽然产生了怀疑，这就是一本好书。当然，这是一等好书，可遇而不可求。二等好书应该是这样：有很多问题一直在脑袋里面转，就是想不明白，忽然看到一本书，觉得把自己想说的话都说了出来……"他告诉读者，他开列的二十三本书，对他而言都是一等好书和二等好书。

这些学者都有自己的研究方向，他们最喜欢的或对他们影响最大的书不尽相同是理所当然的，但我注意到，学者们的书单上也有不少重合的书，出现频率比较高的是托克维尔的《旧制度与大革命》和《论美国的民主》、钱穆的《中国历代政治得失》、黄仁宇的《万历十五年》、韦伯的《新教伦理与资本主义精神》、布罗代尔的《菲利普二世时代的地中海和地中海世界》、汤因比的《历史研究》等。按照香港中文大学中国文化研究所所长陈方正的理解，这些都是有重大意义和启发性，对学者们产生深远影响的好书，值得摆在案头反复阅读。

作家与酒的爱恨情仇

我也是喝酒之人，读完这本揭秘《了不起的盖茨比》作者菲茨杰拉德、《太阳照常升起》作者海明威、《喧哗与骚动》作者福克纳等世界级作家酗酒轶闻的中文译著《回声泉之旅：文人与酒的爱恨情仇》（北京联合出版公司二〇一六年版），我在心中对自己说，总有一天，我要像约翰·契弗和雷蒙德·卡佛一样，坚决把酒戒掉。

一九七三年，约翰·契弗和雷蒙德·卡佛碰巧都在爱荷华大学著名的“作家工作坊”谋到一份令人羡慕的教职。初看上去，这两个男人天差地别：六十一岁的契弗已经写了《瓦普肖特纪事》《瓦普肖特丑闻》《弹丸山庄》三本小说，声名显赫，其穿着打扮、一举一动，都是一副家境优越的中上层做派；而三十四岁的卡佛则来自俄勒冈西北部小城克拉特斯卡尼的一个工人家庭，当时只写过两卷诗歌和少量发表在小杂志上的短篇小说，在成功之路上刚起步，给他带来巨大声誉的小说集《当我们谈论爱情时，我们谈论什么》和《大教堂》分别要到一九八一年和一九八三年才出版。

但因为对酒的共同爱好，两人终于在当年的八月三十日相遇了：契弗敲响了楼下卡佛的门，大声嚷嚷："不好意思，我是约翰·契弗，能要点儿苏格兰威士忌喝吗？"卡佛见到偶像，兴奋得连说话都结巴了，赶忙拿出一大瓶斯米诺伏特加，倒了满满一杯递给契弗。从此两人成了关系密切的酒友，他们每周两次开着卡佛的猎鹰去酒水店买苏格兰威士忌，拿到契弗的房间里喝个底朝天。很明显，两人都有酗酒的毛病，而且病得不轻。"他和我什么也不做，就是喝酒。"卡佛日后写道，"就是说，我们在各自的课上滔滔不绝，但我俩在那里待了那么久，估计两人谁也没把打字机的防尘罩扯下过。"整整一年的大好时光就这么荒废了。

说起那些被酒精劫持了大脑的作家，后来双双戒酒成功的约翰·契弗和雷蒙德·卡佛远远不能代表。书中列举的这份名单上还有欧内斯特·海明威、威廉·福克纳、田纳西·威廉斯、简·里斯、派翠西亚·海史密斯、杜鲁门·卡波特、迪兰·托马斯、玛格丽特·杜拉斯、哈特·克莱恩、约翰·贝里曼、杰克·伦敦、伊丽莎白·毕晓普、雷蒙德·钱德勒……人数之众，实在难以一一列举。有篇题为"酒与诗"的文章写道："一共有六个美国人获得过诺贝尔文学奖，其中四个都酗酒。美国酗酒作家中，大概有一半以自杀结局。"《冷血》作者杜鲁门·卡波特自愿到"史密瑟斯酒精治疗与培训中心"被软禁起来戒酒，但费了九牛二虎之力也没成功。

大卫·莫尔和詹姆斯·杰弗逊合编的《精神病手册》说："酒

鬼们喝酒，大多都会沉醉其中无法自拔。就是这种欲罢不能、循环往复的酒瘾，最终会毁掉他们的生活，使他们众叛亲离、健康恶化、婚姻破裂、孩子怀恨在心、工作停滞不前。”然而，尽管后果如此严重，酗酒的作家们仍然痛饮狂歌，这到底是为什么？波德莱尔曾经和别人谈论爱伦·坡，说酒精已经变成了一种武器，“杀死他体内的某种东西，那是一种很难杀死的虫”，约翰·贝里曼的小说《痊愈》在他死后才出版，作序的索尔·贝娄说：“灵感之中，也饱含着死亡的威胁。当他写下那些一直翘首以待且日日祈祷的文字时，自己也濒临崩溃。酒，就像一支安定剂，某种程度上减少了这种致命的强度。”曾三度获普利策奖、被誉为“尤金·奥尼尔之后最重要的美国剧作家”的田纳西·威廉斯坦承：“写作非常耗费心力，这一点人尽皆知。年轻的时候都不要紧，到了一定年龄，就需要来点精神支持，酒精就能提供这种支持。喝下一些白葡萄酒以后，好像全身的血都换了，所有的焦虑和紧张都消失了，周遭似乎都变成了一个美梦。”约翰·贝里曼的文风一开始让人神经紧张，不大连贯，但是染上酗酒的毛病后，文风就变了，上升了好几个层次，写出来的《梦歌》赢得了普利策奖，对生与死的呈现真正引人入胜，他写道：“男人被烟酒撕扯，却沉湎其中，最后被撕成碎片，以碎片的形式坐起来，写下这些诗句。”

当善感多愁、容易失眠的作家们意识到酒精能有效缓解紧张与焦虑之后，很快把它作为舒缓压力的最佳选择，菲茨杰拉德和海明威都是如此。酒精上瘾的力量越来越强，他们沉迷其中而不能自拔。可以说，喝酒成就了一些作家，酗酒却毁了更多作家。一九八三年二月二十五日深夜，田纳西·威廉斯在从一个地方前往另一个地方的途中旅馆里突然去世，床头柜上的两瓶红酒都打开着。

酒是双刃剑，小心被它伤着。

“超级粉丝”眼里的汪曾祺

作家苏北自称是汪曾祺先生的“超级粉丝”，拥有汪先生几乎所有版本的著作，连非卖品《汪曾祺书画集》都有，年轻时还抄过汪先生的《晚饭花集》和《汪曾祺短篇小说选》，被人戏称为“天下第一汪迷”。用他自己的话说，他对汪先生的喜爱，“是发自内心深处的，甚至是狂热的、偏激的、排他的”，就像追星的少男少女为偶像疯狂、痴迷一样。他的新作《忆·读汪曾祺》，就是他“迷汪”的最好见证。

《忆·读汪曾祺》分为两部分，第一部分题为“忆汪十记”，回忆他与汪先生二十多年交往的点滴；第二部分题为“读汪十记”，阐发他对汪先生作品的理解。对作品的理解可以见仁见智，但他与汪先生贴近交往的亲历亲闻却是独家材料。因此，通读完全书之后，我回过头来又读了一遍“忆汪十记”。这一部分的文字，见人见事见细节见真情，非常出彩，给我留下了深刻印象。

说到汪先生，绕不开他的“酒事”。苏北忆汪第一记就多次提到酒。一九九五年七月的一天，他去看望汪曾祺时带了瓶酒：“给您带瓶酒，烟就没带了，少抽点烟，酒可以喝点。”汪先生咕噜道：“还有几年活的！这也不行那也不可的！”又有一次去他家，听师母说起一件趣事：前不久汪先生喝多了，回来的路上跌了一跤，先生跌下之后第一个感觉就是能不能再站起来，结果站起来了，还试着往前走了步。回到家里，汪先生一个劲地在镜子前面左照右照，照到师母心里直犯嘀咕：“老汪今天怎么啦！是不是有什么外遇？”后来才知道是照脸上有没有跌破皮。苏北最后一次去看望汪先生是一九九七年五月九日，距他永远离开这个世界整七天。苏北坐下后问他，这次去四川喝没喝酒，他瞪着眼睛望着苏北：“到了宜宾、五粮液酒厂，还能不喝一点？”苏北问他喝多少，他脱口说：“三大杯！”当晚汪先生留苏北吃晚饭，苏北喝了三杯五粮液，汪先生则拿了一瓶葡萄酒自斟自饮，喝了好几大杯！他几乎没吃什么菜，只嘬了几个小泥螺。苏北说：“汪先生喝酒，不是一口一口地抿，也不是一口一口地呷，他真是‘饮’，一喝一大口。”他的“痛饮酒”，或许受了他的西南联大老师闻一多讲《楚辞》时的开篇语的影响：“痛饮酒，熟读《离骚》，乃可为名士。”作家林斤澜多次说过，汪先生为人是很有名士气的。汪先生去世后，他的子女在他的灵堂前摆放了一壶酒、一包烟，评论家何镇邦说，汪先生的灵堂就应该这样。

汪先生是大器晚成的作家，他二十岁写过几篇小说，在二十世纪四十年代结集出版《邂逅集》，之后没什么作品。六十年代，他应约写了几篇儿童文学，结集出版了一个小册子《羊舍的夜晚》，之后又是一段空白（改编样板戏《沙家浜》谈不上自由创作）。他真正进入创作状态是到八十年代初，这时他已六十岁了，此后一发不可收，越写越多，越写越好，成就了“汪曾祺现象”。苏北与汪先生近距离接触了二十多年，对此有自己的看法。都说汪先生超脱、平和，但苏北说，其实先生骨子里是很自负的，有一次聊到写作时突然冒出一句：“我就要写得同别人不一样。”还说，一个作家要有自信，要有“这种写法我第一”的感觉。有一次他批评苏北一是缺乏自信，二是太懒，“做一个作家，对自己的信心都没有，还能写出什么好东西来？”看来，对一个作家而言，“文章是自己的好”未必是什么坏毛病。

汪先生还有一点非常难能可贵，那就是始终保持一颗童心。有一次苏北带女儿去看望汪先生，苏北让女儿给汪先生说了一个北京儿歌，汪先生接着也给苏北的女儿讲了一个：“小小子，坐门墩，哭鼻子，要媳妇。要媳妇，干什么？点灯，说话——吹灯，做伴——早晨起来梳小辫！”汪先生说：“点灯，说话。吹灯，做伴。妙极了！妙极了！”汪先生作品的语言不也是这么简洁神妙吗？我很认同苏北的判断：汪先生是个有情趣的人，而情趣应该是属于童心的。

讲述名家签名本的故事

长期研究中国现代文学史的陈子善教授，日前在海豚出版社推出新著《签名本丛考》（海豚出版社二〇一七年版），详细考证他收藏的周作人、废名、陈衡哲、徐志摩、卞之琳、老舍、丰子恺、何其芳、罗念生、李健吾、孔另境、张爱玲、陈白尘、朱自清、唐弢、陈从周、郭沫若等名家签名本的来龙去脉以及它们与文学史的各种关联，在书中复制展示名家的签名手迹和相关书影，让爱书人大饱眼福。

何为签名本？按照陈子善教授二〇〇五年在香港中文大学讲演时的定义，“签名本就是由作者、译者、编者，还包括收藏者亲笔签名的书”。像何其芳在他与李广田、卞之琳合著的新诗集《汉园集》环衬上留下“其芳自存”字样，也是签名本。内地很少有人重视和讨论签名本，但在陈子善教授看来，研究签名本的意义是多方面的，

“从签名本中可以考察作者的文坛交往，以至了解作者的著书缘起”，也可能会提供进一步研究作品的线索和鲜为人知的史料。总之，作家签名本自有其特殊的价值，“或许也可成为研究中国现代文学史的一个新的切入口”，甚至能“以签名本为贯穿的主线写部别具一格的现代文学史”。因此，从二十世纪九十年代初起，陈子善教授开始有意识地搜集和研究现代作家签名本，并从二〇〇七年八月起为《文汇读书周报》撰写“签名本小考”专栏，本书就是他签名本系列研究的第一个成果。

本书以考证周作人译“诗歌小品集”《陀螺》签名本开篇。这部一九二五年九月北京新潮社初版《陀螺》的前环衬有周作人的毛笔题字：“赠 语堂兄 作人 十月一日。”林语堂与周作人的交谊可追溯到《语丝》时期，周作人主编的《语丝》周刊一九二四年创刊时，林语堂就与鲁迅、钱玄同等一起列名为“长期撰稿人”，后来也一直是语丝社的中坚分子。陈子善认为，这部《陀螺》签名本就见证了他们非同一般的友情。据周作人一九二五年十月一日日记记载：“上午在家。下午往太和春赴‘语丝’之会。《陀螺》出版，先取五册，赠玉堂、绍原、平伯、衣萍各一册，十时返。”玉堂，林语堂另一大名。陈子善教授提醒说，周作人当天得到样书，当即分赠好友林语堂、章衣萍和弟子江绍原、俞平伯，且林语堂名列获赠者第一位，可见他在周作人心中的位置。

我注意到，在《签名本丛考》介绍的二十多本签名本中，有三本的受赠者都是林语堂，这或许从一个侧面佐证了林语堂交游广、人缘好的说法。一九三四年十一月，丰子恺在上海开明书店出版评论集《艺术趣味》，当即题赠林语堂一册："语堂先生 惠存 子恺。"题字直接书于封面左上角，与今人多写在环衬或扉页大不同。陈子善教授认为，丰子恺题赠林语堂《艺术趣味》是再自然不过的事情，两人至少从一九二九年起就有了愉快的合作，林语堂创办《论语》，丰子恺源源不断地给他供应漫画，以至于被人列为"论语八仙"之一；林语堂接着创办《人间世》，丰子恺也是有力的支持者，创刊号上就有他的文章。正因为他们互敬互重，合作无间，才有了《宇宙风》著名的专栏《缘缘堂随笔》。"文革"期间自沉于北京太平湖的老舍也曾将长篇小说《离婚》题赠林语堂："语帅 著者敬献 一九三三，十，二。"老舍比林语堂仅小两岁，赠书不称"先生"或"兄"，而称其为"语帅"，而且还要加上"敬献"，这是为什么？陈子善教授的解释是，老舍曾在"幽默大师"林语堂创办的"以提倡幽默文字为主要目标"的《论语》上发表大量作品，他把自己最满意的《离婚》"敬献"给"语帅"，言下之意就是奉林语堂为"幽默文学"之"统帅""元帅"，他愿意在其麾下大写特写"幽默文学"。这样解释自然能通，但我还有另外一种猜测，即"语帅"是当时文坛或小圈子给林语堂取的外号。

张爱玲向来以"高冷"形象示人，但她推销起自己的书来却不遗余力，花样翻新。一九四四年，张爱玲的中短篇小说集《传奇》横空出世。是年，张爱玲才二十五岁。此书开本接近于方形，封面、封底和书脊清一色的孔雀蓝，"目录"之后的插页印着张爱玲的大幅"玉照"。这种别致的装帧设计正是出自张爱玲本人手笔。陈子善教授推测，现代女作家主动在自己作品卷首印出近照，大概也自张爱玲始。更加难能可贵的是，陈子善教授收藏的《传奇》初版本张爱玲“玉照”左下角，还有她用蓝黑钢笔斜署的英文签名“Eileen”。当时的上海文坛似还不时兴作家签名售书，但张爱玲的《传奇》“每一本都是亲笔签名，赠送照片”（一九四四年八月二十四日上海《力报》报道），以增加读者的购读兴趣，可见年纪轻轻的张爱玲得风气之先，很懂得包装、推销自己。

我也喜欢收藏签名本，《签名本丛考》中提到的每一本签名本都让我眼馋。陈子善教授在本书“楔子”里写道：“如果时间允许，我还会续写《签名本丛考》二集、三集……”我很期待，不知陈子善教授下次又会晒出哪些好书？

惹麻烦的作家

读《蒋子龙文学回忆录》才知道，以写《乔厂长上任记》等“工业题材”小说大红大紫的蒋子龙，居然曾是屡屡被“批倒批臭”的“问题”作家。我还一直以为，像他这般的主流作家，一路陪伴的应该是鲜花和赞歌呢。

《蒋子龙文学回忆录》是广东人民出版社二〇一七年推出的“文学回忆录”丛书的一种，收录蒋子龙几十年来在各种情况下袒露心境的回忆性文字，一部部作品“当时是怎样写出来的，当时的人生经历、思想情感及创作主张等等，全收在这本书里了”。梳理自己的创作脉络，回望文学之路上的脚步，蒋子龙忍不住感叹：“命运和文学结合在一起，路就会变得愈加崎岖和坎坷。”

蒋子龙读中学时，就因“受名利思想影响很深，想当作家”，险些被打成“右派”。幸好中央有规定，中学生不打“右派”，才逃过一劫。但他还是改不了爱读书、爱写作的“毛病”，因为“人的灵魂是不能憋死的，同样需要呼吸，文学就是灵魂的气管”。回顾大半生，文学帮过他，也害过他，“人与文的关系是一种宿命”。

一九七六年，已经是一个拥有一千三百多名员工的大车间主任的蒋子龙，在刚刚复刊的《人民文学》上发表短篇小说《机电局长的一天》（以下简称《一天》）。不想这篇小说给他惹下了大麻烦，先是体验了“在全国范围内批倒批臭”的滋味。当时国内的刊物不是很多，凡能见到的都参加进来对《一天》口诛笔伐，甚至连离天津十分遥远的广西，一家社会学类的刊物和一个大学的校刊，都发表了批判《一天》的长文。新华社一九七六年六月二十五日的《国内动态清样》转载了辽宁分社的电稿：“辽宁文艺界就批判《一天》的事请示省委，省委一领导说中央有布置，你们不要抢在中央的前边，蒋子龙是反革命分子，《一天》作为大毒草批判，编辑部敌我不分……”还常有造反派斗士打上门来，天天折腾得蒋子龙心慌意乱，精神乃至生活上的压力越来越大。

蒋子龙意识到，只要不放弃手中的笔，命运就会多灾多难。于是，他沉寂了几年。后来，事情随着历史风云的落幕而落幕，一九七九年夏，《人民文学》编辑部就《一天》事件派人到天津向蒋子龙道歉并约稿，意思是，只要稿子一发，《一天》的事情就算了结了。“写作会遭罪，不写又难受”，不写的痛苦更大于写的痛苦。结果，蒋子龙“好了伤疤忘了痛”，又在《人民文学》一九七九年第七期发表了短篇小说《乔厂长上任记》。这下更不得了了，《一天》事件的压力是来自上面，这回是“窝里反”，天津市委机关报针对《乔厂长上任记》连续发表了十四版的批判文章，当时的市委文教书记在全市计划生育和植树造林动员大会上讲话时，竟把大部分时间用来批判这篇小说。蒋子龙所在单位的工会主席回来传达时说："蒋子龙不光自己种毒草，还干扰破坏全市的植树造林和计划生育……"此次风波最后因胡耀邦对小说的正面评价才慢慢平息下去："整个小说是好的，怎么说也是香花，不能说是毒草；说有缺点，那也是有缺点的香花。"

蒋子龙无奈地说："我的好几部小说，总是始料不及地惹出一些麻烦，被人没完没了地对号入座。这许多年来，层出不穷的事件或风波就像恶犬一样在追赶我，撕咬我，有时只是撕烂了我的衣服，有时却咬破了皮肉。"继《乔厂长上任记》之后发表的《一个工厂秘书的日记》，又被人对号入座告到了北京。而他一九八六年出版的第一部长篇小说《蛇神》又闹出更大的风波。

作家需要安静的环境写作，但愿以往那种文学事件以后少些、再少些吧。这就是我推荐《蒋子龙文学回忆录》的目的所在。

美国记者亲历中国抗战

美国法勒·莱因哈特出版公司一九三九年出版《中国抗战纪事》一书时，曾自信地对外宣称："这是首部全面叙述中国抗战自爆发至如今整个进程的作品，是一位受过训练、亲历战场的观察家的所见所闻。"

作者霍尔多·汉森属于"失落的一代"，他一九三四年大学毕业时正赶上美国经济大萧条，没有任何就业希望，前途一片灰暗。他决定逃离故土，先是偷渡到了日本，后来又鬼使神差地来到中国做起了自由撰稿人，通过写作游遍中国绝大部分省份，甚至到过我现在生活的厦门，写过当年厦门"黑帮"的内幕专稿。他说："正是这些早期的内地旅行让我接触到中国政治、蒋介石的势力以及正在上升的民族精神。"

汉森注意到，战前日本在华北的密谋持续不断，甚至"连续三次赶走河北省省长，每次都希望继任者更愿意接受日本人的要求”。蒋介石屈服于日本的每一项要求：“重新开放与满洲的铁路和邮政联系，从与日本傀儡政权相邻的三个边界地区撤走中国军队，就数十起小事件对日本表示道歉。”蒋介石的不抵抗政策让日本的野心越来越大，“卢沟桥一个漆黑的夜晚，他们找到了借口”。

汉森认为，卢沟桥事变是日军精心策划的一个阴谋，“日本已经在天津和丰台驻扎了军队，其控制铁路线战役的下一个目标是卢沟桥的铁路枢纽”。于是，日军在卢沟桥附近连续举行了十一天演习，然后在那个漆黑之夜宣称有人向日军开枪，日军清点人数时发现一名士兵失踪，要求搜查中国守军驻地。汉森写道：“我个人认为这是一个假警报。失踪的士兵几分钟后出现了，但日本人坚持要求深夜进入中国守军驻地。”第二天，日本增援部队就开始炮击中国守军驻地宛平城，“危机的结局来得十分迅速，日本人用刺刀将整个北平城团团围住”。一天夜里，宋哲元“率领”部队悄悄消失在西山，古都北平陷落！

在隆隆炮声中，汉森勇敢地接受了美联社记者的职位，正式成为一名战地记者：“一九三七年七月，日本侵略接踵而至。我立刻加入美联社战地记者部，作为观察员报道中国抵抗日军的战斗。之后六个月我在北平报道傀儡政府以及日本的侵略计划。一九三八年春，我成为穿过日军封锁线访问中国游击队的首位记者。一九三八年后半年，我跟游击队一起旅行了四个月，又花三个月时间在中国西南旅行——蒋介石正在西南建设新的战争基地。”

报道中国战事的三十多位美国记者，绝大多数像汉森一样，危机爆发前就在中国居住，超过一半的人会说汉语，深刻同情中国人民遭受的苦难，想方设法深入前线收集材料，做出客观公正的报道。汉森在日军占领的河北保定被俘，险些丢了性命。但他并无恐惧，更没有偏见，继续客观真实地叙述他所了解的中国抗战故事："我看见一伙日本兵用枪托有条不紊地猛击每个商店的门，猛砸窗户；士兵们用军用炸药炸开了棉纺厂的保险柜，抢走全部法币；我看见一位日本哨兵搜查一位背铺盖卷的老太太，将她仅有的几张小零票装进他的兜里；中国难民中到处都有妇女遭日军强奸，我确实了解到，四位妇女因遭到轮奸而入院治疗，一位女传教士接待的八十位女难民中有二十二人遭到轮奸，我调查的至少三个案例中，中国男人因没有为日本兵找到女人而遭到枪杀……"

汉森不顾日本人的警告，真实描述了日军侵占南京后的残暴行径：日本人的坦克、火炮和卡车开进了南京，留在南京城的中国平民大约有二十万男女老幼拥进了"安全区"。日本人在安全区外立刻围捕了大约两千人，全部予以枪杀。日军从一个难民营带走了一千三百名男子，每一百人为一组，用绳子绑在一起，押送到执行枪杀的刑场。紧接着的一周里，南京城里每个难民营都遭受到类似的突袭。在安全区执勤的四百五十名中国警察也遭到了枪杀。日本军队在南京释放出来的疯狂兽欲更是现代战争史上绝无仅有的，"你必须回到十七世纪三十年战争中，才能找到一支对女性如此不尊重的军队"。这些报道引起了全世界的关注。

汉森还写出了让全世界新闻同行羡慕的独家新闻。他深入日占区后方，与战斗在那里的游击队为伍，"两万名游击战士集合起来，接受他们见到的第一位外国访问者的检阅”。他是第一位冒险穿过日军封锁线采访冀中游击队的外国记者，后来还访问过延安，毛泽东、周恩来、吕正操、聂荣臻、彭德怀、贺龙、徐海东、林彪、萧克、罗瑞卿、徐特立、林伯渠、谢觉哉、白求恩等，都曾出现在他的笔下和镜头里。

汉森的传奇经历都写进了《中国抗战纪事》一书，出版后轰动一时。解放军文艺出版社资深编辑王大亮在准备抗战胜利七十周年图书选题时，偶然发现了它。汉森已于一九九二年去世，他的儿子埃里克·汉森慷慨地免费授予中文版权。于是，这本叙述中国抗战故事的英文著作，终于在它初版七十多年后首次以方块字呈现在中国读者面前。我收藏的中译本《中国抗战纪事》（解放军文艺出版社二〇一七年版）是作者之子埃里克·汉森和中译者韩瑞国、责编王大亮、装帧设计师李戎的题签本，十分珍贵。

创造了世界名酒的植物

绝大多数爱喝酒的人不会把酒与植物联系在一起。但美国作家艾米·斯图尔特在《醉酒的植物学家》（商务印书馆二〇一七年版）一书中却告诉我们，正是植物界为人类创造了大量的酒精。更准确地说，植物创造了糖，而当糖遇上酵母的时候，酒精就产生了。

关于酒与植物学之间的关系，艾米·斯图尔特在书中引用了十七世纪英国科学家罗伯特·波义耳的描述：在中国，人们用大麦酿酒；在华北地区，他们还使用稻米和苹果酿酒。在日本，人们同样用稻米酿造一种高度数的酒。英格兰人也一样，用品质较差的樱桃、苹果和梨等水果酿造出多种多样的果酒来。在巴西和其他地方，人们用水和甘蔗酿造烈酒。在土耳其人那里，虽然他们的法律查禁了葡萄酒，但是犹太人和基督徒却在他们的酒馆里储藏一种用葡萄干酿造的烈酒。在东印度，水手们常常饮用由植物的切口处获得的发酵汁液酿造的烈酒，一醉方休……

艾米·斯图尔特在书中用植物学家的眼光审视酒饮，“讲一点历史，讲一点园艺，甚至也给想要自己栽种植物的读者提供一点农学方面的建议”。他首先介绍了那些用来酿造经典酒饮的植物：龙舌兰、苹果、大麦、玉米、栎树、葡萄、马铃薯、番薯、粳稻、黑麦、高粱、甘蔗、甜菜、小麦、香蕉、腰果梗、木薯、海枣、波罗蜜、象李、仙人掌、锐药竹、草莓树……第一种用龙舌兰酿造的酒是普逵酒，这是用它的汁液发酵而成的低度数酒精饮料。事实上，通过蒸馏或发酵，这种奇特的、喜热的多肉植物所产出的原料可以用来酿造几十种酒饮。啤酒的发明源于一场意外：有那么一桶大麦，为了软化它坚硬的外壳谷层，人们把它浸泡了整整一晚。野生酵母很碰巧地飘进了桶里，然后便有人想要尝尝这种起泡沫的混合物，它是酵母在处理了桶里所有那些糖分之后的产物。这就是有酵母味的、起泡的、酒力温和的啤酒！

在读这本书之前，我绝对想不到，世界上还有一种用南洋杉酿造的酒。据说南洋杉能够生存一千年之久，它的种子可以生吃或烤熟吃，可以磨成粉做面包，也可以酿成一种酒精含量不高的饮品。为了酿酒，先要把种子煮熟，让它们自然发酵几天。为了加快发酵的速度，可以咀嚼这些煮熟的杉籽，再吐回发酵液中，这样可以加入来自唾液的酶，从而促进淀粉的降解。一旦发酵液不再冒泡，就把酒倒入专门的木碗或木罐中，专供宴会饮用。酸豆也能酿造酸豆酒，酿造过程是这样的：把豆荚的干燥外壳剥去，挖出里面的果肉，榨出汁来，然后与果汁、水和糖混合后发酵。在菲律宾，现在还可以尝到酸豆酒。

艾米·斯图尔特写道："看起来，全世界没有哪株乔木、哪棵灌木或哪朵漂亮的野花没有被收获、酿造和装瓶的经历。"植物学考察和园艺科学的每一次进展，都带来与之相应的醇浓烈酒的品质提升。如果考虑到植物学家在创造世界上最伟大的饮料的行动中所扮演的角色，那么让人好奇的是，"这世界上是否还有哪位植物学家是没有醉过的"？

接着，艾米·斯图尔特介绍了在鸡尾酒中最容易碰到的一些植物、花卉：多香果、芦荟、月桂、姜、茅香、萎叶、菖蒲、绿豆蔻、丁子香、芫荽、散生时钟花、高良姜、欧洲刺柏、橙香木、香蜂花、茴芹、八角茴香、铁线蕨、香草、玫瑰、桉树、黄连木、香豆、苦艾、接骨木、罂粟，等等。吸烟者可能会认为，没有比一支香烟更适合与一杯酒搭配的东西了。但如果在酒瓶里就把它们搭配在一起，相信多数人的看法就会改变了。有趣的是，蒸馏师真就发明了一种把烟草发酵之后再饮用的烟草利口酒。在这些烟草利口酒中，法国贡比埃酒厂蒸馏的"珀里克烟草利口酒"最著名。按照蒸馏师的说法，制作这款酒的工艺可以让瓶中只剩下检测不出来的微量尼古丁。

书的最后，艾米·斯图尔特还介绍了用在调制鸡尾酒最后阶段的各种植物性辅料和装饰物，非常有趣。对酒和植物有兴趣的读者，不妨买本读读，长长见识。

难忘大家风范

赵珩的书我读过几本，很喜欢他谈美食的《老饕漫笔》《老饕续笔》。他新出的这部《逝者如斯：六十年知见学人侧记》（中华书局二〇一七年版），则是他对自己熟悉和了解的已故学人启功、王世襄、黄苗子、史树青、陈梦家、朱家溍、傅振伦、周一良、周绍良、王永兴、黄永年、邓云乡、黄裳、施蛰存、陈从周、吴小如等大家的深情回忆。

赵珩从八九岁时开始就有幸接触到这些大师级人物，与他父亲赵守俨先生有关。赵守俨先生是中华书局原副总编辑，还是国家古籍整理出版规划小组成员，先后编辑出版了清人读书札记和读史札记著作十余种，主持了二十四史及《清史稿》的点校出版工作，与一大批学人结下深厚感情。赵珩由于家庭的原因和后来自己从事出版工作的关系，获得了很多与学人亲密接触的机会，留下了难以忘怀的印象。

《逝者如斯：六十年知见学人侧记》共收录回忆文章三十三篇，涉及现当代学者五十余人。赵珩认识他们的时候，有的是风华正茂的青年，有的是卓有成就的中年，也有的已经是垂垂暮年。对赵珩来说，他们是上一代或上两代的长者，虽然他们现在都已离世，但却留下了在某一学术领域的贡献和成就，留下了对家国和民族的热爱，也留下了他们的风骨和情趣。他们既是中国传统文化的继承者，也是中国文化传统的传播人，真实记录下与他们交往的点滴，让今天的人多少能够领略到他们的德行与风采，其意义不言而喻。

赵珩笔下的这些大家，都有很鲜明的个性，这从着装就能看出来。比如朱家溍先生比较注重仪表，喜欢穿苏格兰呢子的花格衬衫，宽条灯芯绒裤子，保持了二十世纪三四十年代的老式洋派，到晚年都是如此。而他的发小王世襄先生虽然是北京的美国学校出身，父亲还当过外交官，却比较传统，喜欢穿中式的对襟褂子。有意思的是，由于共同的文物方面的学问，他们晚年经常一起出席各种活动，成为一道抢镜的风景。我读过朱先生的《故宫退食录》、王先生的《锦灰堆》，虽然风格不同，但都让我受益良多。

中国的这一两代知识分子，经历了百年来的风风雨雨，特殊的历史背景和环境让他们历经坎坷。像“养鸽子，蓄秋虫，架大鹰，训獾狗，样样精到”的王世襄先生，出身世家，青少年时代受到过良好的中西文化教育，更兼家学涵养，功底深厚。遗憾的是二十世纪五十年代至七十年代，是他一生中最好的年华，几近三十年的时间，其经历却是坎坷、黯淡，以致他的大部分著述是六七十岁之后的暮年完成的。这一段经历给王世襄先生造成的心灵创伤是如此深刻，以至聊天中只要涉及到这些往事，他总会用话岔开。启功先生比王世襄先生幸运一些。一九七一年，赵珩的父亲赵守俨先生从干校返回北京继续负责二十四史和《清史稿》的点校工作，成功借调启功先生来参与，直至近十年后这项工作结束。启功先生有了这个避风港，从此摆脱了“文革”中的逆境，他因此对赵守俨先生感念终生。

感恩是这些大家共同具有的美德。史树青先生答应给《琉璃厂杂记》撰写序言，就是一个很好的例子。一九九〇年，出版社发现了周肇祥手订《琉璃厂杂记》稿本，请赵珩等人点校出版。赵珩想请曾受业于周肇祥的史树青先生作序，介绍作者与该书，但又担心周肇祥在人品方面有不好的口碑，日伪时期还有政治污点，史先生会拒绝。结果史先生不仅满口答应，还以受业弟子的恭敬口吻，洋洋洒洒写了三四千字，对周肇祥的学术成就和贡献给予了客观论述，令赵珩等人感动不已。我读过史先生的这篇序言，真切感受到史先生对师长的尊敬。类似的例子书中还有很多，值得令人对照反思。

后记

我是上班族，工作繁杂，“八小时之内”不允许分心走神，但业余时间则大致可以自由支配。爱因斯坦和鲁迅都说过这样一句话：人的差别在于业余时间。我是个愚钝的人，不会打牌、跳舞，能做且乐于做的事，似乎都与书有关，无非是买书、藏书、读书，偶尔写点不成气候的小文章。本书就是我近几年所写读书随笔的结集。

古人云：至乐莫如读书。我曾请书法界朋友为我写过三幅斗方，分别是“有书富贵”“读书是福”“开卷有益”。这是激励我读书的座右铭，也是我践行的“读书三境界”。

宋王荆公《劝学文》曰：“贫者因书富，富者因书贵。愚者得书贤，贤者得书利。只见读书荣，不见读书坠。”书犹药也，善读可以医愚，可以改善气质、涵养精神，正所谓：富不读书纵有银钱身何贵，贫而好学虽无功名志气高。读书即是与我们无缘结识的贤哲们对面而坐，促膝交谈。英国作家黑兹利特说：“书香轻拂沁心灵，诗行轻滑渗血液。青春时所读之书，垂暮时依然会回想，仿佛就在身边发生。书籍价廉物美，我们就在书香中呼吸。”如此温馨快乐，岂不是“读书是福”嘛。以我的阅读经验，只要怀着谦卑向学之心，打开任何一本书都能读出它的好处，有所收获，然后再批评它的坏处，这便是我理解的“开卷有益”了。

坐拥书城，在书香中呼吸，是一件很美妙的事情！我写读书随笔，撰文推荐好书，就是把我感受到的读书之乐分享给朋友们，让更多的朋友打开书本，体验读书的乐趣。现在有机会将这些短文结集出版，我的读书之乐又增加了几分。感谢著名评论家朱向前老师抽出宝贵时间阅读书稿并欣然作序。

2018 年 3 月 13 日

记于厦门文园